2022年江西省社科基金科普专项课题“文化翻译赏析：南昌老地名背后的故事”（编号：22KP08）

江西科技师范大学2023年度著作出版资助基金项目“地方文化英译研究：南昌老地名背后的故事”

地名文化英译研究

南昌老地名背后的故事

黎志萍 著

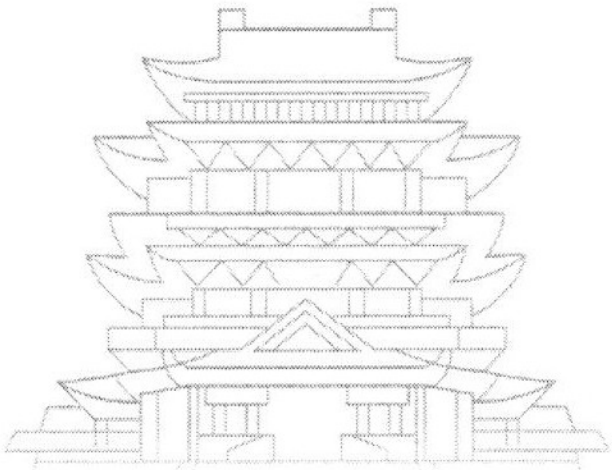

湖南大学出版社
·长沙·

图书在版编目（CIP）数据

地名文化英译研究：南昌老地名背后的故事/黎志萍著. -- 长沙：湖南大学出版社，2024. 9. --ISBN 978-7-5667-3760-1

Ⅰ. H315. 9；G127. 561

中国国家版本馆 CIP 数据核字第 20242EX104 号

地名文化英译研究：南昌老地名背后的故事

DIMING WENHUA YINGYI YANJIU：NANCHANG LAODIMING BEIHOU DE GUSHI

著　　者：黎志萍
责任编辑：严小涛
印　　装：长沙创峰印务有限公司
开　　本：710 mm×1000 mm　1/16　**印　　张：**19　**字　　数：**342 千字
版　　次：2024 年 9 月第 1 版　**印　　次：**2024 年 9 月第 1 次印刷
书　　号：ISBN 978-7-5667-3760-1
定　　价：58. 00 元

出 版 人：李文邦
出版发行：湖南大学出版社
社　　址：湖南·长沙·岳麓山　**邮　　编：**410082
电　　话：0731-88822559（营销部），88823547（编辑室），88821006（出版部）
传　　真：0731-88822264（总编室）
网　　址：http://press. hnu. edu. cn
电子邮箱：yanxiaotao@ hnu. cn

前言

南昌建城以来已走过两千多年的发展历程，形成数不胜数的老地名。这些老地名浓缩了南昌的发展与变迁，虽经岁月长河洗涤，但其古朴悠长的韵味和深沉厚重的底蕴仍牢牢镌刻在城市的记忆中。然而，随着新世纪南昌城市建设和旧城改造的兴起，大量老地名消失，其背后的一段段历史、一个个故事湮没于历史的尘埃中。保护具有历史传承作用的老地名，就是保护城市的文脉遗存。挖掘老地名的文化内涵，用英文讲述老地名背后的故事，让更多读者，尤其是具备双语背景的读者，了解这座城市深厚的文化积淀和古老风姿，也是保护和传承地名文化的一条途径。

2015 年，笔者开始翻译江西省人民政府文史研究馆馆员、地方文化研究专家黎传绪教授刊登在《南昌晚报》“旧影”栏目以及发布在新浪博客上的“解说南昌老地名”系列文章，2017 年 7 月，完成了百余篇文章的翻译，计划结集出版。2017 年 9 月，笔者基于南昌老地名的翻译实践申报了南昌市社科规划课题并获立项，2020 年结题。由于笔者 2017 年 10 月出国访学，2019 年 9 月再次出国攻读博士学位，译文的出版事宜便一再搁置。直至 2022 年 8 月，笔者再次整理译稿，申报江西省社科基金科普专项课题并获立项，由此，将多年劳动成果整理成书稿出版便再次提上日程。

笔者基于理论指导实践，实践经验升华为理论的思路，经过精心构思、编排，最终将本书分为理论篇和实践篇两大模块。理论篇着重探讨南昌老地名的文化内涵与英译技巧，共五章。第一章介绍本书的研究背景、研究对象、研究意义，并对当前研究成果进行综述；第二章阐述地名的定义和构成，进而分析、探讨南昌老地名的结构特点；第三章从地名与文化的关系出发，探讨南昌老地名蕴含的地理文化、语言文化以及社会历史文化；第四章分析归纳南昌老地名的翻译难点，从文化翻译理论视角探讨其译写原则和具体的翻译方法；第五章继续基于文化翻译理论探讨南昌老地名背后的文化故事的翻译问题和方法，尤其是宗教术语、中医药名称、官职体系和科举制度术语的英译方法。实践篇则是对南昌老地名背后的故事进行英译与解析。从百余篇译文中筛选出57篇，将其分成“神话传说”“宗教祭祀”“科举教育”“历史名人”“宗族姓氏”等八个专题；对每一篇原文的内容进行提炼加工，形成“内容提要”部分，方便读者了解原文内容，从而更好地理解译文；对于翻译中遇到的重点、难点，尤其是一些独特的文化现象，进行专门的“翻译解析”，方便读者了解翻译的思路和方法以及相关的文化背景知识。本书可作为地名文化研究的学术资料，也可作为南昌地名文化的宣传资料，旨在向读者展示南昌老地名所蕴含的南昌地方文化乃至中华文化，激发其对南昌地域文化的对外传播兴趣与保护意识。

地名是人们对具有特定方位、地域范围的地理实体赋予的专有名称①，通常由通名和专名两部分构成。南昌地形素有“七门九洲十八坡”之称，含有较多以“门”“洲”“坡”为通名的地名，比如望仙门、宫步门、寺步门、桥步门、井步门、章江门、打缆洲、百花洲、潮王洲、黄牛洲、蓼洲、凤凰坡、煤炭坡、傅家坡、槐树坡等。除上述三种通名外，还包括路桥街巷、河湖沟渠、山岗丘陵、寺庙宫祠、府院厂屋、塔台楼阁等。由此可见，南昌老地名的通名多以山川河流等自然实体以及道路交通、人工建筑、政府机构等作为划分方式，主要体现当地的地形地貌、地理方位的地理文化。翻译时可采取直译法，保留其地理指称意义，给英语读者以方位信息的提示，比如常见通名“路”“街”“巷”“亭”“塔”“庙”“祠”可分别译为“road”“street”“lane”“pavilion”“pagoda”“temple”以及“shrine”。另有一些不常见通名，不可望文生义，须查阅资料，追溯历史，了解内涵，比如裘家厂的通名“厂”并非指“工厂”，而是指古时大户人家的宅第、大屋，可译为“big house”或“mansion”。再比如重光里的“里”并非“里面”，而是指“街坊、邻里”，古时五家为邻，五邻为里，与英文单词“neighborhood / community”大致对应，有些译者则将其理解为村落，译为“village”。笔者在翻译过程中得知“重光里”原名为“马巷”，是一条小街巷，因此，经过综合考虑，将“里”译为“lane”。

地名的专名部分承载着更丰富的社会历史文化信息，不仅仅是语言符号，更是文化的载体。专名的翻译比通名更复杂，难度系数更大。专名英译不仅应发挥其指称辨别功能，更应发挥其文化昭示功能，即“尽可能地译出其中的文

① 王际桐，杜祥明，等．地名学概论［M］．北京：中国社会出版社，1993：4．

化因子，而不应仅仅译成没有任何意义内涵的符号”①。统一使用汉语拼音来译写地名，简便易行，对于规范道路交通公共标识能够发挥积极作用，但从文化交流与传播的角度而言，文化信息的缺失不可避免，因此，笔者针对地名翻译，努力寻求能够传递历史文化信息，同时兼顾地名的地理指称功能的方法。

地名翻译不仅是语言转换，更是文化转换。20 世纪 90 年代，以苏珊·巴斯内特（Susan Bassnett）为代表的翻译研究文化学派开始“重视翻译与文化的互动以及在语境、历史和社会规约等更大层面上，研究文化对翻译的冲击和制约”②。本书主要从文化角度，意在挖掘南昌老地名（尤其是专名）背后的文化信息，并用英文呈现，让英语读者能够见名知义。在这一过程中，可谓困难重重。归纳而言，翻译难度较大的专名有以下几类：（1）结构特殊的地名。一些“无通名”结构的地名，尤其是“专名＋专名”形式、“专名＋通名＋专名”形式，都因结构复杂而给翻译造成困难。（2）含有文化空缺词的专名。这类专名带有浓厚的文化色彩和民族特色，因文化空缺而在英文中无法找到对应词，比如惜字炉巷、状元桥。（3）发生同音讹变的专名。一些地名因语言的发展变化使得古今理解产生差异，还有一些专名是因政府、文人的有意雅化，导致读音相同但字形不同，使得字面意义与原义相差甚远，比如“清洁堂”原为“清节堂或贞节堂”，“萝卜巷”原为“罗帛巷”，“慧园”原为“粪园”，“万宜巷”原为“烂泥巷”。（4）出现多个解说版本的专名。此类专名在漫长的历史演变中，人们对其得名说法不一，比如洗马池、荆波宛在巷、筷子巷。

以上种种情况，很难采用一个原则、一套标准和一种方法翻译，只能综合运用多种方法，寻求文化翻译中的文化缺损与补偿机制。归结起来，对于专名为历史名人的地名，通常采取音译法，即根据“名从主人”的原则，使用汉语拼音进行译写，比如将阳明路译为“Yangming Road”。对于少数文化内涵过于丰富的专名、不成词的专名或者涉及谐音的专名，有时也可音译其名，作为权宜之计，比如通惠桥（通往惠民门的桥）可译为“Tonghui Bridge”等。除此之外，专名的译法主要是直译或意译。这两种方法比音译法更能有效传达专名所蕴含的文化因子，比如伏魔宫译名“Subduing Devil Palace”比“Fumo Palace”更能发挥文化意义的昭示和提示作用。不管采取何种翻译方法，在译

① 袁晓宁. 论蕴含文化因子的地名英译原则和策略［J］. 中国翻译. 2015（1）：97.

② 刘军平. 西方翻译理论通史［M］. 武汉：武汉大学出版社，2009：395.

文第一次出现时，均会在其后加注专名和通名的完整汉语拼音，使其既能发挥交通指示、地理辨别功能，又能彰显地名的文化内涵。

除上述几类专名较难翻译外，地名背后的历史由来、文化故事的翻译难度更大，往往包含大量文化空缺词，这些词在英文中并无对等词，为更清楚地展示南昌独特的人文魅力，本书的翻译实践部分以异化为主，归化为辅，具体采用音译、直译、意译、增译等翻译方法，尽可能清楚呈现其内涵。除文化空缺词外，数字、叠词、颜色词、四字格短语等也给翻译带来一定的挑战，本书也对其进行了一定的分析和探讨。而对于一些特殊句子，则采用增译、省译、合译等方法，比如对于一些汉语无主句，主要采用增译法，补充主语。对于一些对句意影响甚微的次要信息，有时则省略不译。而对于一些看似松散，实则存在逻辑关系的汉语句子，则采用合译法。但归纳而言，这部分内容翻译最大的难点在于对古代汉语的理解和翻译。黎传绪教授博古通今，往往引经据典，对一些古代诗词歌赋，也是信手拈来，于是，在翻译过程中，经常碰到深奥难懂的文言文句子，需要不断查阅资料，准确理解其深层蕴意，即先阅读、思考、甄别相关信息，进行语内翻译，再进行语际翻译。

老地名是时移世变的留痕，老地名是岁月钩沉的回放，老地名中有源远流长的文化积淀，老地名中有事过境迁的烟雨沧桑。[①] 岁月流逝，历史永恒，文化生生不息，世代传承。笔者以南昌老地名为地理坐标，探寻这座城市的历史沧桑和深邃内涵。透过地名遗痕，我们能够感受城市古今文化绵延承续的脉搏。老地名是一座城市宝贵的历史文化遗产，从文化传播的角度对地名及其背后的故事进行英译，也是对地名文化的一种保护、尊重和弘扬。与南昌老地名结缘整整十年，让笔者对南昌这座历史文化名城有了更深的了解，也希望更多学者、译者加入南昌老地名的翻译与研究中来，让豫章故郡的人文魅力散发得更远、更持久。

最后，谨对黎传绪教授同意笔者翻译其“解说南昌老地名”系列文章表示衷心感谢！感谢信任。此外，在漫长的翻译过程中，常遇理解之困，承蒙黎教授解惑！

书中译文和解析有不足之处，在所难免，欢迎各位读者朋友批评指正！

黎志萍

① 薛光. 保护老地名功在当代，开发老地名惠及千载［J］. 现代城市研究. 2006（2）：88.

目　次

理论篇：地名文化研究——南昌老地名的文化溯源与英译

实践篇：南昌老地名背后的故事——英译与解析

理论篇

地名文化研究

——南昌老地名的文化溯源与英译

地名是人们赋予某一特定空间位置上自然或人文地理实体的专有名称。一些源于历史故事、神话传说、宗教信仰、民情风俗、科举教育、民族迁徙以及社会心理等文化因素的老地名不仅仅是一连串地理标记，更是一个个文化符号，汇聚成城市过往的辉煌与沧桑。老地名所蕴含的文化内涵赋予老地名以生命和活力，让老地名在时间的长河中熠熠生辉。南昌这座千年古城滋生了无数老地名，它们是这座城市的历史见证，记录了南昌的兴衰荣辱，历经无数次更迭与演变，始终承载着城市的记忆，展现这座城市的文化底蕴和历史传承。追溯南昌老地名的历史由来，深入挖掘其文化内涵和文化价值，并从文化翻译视角探讨其涉及的各种文化负载词的英译方法，可以让我们更加了解南昌深厚的文化底蕴，促使我们去思考如何尊重、传承和传播地方文化，从而更好地对其加以保护。

1 引　言

南昌，简称“洪”或“昌”，曾有钟陵、灌城、豫章、洪都、洪州、隆兴等称谓，是历代县治、郡府、州治所在地。其地处华东地区，长江以南，江西中部偏北，赣江、抚河下游，鄱阳湖西南岸，地理位置优越，水陆交通发达，有“粤户闽庭，吴头楚尾”“襟三江而带五湖”之称，是江西省政治、经济、文化、科教和交通中心，也是中国唯一一个毗邻长江三角洲、珠江三角洲和海峡西岸经济区的省会城市。本书将聚焦南昌老地名，探寻其文化内涵与英译方法，以促进地名文化的传承与传播。

1.1　研究背景

南昌是一座古老的历史文化名城。早在五千多年前，已有人在此繁衍生息。至三千年前，南昌土著居民被称为炎帝神农氏后裔。这一时期，北至艾溪湖，南至青云谱的弧形地带构成古代南昌居民的聚居区。至公元前 202 年，汉高祖刘邦派颍阴侯灌婴率部进驻该地，修筑城池，史称“灌婴筑城”。其在今南昌火车站东南约四公里的皇城（黄安）寺附近修筑了一个方圆十里 84 步、辟有 6 门的土城，自此开创南昌建城史。其定名“南昌”，取自“南方昌盛”“昌大南疆”之意，此后历经数次易名，辗转往复，汉称豫章，隋唐称洪州，宋元称隆兴，明复称南昌等。

南昌境内江河纵横，湖泊点缀，丘陵起伏，青山积翠。受吴、越、楚和中原文化影响，形成独有的赣鄱文化体系。因物产丰饶、文化兴盛、名人辈出，得“物华天宝、人杰地灵”之美誉。历来众多文人骚客在此观赏湖光山色，吟诗作赋。名流大家在此谈经论道，著书立说。南昌在特定的自然地理环境和人文社会环境中，孕育、滋生出独特的江右文化，同时也在漫长的历史演变中产生数不胜数的地名。这些地名是南昌地域文化的组成部分，浓缩了南昌的政治、文化与社会发展史，记录了当地的社会生活、宗教信仰、图腾崇拜、民族迁徙、宗族聚落等。牛汝辰将地名与文化的关系概括为“地名与文化共生，与文化共变，是文化的镜像和载体”①。谭汝为提出“地名是约定俗成的语言符号，也是地域民俗文化的典型体现。地名不是纯粹的地理现象，而是典型的社会现象、文化现象和民俗现象”②。这些地名是南昌宝贵的非物质文化遗产，是值得世代相承的传统文化表现形式。然而，进入21世纪之后，新地名不断涌现，很多历史悠久的老地名急剧消失。在全国城市建设高歌猛进、如火如荼的大背景下，南昌老地名面临的窘境只是全国城市现状的缩影。老地名的消失，带走无数珍贵的历史记忆。保护具有历史传承作用的老地名，就是保护城市的过去，保护城市的文化与传统。

1.2 研究对象

本书以南昌老地名为研究对象，探析南昌老地名的文化内涵与翻译方法。南昌老地名是那些浓缩历史文化信息和文化价值的地名，是古往今来经过岁月沉淀留下的地名，是老辈人耳熟能详，唤起儿时记忆的地名。具体而言，可从三个方面对其范围进行界定：首先，南昌老地名是地名的组成部分，是城市的街巷里弄、津渡桥梁、寺庙观祠、亭台楼阁、集市店铺、山川湖泽等自然地理和人文地理实体的名称。其次，南昌老地名是指历史上曾经使用的名称。这些名称随着时间的推移可能发生了变化，或不再被普遍使用，亦或被新的名称所取代，当然，也有一定数量的老地名因其特殊地位得以保留下来，比如滕王阁、万寿宫等地标性建筑名称。再次，南昌老地名是指那些具有悠久历史、深厚文化底蕴和重要性的地名。它们可能由于历史事件、宗族聚落、宗教信仰、民族迁徙、文化心理等多种原因而形成，因此承载着丰富的历史信息和文化价

---

① 牛汝辰. 中国地名文化［M］. 北京：中国科学技术出版社. 2018：4-6.

② 谭汝为. 天津地名文化的社会语言学分析［J］. 南开语言学刊，2005（1）：135.

值。它们也承载着一个地区的集体记忆和特殊情感，是地理信息与文化符号的完美结合。由此可见，南昌老地名不仅仅是简单的地理标识，更是这座城市文化遗产和历史传承的重要组成部分。它们往往具有深厚的历史积淀，见证了南昌的社会发展和文化演变，对于我们了解这个地区的历史、文化和地理特征具有重要的参考价值。

1.3 研究意义

本书作为理论与实践结合的研究成果，具有一定的理论和现实意义，能够为汉英文化翻译实践与研究提供参考和借鉴，一定程度上推动南昌地方文化的传承与保护，有利于南昌对外形象的塑造与宣传，同时唤起城市集体的生活记忆。

（1）对汉英文化翻译实践与研究的参考和借鉴

南昌老地名大多带有明显的地域文化特色和中国传统文化烙印，对老地名背后的文化意蕴的理解与传达是译者优先考虑的因素。鉴于老地名本身的多样性与复杂性，译者很难采取某种单一固定的翻译方法，本研究根据老地名的文化内涵与命名特点，灵活运用多种翻译方法，对中国特色文化的翻译理论与实践具有参考和借鉴意义。

（2）对地方历史文化的传承与保护

老地名是反映一个地方历史文化的“活化石”，涉及当地地理、语言、民俗、信仰等历史文化因素，但在时代洪流的冲刷下，老地名的留存变得岌岌可危。本研究挖掘和追溯南昌老地名的历史由来，对于延续城市历史文化发展脉络具有重要意义，有望增强人们对地域文化的传承与保护意识。

（3）对南昌对外形象的塑造与宣传

近年来，由于“中部崛起”的国家政策、海昏侯国遗址的发掘、赣江新区的建设、VR 产业的兴起，以及网红城市的打造等因素，南昌在国内的知名度迅速提升，文旅产业蓬勃发展。发掘老地名所承载的文化，赋予这座城市更厚重的韵味，为南昌塑造更加多元立体的形象，有利于促进南昌城市的对外交流与文化传播。

（4）对祖辈生活场景的追忆

无数南昌老地名能串联成旧时南昌百姓生产生活的场景，但伴随南昌城市的发展变迁，无数老地名的历史记忆被封存，而本研究有望激活历史记忆，再现南昌旧城历史文化风貌，尤其对于南昌本地读者而言，本研究有望唤起其对祖辈往昔生活场景的追忆，激发对祖辈的追思与怀念之情。

1.4 研究综述

本研究与地名学、地理学、语言学、翻译学、历史学等多学科存在交叉关联性。因此，要对南昌地名及其英译进行深入研究，首先需要梳理地名学、南昌地名以及地名翻译等方面的研究成果。地名学研究能够为本研究提供一些基础性理论依据。南昌地名研究和地名翻译研究能够为本研究的开展提供较为直接的理论与实践指导。

1.4.1 地名学研究现状

我国传统地名学研究由来已久，以地名渊源解释为核心内容，研究目的主要从地名的命名、发展、变化过程去探索有关的历史或地理问题。传统地名学虽缺乏系统阐述，也无高深理论，但在地名认识、命名原则等方面均有长足进展，诸如《汉书地理志》《水经注》《十三州志》《荆州记》《华阳国志》《舆地志》《郡县释名》等传统地理学著作，都是地理学研究的宝库。现代地名学作为一门独立学科来研究，始于 20 世纪 30 年代，兴于 20 世纪 80 年代，主要“研究地名的起源、含义、语词特征、演变和分布规律及其应用，且与历史地理学、地理学、历史学、民族学、人类学、语言学、地图学密切关联”①。

1931 年，葛绥成和盛叙功等著名地理学家成立中华地学会，出版《地学季刊》，宣传马克思主义地理思想。1935 年，葛绥成在《地学季刊》上发表《地名志研究》，从地名的语词意义着眼，涉及地名的语源、分类、结构、变

① 韩光辉. 中国地名学的发展 [J]. 中国科技史料，1993（4）：3.

化、同地异名等问题。葛绥成还出版《中外地名辞典》《最近中外地名更置录》《最新中外地名辞典》等地名辞书，对地理学贡献卓著。1936 年 5 月，顾颉刚、谭其骧创办禹贡学会，学会主要任务是编辑和编绘《中国地理沿革史》和《中国地理沿革图》《中国地名辞典》以及《中国民族演进史》等，考订校补历代正史地理志，编录地方性文化史料以作专题研究等。谭其骧编绘《中国历史地图集》（1993），编撰《中国历史大辞典》，主编《历史地理》杂志等，极大地推动历史地理学的发展。金祖孟发表了《地名通论》（1945）和《地名学概说》（1945），对地名学的基本概念、学科分支、研究方法、地名分类、地名转译等问题进行系统阐释。1962 年曾世英与杜祥明合作撰写《地名学的国际现状与研究方向》，对地名学研究的迫切性进行阐述。20 世纪 80 年代曾世英再次与杜祥明合作撰写《试论地名学》一文，从语言、民族、地理、社会和稳定性五个方面论述地名学的意义，阐述我国地名研究简史、地名学在科学体系中的地位以及地名学的实用意义，论述地名学的任务和研究方法。地名学研究的开拓者曾世英长期致力于地名拼写标准化和相关理论的研究，推动地名学学科建立。他在地名译写、地名正名、地名罗马化以及建立中国现代地名学等方面，做了大量开拓性工作，发表了《从整理外国地名译名的角度上来谈谈汉语拼音文字》《地名的国际标准化和中国地名拼写法》《中国地名的罗马化》等文章，促进了外国地名汉字译写的统一和中国地名译写的标准化。1997 年，孙冬虎、李汝雯合著的《中国地名学史》出版，这是第一部中国地名学史专著，从“源远流长的传统地名学”和“继往开来的现代地名学”两个方面梳理了我国历史上地名研究的发展过程，为建立体系完整的中国地名学提供历史借鉴。华林甫在《中国地名学源流》（1999）中论述了中国地名学萌芽、奠基、深入、成熟以及繁荣鼎盛及迈向现代的全过程。华林甫（2002）对先秦以来各个时期的地名学著作进行深入分析，对中国历代地名渊源解释的发展、历代更改重复地名及其现实意义和清代考据学派的地名学成就进行了细致梳理。

随着地名学的发展，地名学研究呈现多学科、多视角特点，学者从地名考释、地名文化、地名语言学、地名规划与遗产保护等方面进行宏观和微观的地名研究。

（1）地名考释

学者主要考证地名的起源与变迁过程以及定位历史地名和遗址。邓玮光（2011）结合松柏汉墓出土的木牍与张家山汉简《二年律令・秩律》中保存的西汉初年南郡属县的信息，利用文书研究的方法，对西汉初期南郡的属县情况进行考察。彭雪开（2013）对株洲市古今政区历史地名源流，进行全方位考释，重点考释县级政区地名的生成演变过程；简述乡镇及村委会、居委会地名的由来、形成以及演变过程。王先福、余桥（2014）依据考古资料对文献所记襄阳地区汉代南阳郡属县县治进行梳理和考证，发现舂陵、筑阳、蔡阳、邓、襄乡五县（侯国）情况基本与历史文献和历史地理学者研究观点相同，而酂、阴、山都、朝阳四县（侯国）则有所区别。王先福（2020）对楚“酂”地的地理位置和历史源流进行考证，通过对《水经注·沔水》关于该段均口、谷城、筑阳等地理位置的分析，确认“酂”的位置在汉水东岸今老河口市陈家埠口村附近。徐茵、吴惠（2023）对王阳明来滁公务、讲学的历史地名及其后学涉及的滁州有关历史地名进行考证，并为打造一条阳明文化游学心路，提出恢复相关景观的建议。廉超（2023）对出土文献所见的地名“酂”“鄌”及酂侯萧何始封问题进行考察，认为“酂”专指南阳郡酂，而“鄌”之地望，并不确指沛郡酂县。结合楚国出土资料中酂、酂君、鄌等信息的记载，萧何侯国封于南阳之酂，也可能渊源于楚人的封君传统。

（2）地名文化研究

一些学者发掘地名所隐含的文化意蕴。谢元春（2010）从文化视角考察长沙地名，揭示长沙的地理文化、历史文化以及人们的心理特征，展现其中的历史文化底蕴。贺文照（2023）描述分析嘉兴地名的认知机制和命名理据，归纳出嘉兴地名的认知特征，即转喻占绝对优势且类型呈现多样化。他认为这反映了转喻认知机制在地名命名中具有普遍而深入的影响，也反映了嘉兴人对地理环境的认识以及各种历史、社会、经济、文化等人文因素对地名命名具有深刻影响。王涛、武友德、李灿松等（2023）基于景观基因理论构建南海诸岛地名文化景观基因发现：南海诸岛地名文化景观基因类似于时空演化下的“遗传”优势，表现为基因信息链上自然类基因与人文类基因的融合，凸显中国多元文化基因的优势；南海诸岛地名文化景观基因谱系呈现独特的“琼人俗名”根性四维，印证了南海渔民在渔业生产和航海实践不断发展进程中对海洋文化的赓续。赵帅、郑寒（2023）运用人文主义地理学的地方感理论研究云南省地名文化景观。发现地名也是一种情感文本，当地人用具有地方性的自然事物或文化事项来命名地方，并把对这些事物的情感投射在地名上；人们接触到地名时会无意识、迅速地进行地方想象，在地方经验的影响下回溯起自己的地方感。

（3）地名语言学研究

该领域的地名研究主要聚焦地名相关的语音、词汇、语法的使用特征、构成方式、演变规律等内容。张清常（1990）从语言学角度，对北京城区街巷名称进行考释，尤其对胡同的语源、语义等语言问题进行探讨。刘美娟（2011）以丽水的“丽”为例，对地名读音进行语言学考察，提出地名读音的审定应依据“历史读音”原则、“音义一致”原则、“社会发展”原则以及“名从主人”原则。黄宁宁（2016）以河北山水地名和政区地名为语料来源，从文字学角度对其进行考察：从地名中特殊字形的角度，将河北地名分为疑难字、生僻字、异写字等类别，分析特殊字形的形音义及其产生的原因；从地名中特殊读音的角度，阐释地名中常见的特殊读音及其产生的原因。蓝卡佳、杨敬宇（2023）通过辑录《龙泉号军烟云录》文本语境中的地名词语，考释文本中地域名词的结构、词义和语用，分析地名词语涵盖的民俗文化特征和构词理据。

（4）地名规划与遗产保护

地名是一个城市宝贵的文化遗产，一些学者从地名规划、地名文化遗产的传承和保护的角度展开研究。许菁芸、夏丽萍（2012）在剖析城市地名管理中存在的文化性、规范性、时序性问题的基础上，借鉴国内相关城市地名规划的经验，提出构建上海分类型、分层级的地名规划体系的设想。张跃西（2017）指出地名文化遗产保护和开发存在“经典老地名文化未得到有效传承”“洋地名泛滥”“地名命名低俗化”等问题，并在分析地名文化形成机理的基础上，提出“文化与旅游融合发展”“优势聚合与创新拓展”“深度挖掘历史文化资源”“文化体验产品开发”以及“相互协调原真开发”五大地名文化保护原则。南剑飞（2023）针对我国地名文化遗产保护工作所面临的严峻形势，提出政策支持、投入激励、能力保障、考核监督、表彰奖励、责任追究六大改进措施。

1.4.2 南昌地名研究现状

南昌自建城以来，地名数量不断增加，不少地名流传至今。南昌地名研究由来已久，不少地名古籍、方志文献记载了南昌许多地名的历史由来和地理方位，比如南朝雷次宗《豫章今古记》、宋代洪刍《豫章职方乘》、明末清初陈弘绪《江城名迹记》、清代王谟《江西考古录》以及明清时期的《江西通志》《南昌县志》等。近现代以来，随着全国地名研究的发展，南昌地名研究也朝着跨学科多视角方向发展。除了学术界的研究外，地名研究也受到南昌市县地名政府机构的重视。1992年南昌市地名办出版《南昌市地名志》，该志成为南昌地名研究的集大成之作。总体而言，南昌地名研究的分类与上文地名研究的分类基本吻合。

（1）南昌地名考证

考证“南昌”及其别名是南昌地名研究的重要内容。魏幼红（2009）对明清南昌城内布局、街区发展、城市空间进行考察。卢方琦（2013）结合方志、出土文物等资料复原明清时期南昌城的规制，整理出明清时期南昌城内的街巷、桥渡地名表。邵百鸣、葛力力（2014）对“南昌”县名的确立时间进行重新考证，认为在秦始皇四征百越的时候就已经有了“南昌”这一地名，并在此基础上对秦时期的南昌县范围、位置和命名来由进行考证。许怀林（2015）对“豫章”的命名缘起、郡县变迁、传说故事进行了梳理考证。

（2）街区景观分析

一些学者从城市空间、街区景观等入手分析南昌地名。邓梦楚（2017）从时间、空间次序叙述近代南昌城空间布局的历史演变，探究符号意义和街区记忆的关联，阐述历史街区空间格局演变和湖域变迁过程，考察历史街区的记忆的发展及保存现状。吴琼、周林图（2016）从人文地理学视角，采用GIS技术、数理统计和综合分析方法，按照地名的类型进行分类，对南昌市地名进行分析、研究。结果表明南昌市的地名稠密度与人口分布的密度呈正相关；其东部和南部自然景观类地名分布较少，这与南昌市的自然地貌特征一致；中部以及下属各个县政府所在地为文化景观类地名集中区。

（3）语言学研究

地名学很大程度上依赖于语言学的发展，特别是音韵学、方言学、语音学、社会语言学以及训诂学等。涂莉思（2012）从社会语言学的角度，对南昌地名的语言特色、文化内涵，地名演变过程中的语言特色进行分析；虽然有涉及南昌地名的文化内涵，但是只停留在地名分类的层面。谢留文（2014）从南昌历史地名入手，结合音韵学研究南昌方言的读音。邵百鸣（2015）通过分析南昌方言地名通名的历史层次，论证南昌方言的形成原因和南昌方言文化的丰富性，并说明南昌方言地名通名和南昌方言文化的相互依存关系，即南昌方言地理通名的历史层次折射出南昌人文的历史层次。

（4）地名文化学研究

通过地名的研究来阐述民族文化的内容和特性，对于丰富民族文化遗产能够起到积极作用。魏楠楠（2020）从南昌的地理生态文化、商业文化、规划建筑文化、民间艺术文化等方面对南昌城市文化进行研究。沈薇（2021）从南昌政区的历史源流和八景文化两个部分入手，梳理南昌地名的历史，并从浅表性的文化内涵、一般性的文化内涵、深度的文化内涵和隐藏的文化内涵四个方面研究南昌地名的文化内涵，发现南昌地名的形成在于权力、资本、文化、迁移等多个方面的影响。

1.4.3　地名翻译研究现状

地名研究者多集中在地理学、历史学等领域，但近年来，译界也开始涉足地名研究领域。一些从事翻译理论与实践的学者以国际化视野看待老地名的传承与保护问题，从对外文化交流与传播、翻译原则与规范和方法与策略等角度探析老地名的中英文化转换问题。

（1）文化交流与传播

彭月华、张向京（2008）从地名短语的语义嬗变出发，提出翻译时要根据文化背景及语境进行语义选择，探讨了地名短语的文化内涵及翻译时的常用句法结构和语义类型。王利君（2009）提出地名的译写不仅仅是符号的转换，同时还具有传递各种文化内涵的功能。地名的译写应以音译为主，而“等效原则”则是实现文化有效传递的一种重要手段。刘丹彤、钱婧（2015）指出，包括旅游景点名称在内的地名，不仅仅只有指位功能，还凝聚着丰厚的历史文化内涵。在翻译地名过程中，要尽量避免地名文化内涵的流失，可采用意译法、音意合译法以及音译法。龚施燕（2015）选取《骆驼祥子》中北京地名英译及其文化传播作为研究对象，主要研究老舍的小说中北京地名翻译及其对文化传播的影响。

（2）翻译原则与规范

张沉香（2009）指出我国当前地名译名体系中存在的全拉丁化和“专名音译，通名意译”两种做法，并从地名的本质属性、汉语语言和汉语地名的特点分析两种体系的理据和利弊，呼吁有关部门应尽快细化译名体系，促进本地地名译名的标准化。连真然（2012）阐述了中国地名汉英翻译所遵循的统一规范、名从主人原则、约定俗成原则等，以实施中国地名英译标准化，促进社会交往和国际信息交流，维护国家领土主权和国家利益。许立红（2013）以澳门的多元文化，以及由此所生成的“三文四语”造成了澳门地名的复杂性为切入点，提出澳门地名汉外翻译的五条原则：统一规范原则、地名罗马化原则、外来名原则、惯用拼法原则和法律法规原则。袁晓宁（2015）提出：指称辨别功能和历史文化意义的昭示或提示功能应该是带有文化因子的地名的两种基本功能，在汉英翻译过程中，这两种功能应该在目的语中得到再现，而不是遭到消解。

（3）翻译方法与策略

张立丽（2013）对内蒙古自治区、西藏自治区、新疆维吾尔自治区、香港特别行政区和澳门特别行政区的地名翻译进行探讨，提出音译、意译加注等方法。汪宝荣（2016）以《浮生六记》中涉及的大量地名为例，基于艾克西拉提出的“文化专有词”翻译策略分类法，考察林语堂采取的地名翻译策略，指出其多采用文化保留性翻译策略，偶尔也采用文化替换性翻译策略。金辉（2016）指出地名承载着丰富的历史人文信息，其本质属性为指位性和社会性，能够激活认知主体大脑中的认知图式，从而构建认知语境，并以许渊冲英译唐诗为文本研究对象，奉“认知效果的转化及文化意蕴的传递”为圭臬，阐述唐诗中地名的翻译策略。庄亮、庄超颖（2018）认为多元文化史迹的地名解说翻译应突出多种宗教元素融合的特征；航海与通商史迹的地名解说翻译应突出“勇于开拓进取、创新发展”的海洋文化精神；城市建设史迹的地名解说翻译应突出“重乡崇祖、山海交融”的闽南文化特征。为了达到服务旅游、文化翻译的目的，译者可采用增、减、编、述、缩、并、改等多种变通策略来翻译泉州“海丝”文化地名解说。韦龙招（2023）聚焦林耀华注译的《贵州苗民》英译本，借助深度翻译的理论研究视角，对比分析《贵州苗民》的英汉文本，研究发现由于地方志蕴含丰富的历史、文化信息，且这些信息具有鲜明的地方性特征，因此译者借用诸如作者介绍、文内注、脚注、附录等副文本信息，对原文本进行了深度的信息补充。

综上所述，学术界对地名学研究的视角较为多样，理论成果较为丰富。地名译写的原则与方法也逐渐吸引了语言学、翻译学研究者的关注，研究成果渐趋充实。但以南昌地名为研究对象的成果尚有较大缺漏，尤以南昌老地名为对象的研究更不多见，表明这方面的研究仍有较大空间。总而言之，南昌老地名是研究南昌地方文化乃至中国传统文化的重要材料。从文化的角度挖掘南昌老地名的文化内涵以及探讨南昌老地名的英译，对于弘扬地名文化、南昌地方文化以及中国传统文化意义重大。

2　南昌老地名的结构特点

地名（geographical name 或 place name）是区别某一特定地理实体与其他地理实体的一种标志。地名具有特指性、符号性、变异性等特征。由于地名涉及语言学、社会学、地理学、文化学等多学科，因此，可将其看作一个复杂的系统，系统内部包含通名、专名、地名词缀、简称、雅称、俗称、全称、旧称等因素。系统外部则同文化、历史、社会、地理、生活等因素有着广泛而深刻的联系，这些因素构成错综复杂的关系网络。

2.1　地名的特点

地名是人们赋予某一特定空间位置上自然或人文地理实体的专有名称。地名的定义包含三个层次的信息。首先“人们赋予”表明地名并非本身自有或天然形成，而是人们命名的、公认的，与人们的生产生活息息相关，经历了一系列社会化过程而形成。其次，“特定”一词包括特定的主位、特定的范围、特定的时间和空间。再次，“自然或人文地理实体”表明地名在空间上，既包括陆地、海洋和海底等自然实体，又包括人文景观、建筑等，具有地理和人文双重属性。随着人类社会的进步与发展，地名命名的空间范围不断延伸。最后，“专有名称”反映地名的语言学特征，涉及地名的语音、语义、语源、方言、词语结构。

根据上述地名的定义，可以看出，地名是一种复杂的社会现象，涉及语言、历史、地理、文化等多种因素，具有自身的特点。第一是指位性。地名之所以被称为地理实体的专有名词，主要是因为其代表的地理实体是在地球表面具有一定的方位和范围，即一定的空间位置。每个地名都与具体的所指对象相关联，是某个地域或地点的特定标志。比如深圳，特指广东省南部与香港相邻的经济特区。第二是符号性。地名是一种具有区分功能的符号或代号，既包括语言代号、文字代号，也包括早期的图画、图形符号等，以及信息时代的数字代号。当它作为语言符号时，其语言材料与普通词汇不同，它们大多失去其在语库中原有的含义，主要作为一种指称符号，比如“天山”并非“天上的山”，“上海”也并非“上面的海”。第三是社会性。地名是人们赋予的，是社会化的产物。地名的命名、更名、发展、演变始终受到社会各方面的制约，经历了从当地少数人使用到逐渐为大众所知直至被社会广泛使用，从赋予语言到文字再到数字代码，从约定俗成到标志化、法定化的漫长过程。因此，地名具有广泛的社会性。第四是变异性。该特性的前提是社会性。变异主要体现在功能上。地名主要具有指称功能，一个地名特指一个具体的地域，但由于受社会历史文化变迁的影响，地名可能发生古今异变，或数次更名，或被雅化等。也可能因年代久远，后人对地名的考释众说纷纭，地名溯源出现空白，人们因而添加了一定成分的猜测与臆想，导致地名发生读音或字形上的变异。此外，由于不同地域的人们具有共同的姓氏名称或者在命名中具有共同的文化心理等，不同地区出现同名现象也屡见不鲜。此外，地名的变异性不仅体现在功能上，也体现在形式上，比如语音上，由于历时的原因，地名中许多字有其特定读法，如“龟兹”读作“qiū cí”，安徽“六安”读作“lù ān”，江西“铅山”读作“yán shān”。地名系统内部的种种变异大多与系统外部因素有关，反映历史文化的变迁与不同文化的交融。地名的种种变异现象，是地名与文化密切联系的一个切面。它一方面使地名系统的表层形态复杂丰富，另一方面则同深层次的文化内涵紧紧粘连在一起。从这个意义上说，地名不仅仅是一种语言现象，本质上还是一种文化现象①。

2.2　地名的构成

地名通常包括通名和专名两部分。通名（generic terms）是地名中用来表

① 牛汝辰. 中国地名文化［M］. 北京：中国华侨出版社. 1993：4.

示地理实体类别或属性的部分，是普遍存在的具有明显共性的地理实体的名称，可以在同类地理实体中通用。常见的地名通名有“山”“江”“河”“湖”“海”“城”“村”“路”“桥”“街”“巷”等。通过地名通名，我们可以窥见一个地区的自然地理特征和人文地理环境，以及人类与地理环境之间的互动关系。而地名专名（specific terms）则指地名中用来区别相同属性（类别）地名的词语。它赋予每个地理实体以独特性，使得我们可以准确识别和区分不同的地点，正所谓“专名定位、通名定类”，以“南昌市”为例，“市”是通名，表属性或类别；“南昌”是专名，帮助人们区分、识别地名。

2.2.1 通名

通名通常位于地名的尾部，用于描述地名所指代的地点的类别、特征或功能，如“黄山”表示一座山，“黄河”表示一条河流。这些通名可以帮助人们快速了解地名的基本属性或类别。与专名相比较，通名具有普遍性特点，代表共性。某一通名可在不同地方的同类自然和人文地理实体中通用。通名在命名中遵循一定的原则和规律，通常以山、水等自然地理实体为名，以行政区划为名，以交通线路或区域为名，比如，“山”“河”“湖”“岛”等通名直接描述自然地理实体的特征；“州”“郡”“县”“镇”“村”等反映行政区划的层级和单位；“街”“路”“巷”“桥”等通名则指示城市内的交通线路或区域。

（1）反映自然地理特征

通名能够表达地形、地貌、水文等自然地理特征。通名直接反映地名所指代地区的自然地理特征，比如“河”“江”“溪”“潭”“湾”等通名反映水系的存在，用于表示河流或水流；“山”“峰”“岭”等通名指示地形特征，常用于指代山脉或高地，比如“黄山”“泰山”“五老峰”“珠穆朗玛峰”“大兴安岭”“温岭”；而“滩”“泽”等通名则表示湿地、沼泽等地形。除此之外，一些地名通名还可以展现一个地区更为复杂的自然地理环境和生态特点，如“峡”“湾”“岛”等，这些通名描绘了特定的地貌形态或海洋地理特征。地名通名还可以揭示人类活动对地理环境的适应、影响、利用和改造方式，如“屋”“庄”

“寨”“园”“家”[①] 等表示人文聚落的通名。总体而言，地名通名以简洁的方式为我们理解和认识地理环境提供了便利。通过地名通名，我们可以窥见一个地区的自然地理特征和地理环境，以及人类与地理环境之间的互动关系。

（2）反映行政级别

地名通名常常用于表明地理实体的行政级别。这在地名古籍中也多有体现，比如《元和郡县志》提到直罗县“武德三年，分三川、洛交于此置县，因城为名”。斯坦因敦煌文书第三六七号《沙州伊州地志》提到柔远县“相传隋大业十二年伊吾胡共筑营田，贞观四年胡归国，因以为县，以镇为名”。《太平寰宇记》卷一六泗州临淮县：“永泰湖在县北五十里，隋大业三年开通济渠，塞断沥水，自尔成湖，因乡为名。”通名可以清晰地反映出地理实体的行政级别，如“省”是中国一级行政区划的通名，代表着较高的行政级别，如“江苏省”“广东省”等。“市”则通常用于二级或三级行政区划，如“北京市”“上海市”是直辖市，属于一级行政区划，而像“杭州市”“哈尔滨市”等则是地级市，属于二级行政区划。“县”“镇”“乡”等则分别对应较小行政区域。由此可见，通名对于理解和管理行政区划具有重要意义。当然，在不同国家或地区，通名与行政级别的对应关系可能会有所不同。

（3）反映交通线路或区域

地名通名可以直接传达交通线路或特定区域的信息，比如“街”“路”“巷”“大道”等通常用于表示城市或乡村中的交通线路。这些通名指示道路的类型、宽度或重要性。“街”一般指主要街道，而“巷”则是狭窄的通道。此外，一些地名通名还可表示特定的交通节点或设施，如“桥”“渡口”“车站”等。这些通名指示交通线路上的重要节点，如桥梁连接两岸，渡口是衔接河流两岸交通的地点，车站则是铁路或公交线路的重要节点或设施。在更宏观的尺度上，一些地名通名如“地区”“区域”“地带”等则用于表示更大的地理区域。这些通名可能指城市中的特定区域，如商业区、工业区或住宅区，也可能指更广泛的地理区域，如山区、河谷地带等。总之，地名通名通过提供关于交通线路、交通节点或特定区域的信息，帮助人们更好地理解和导航地理空间。

---

① 根据《说文解字》的释义，“家”指居住的地方，后引申为一个姓氏家族或由不同姓氏人群共同居住的地方。带这类通名的南昌老地名有万家、罗家、张家、向家、鲁家、马家等，还有一些地名由此衍生而来，比如熊家地、张家祠、裘家坊、罗家集、张家山、傅家坡等。

总之，通名反映地理实体的类别、特征和功能，表明地区的行政级别，还提供关于交通设施、线路或特定区域的重要信息。通名中的字多选择简洁、易记的汉字，避免生僻字，方便人们理解、识别和记忆。这些字往往具有明确的语义和音韵特点，使得地名在口头传播和书写记录时都能保持清晰和一致。同时，随着时代的发展和社会的变迁，通名中的字也可能会变化和更新，以适应新的地理、历史和文化环境。

2.2.2 专名

专名是指地名中那部分具有特定意义和特定用途的词，即具有特定性的名称，它使得一个地名能够与其他同类地名区分开来。专名通常由一个或多个字组成，具有独特的含义和功能。例如，在“黑龙江省”中，“黑龙江”是专名，特指这一特定的地理实体，与“松花江”“嫩江”等其他江流区分开。专名具有独特性和特殊性等特点，专名表示特定地点，与其他同类地点不同，具有唯一性。专名通常具有特殊的含义和用途，往往代表着某种实体或概念的个性。专名的来源非常丰富，包括历史事件、历史典故、历史名人、帝王名号、良好祝愿等，其命名原则丰富多样，比如“因事名之”原则、“以形得名”原则、“以姓氏、人物为名”原则。

（1）“因事名之”原则

这是中国古代地名专名命名中广泛使用的原则，因其而产生的“随事改易”则是地名更名的原则。该原则是指根据某个特定的事件、故事或者历史背景来给地方命名。这种命名方式使得专名不仅仅是一个简单的标识符，还是承载一定的历史文化信息的复杂体。通过专名，人们能够联想到与之相关的历史事件或故事，从而增强对地方的文化认同感和加深历史记忆。例如，某些专名可能来源于古老的传说、历史上的战争、重要人物的活动或特定时期的社会事件。这些不仅指示地理位置，还向人们讲述该地的历史和文化，比如在杭州，“留下”这个地名就来源于宋高宗南渡时“西溪且留下”的故事，这既体现地名的指示功能，又蕴含丰富的历史文化信息。“因事名之”原则的专名命名方式丰富了地名的文化内涵，使得专名不再是一个空洞的符号，而是连接过去与现在、历史与文化的桥梁，有助于提升公众对地方文化的认识和兴趣，促进文化的传承和发展。

（2）“以形得名”原则

“以形得名”原则是指根据地理实体的形状、外貌或其他物理特征来为其命名。这种命名方法直观且富有描述性，让人们通过地名就能大致想象出该地的地理特征或标志性建筑的样子。例如，“鸡笼山”可能因山形似鸡笼而得名。“火石坡”则可能因该地有形状特异、可以击石取火的石头而得名。桂林的“象鼻岩”则可能因岩石形状如象鼻而得名。南昌就有多处地名的专名以此原则命名，比如“坛子口”因此地原有一水塘，形似坛子而得名；“烟筒巷”因路形似水烟筒而得名；“扁担巷”因其中间阔，两头窄，形似扁担而得名；“棋盘街”因岔巷纵横交错、形似棋盘而得名；“鹅颈巷”因形似鹅颈而得名；“犁头咀巷”则是清末时，此巷形似剪刀，称为剪刀口，后居民住宅增加，巷形变成犁头，故改称犁头咀。“以形得名”原则简洁明了，既方便人们记忆，又能准确地传达地理特征信息。此外，该原则还广泛应用于其他各种地理实体的命名，如河流、湖泊、岛屿等，使得地名具象化和生动化。这种命名方式也有助于增强人们对地理环境的感知和理解，是地名命名中常用且有效的一种方法。

（3）“以姓氏、人物为名”原则

地名专名“以姓氏、人物为名”的原则，是指根据当地重要人物、家族或姓氏来命名地理实体的方法。这种命名方式在中国尤为常见，体现了对重要人物或家族的纪念和尊重。该原则最初表达为“因人以立名”“地以氏称之”①。《大明一统志》则将该原则归纳为“因姓得名”。具体而言，以姓氏为名的地名，如“李家村”“张家湾”等，通常反映该地区最早或最有影响的家族的姓氏。这种命名方式体现了对该家族在当地历史和文化中贡献的认可。而以人物为名的地名，如“禹王山”“岳飞庙”等，则是以历史上著名人物的名字来命名，以纪念这些人物的重要贡献或历史事件。这种命名方式在历史上具有重要意义，记录了历史变迁、文化传承和家族荣誉等，不仅有助于传承历史文化，还能激发人们对历史的兴趣和引起人们的尊重。但需要注意的是，在现代，这种命名方式受到一定限制。根据相关规定，一般不以人名作为地名，特别是禁止用国家领导人的名字来命名地名。这是为了避免个人崇拜等问题，确保地名的公正性和客观性。

除上述三种命名原则外，还有“以历史典故为名”“以年号为名”“以方位

---

① 华林甫. 中国地名学史考论［M］. 北京：社会科学文献出版社. 2002：38.

为名”等原则。各种不同命名方式造就不同的专名，这些专名不仅具有地理标识的作用，还彰显一个地区的历史、文化和地方特色。在理解和使用地名时，了解专名的含义和来源有助于更好地认识和理解该地名所代表的地方文化。

2.3 南昌老地名的结构特点

如上所述，专名、通名是地名的基本构成要素，其组合而成的“专名＋通名”也是地名的基本结构形式。地名在此基础上也衍生出其他结构形式，出现专名与通名的不同组合方式，比如“专名＋通名＋通名”结构、“专名＋专名＋通名”结构，甚至出现无通名的地名。南昌老地名具有地名的共性，因此，“专名＋通名”结构也是南昌地名中最常见的结构类型。由于南昌地形地貌的多样化，通名情况极其复杂，如通名省略、通名专门化、通名演变、通名混用等，因此，南昌地名群形成了以“专名＋通名”为主，其他结构为辅的地名格局。

2.3.1 “专名＋通名”结构

大多数南昌老地名是“专名＋通名”结构。这种结构由一个专名和一个通名组合而成，其中专名以词组居多，其中最为常见的是两个汉字，比如嫁妆街、珠宝街、禾草街、桂花巷、萝卜巷、羊子巷、豆芽巷、阳明路、佘山路、叠山路、学院路。当然，还有极少数专名在三个字及以上，比如惜字炉巷、为国求贤街。除了词组构成的专名，还有一些专名为单音节词，即仅有一个汉字，比如东湖、蒋巷、马巷、炭巷、高桥等。“专名＋通名”结构的优点是简洁明了，使人易于理解地点的位置、类别或特征。

2.3.2 “专名＋通名”的扩展结构

尽管“专名＋通名”为地名最常见的结构，但这种组合方式并非一成不变。在“专名＋通名”的结构形式上，南昌地名还衍化出“专名＋通名＋通名”“专名＋专名＋通名”“专名＋通名＋专名”以及“专名＋通名＋专名＋通名”等多种形式。后面三种混合结构的一个共同点是均含有专名的叠加现象，即含有两个专名，其中一个通常是表示东、南、西、北、中、上、下、里、前、后、内、外的方位词，或者表示姓氏、大小、新旧（老）等修饰性的词素。

（1）“专名＋通名＋通名”形式

这种形式是将前面的“专名＋通名”作为一个整体，转化为新地名的专名部分用于定位，这时，第一个通名的指类功能消失或弱化，依附于第二个通名形成“转类地名”，第二个通名则用于定类，这也是人们运用已有概念对新事物进行命名的体现，即原地名可能是路标性地理实体，或者更为人所熟知，而新地名在其附近，因而使用原地名作为新地名的专名，以方便人们理解和定位新地名。在南昌老地名中，有不少属于此类结构，比如万寿宫巷，专名为“万寿”，第一个通名为“宫”，第二个通名为“巷”，新地名是一条小巷，因万寿宫坐落于此而得名；再比如干家塘巷，“家”本为通名，此处降级为专名使用，与“干”一同构成专名“干家”，“塘”“巷”分别为第一和第二个通名，新地名为一条小巷，因在干家塘范围内或附近，而被赋予“干家塘”这一专名。类似结构的南昌老地名还有猪市街、谷市街、米市街、油行街、绳金塔街、钟鼓楼巷、五台庵巷、龙王庙巷、打缆洲路、马王庙街、徐公祠街、百花洲街、张家祠巷、王家庄巷、铁树坡街等。此外，第一个专名也可能是方位词，比如东书院街，专名为方位词“东”，第一个通名为“书院”，第二个通名为“街”。

（2）“专名＋专名＋通名”形式

“专名＋专名＋通名”结构是先对专名进行叠加，通常是对地名指代地域位置定位的再定位；第一个专名是对普通地名专名化，反映原地名的自然、人文特征或地形、方位，对原地名的位置或特征进行定位；第二个专名则是表示东南西北、上下左右的方位词或者表示大小、新旧（老）的修饰词，它对地名进行二次定位。两个专名构成一个整体，对新地点进行二次定位。最后加上一个用于定类的通名，比如嫁妆后街，原地名的专名为“嫁妆”，通名为“街”，新地名中专名“嫁妆”和方位词“后”构成整体，对新地名进行二次定位，“街”仍为新地名的通名。再比如象山南路，此路为纪念宋明理学中心学派的开创者陆九渊（自号“象山”，人称“象山先生”），因此“象山”为第一个专名，方位词“南”为第二个专名，通名为“路”。此类结构的南昌老地名还有永和正街（因永和门得名，后更名为永外正街）、府学东街、府学中街、府学西街等。第二个专名也可能为姓氏，比如降霞王家（王姓祖先某公诞生时，满室霞光）。当然，第一个专名和第二个专名顺序可以颠倒，比如夏禹港村（地处禹港垄旁，早期夏姓居住）、老贡院（南昌贡院有新贡院、老贡院之分）、东万宜巷、西万宜巷、大杨梅巷、小杨梅巷、大凌云巷、上凤凰坡、下凤凰坡等。

（3）“专名＋通名＋专名”形式

这种形式在“专名＋通名”的基础上再添加一个专名组合而成，第二个专名多使用方位词，对原地名进行二次定位或者与原地名进行区分。此类结构的南昌老地名有塘塍上、贡院背、皇殿侧、岭头上、马路上、土城下等。总体而言，此类结构的地名数量较少。

（4）“专名＋通名＋专名＋通名”形式

该结构是由“专名＋通名”结构叠加而成，前后两个“专名＋通名”分别表示大小不同的两个地段，这是应地理实体数量增加的需要，在原地名基础上增加区别项的结构形式，比如铁柱宫横街就是由“专名（铁柱）＋通名（宫）”与“专名（横）＋通名（街）”叠加而成，类似地名还有廖洲正街、抚河中路、珠市尾巷、朝阳洲中路、磨子巷横街、辽溪王家、艾山龚家、濡溪秦家、罗家塘大厂等。

2.3.3 “无通名”结构

除以上“专名＋通名”基本结构以及衍生结构外，南昌老地名还存在“无通名”的特殊结构，即仅有专名部分，无通名部分，这是一种不完整的地名形态，本质上是省略通名。在这类地名中专名获得一定的独立性，可以自主构成地名。这种现象符合语言的经济性原则。“无通名”形式的地名数量相对较少。其出现一般有两种情况，一种是地名命名时间较早，当时只有专名，没有通名，在地名形成之后保留和沿用下来；一种是地名在形成时，人们知道该地名所属的类型，在口语应用中对通名进行省略，但在一定的社会文化背景下，被省略的通名往往能够被人们所理解和领悟。

“无通名”结构通常表现为“专名＋专名”形式，在此类结构中，其中一个专名通常为表示数字、方位、大小、新旧（老）等性质的修饰性词素或者表示姓氏的词素，黏附于其他词素，即修饰另一个专名，起定位作用，可前置，也可后置，比如下沙窝（前置）、天灯下（后置）。此外，还有扩展结构“专名＋专名＋专名”结构，第一个专名和第三个专名均为黏着词素，分别置于其他语素之前和之后，比如上樟树下、下樟树下。

（1）含方位词的专名

方位性词常被用作前、后缀，以区分或避免地名的重复，本身具有指明方向位置的作用。在单音节或双音节词语后加上方位性词语，可以增强指位性。方位词作前缀的地名有上坪、东庄、东昌、西溪、南溪、南嵩、前洲、后洲、北嵩、下埠等；方位词作后缀的地名有垴上、垴下、田西、埁上、湾里、田尾、庄上、观下、楼下、山下、坎上、庙前、港下、港前等。

（2）含数量词的专名

在南昌老地名中，存在极少量由“数字＋名词”构成的专名结构，这类专名中量词省略，与古代汉语的语法特征保持一致，为古汉语的继承与沿用。同时，数量词不独立使用，而是作为前缀，黏附于另一个词素，构成序列化数字的地名群，而另一个语素通常为通名化词素，此类南昌老地名有五坊、六十垄、三甲、九曲、三溪、六溪、九溪、二塘等。

（3）含大小、新旧（老）等修饰词的专名

与上述数量词一样，单音节修饰语不能单独使用，应依附于其他单音节词素（通常为通名化词素），构成具有一定特征的“无通名”地名，此类南昌老地名有赤岭、大东、大垄、大脊、小坑、老洲等。

（4）含姓氏的专名

此类地名是由占人口大多数的家族姓氏命名，或者由于某个宗族的迁徙流散，形成多个同姓宗族聚居地，为了便于区分，而采用既含地名，又含姓氏的地名，即由表示姓氏的语素和表示地名专名的语素构成地名，比如里田赵、磨基谌、磨基章。

（5）直接以词或短语命名的专名

南昌老地名中，还有少量地名直接以词或短语（动宾、偏正、主谓短语等）命名，从该地名本身很难看出地名类别、属性或方位，此类结构的出现，多是由于地名所在地的某一事物、历史事件或神话传说等，以此来指代地名，比如留盔[①]、大窝棚、系马桩、瓦子角、沙窝、荆波宛在等。

综上所述，专名与通名是地名的基本构成要素，“专名＋通名”为地名的基本结构形式，该形式可以较大限度地发挥地名的指位和指类功能。南昌老地名大多属于此类结构，但因为地形地貌的多样性和复杂性以及当地语言文化的发展演变，出现了一些“专名＋通名”结构的拓展型以及不带通名的地名，这些地名结构也给地名翻译带来极大挑战，也决定了南昌老地名的英译无法套用固定的模式，而需要采取多样化的处理手段。

① 留盔：相传元末朱元璋与陈友谅大战于此，朱元璋兵败之后丢盔满地，因此得名。

3 南昌老地名的文化内涵

地名不仅是地理方位的语言符号，而且是历史文化信息的载体，以独特的方式记录一个民族的地理、历史、风俗习惯和宗教信仰等信息，为我们了解和传承民族文化提供了宝贵的线索和资料。著名历史地理学家、现代地名学开拓者谭其骧先生说："地名是各个历史时代人类活动的产物，它记录了人类探索世界和自我的辉煌；记录了战争、疾病、浩劫与磨难；记录了民族的变迁与融合；记录了自然环境的变化，有着丰富的历史、地理、语言、经济、民族、社会等科学内涵，是一种特殊的文化现象，是人类历史的活化石。"①

3.1 地名文化的概念与成因

地名蕴含着丰富的语言、地理、历史、宗教、民俗、心理等信息，是一种具有很强文化内涵和地域特色的文化符号。一定区域内的地名系统所体现的文化特征和历史演变也被称为"地名文化"。地名文化的诞生和衍变是一个复杂而多元的过程，承载着历史的变动、地理的变迁以及不同文化的交融。地理环境是地名形成的基础。地名的命名往往与当地的自然地貌、山川河流、气候特征等密切相关。例如，山区可能以山名、峰名命名，而平原地区则可能以河流、湖泊等命名。地名的由来还与历史事件、历史人物、历史时代有关。例如，一些地名来源于古代战争、政治变革、民族迁徙等历史事件，反映了当时的社会状况和民族关系。同时，一些历史人物、文人墨客的事迹和作品也为地

① 转引自谭汝为：保护地名遗产，传承历史文脉（https://blog.sina.com.cn/s/blog_4b6668a101017xxk.html）

名命名提供了丰富的素材。地名也反映了当地的文化传统、风俗习惯、宗教信仰等。一些地名可能来源于当地的民间传说、神话故事、图腾崇拜或祭祀祈福等宗教活动。地名也是民族文化的重要载体，不同民族有不同的命名习惯和命名理念。多民族地区的地名往往体现民族的文化特色和传统文化内容，承载着民族的传统价值观、伦理道德和心理等社会心态。因此，多民族地区的地名往往呈现出多样性和丰富性。这些地名不仅记录了各民族的历史和文化，也促进了各民族之间的交流和融合。此外，地名文化的形成还受到语言、社会制度、经济发展等多种因素的影响。通过研究和了解地名文化，我们可以更深入地了解一个地区的历史、文化和社会变迁。

3.2　南昌老地名与语言文化

地名首先是一种语言现象，以语言符号的形式发挥着地理和文化的指示作用，郭锦桴（2004）在《汉语地名与多彩文化》一书中提到地名是不同地点的语言符号标志，是不同语言成分的组合。地名的读音、书写和意义等要素，体现了语言文字的性质和特点，同时带有很强的地域性，不可避免地受到当地语言文化的影响。

3.2.1　方言文化

一些地名源自当地语言中的词汇或短语。当地居民使用方言来描述周围的地理特征、自然景观或重要地点，这些描述逐渐成为该地区的地名。南昌地名也体现了南昌的方言文化。有些老地名在命名之初就融入了南昌方言词汇，比如，“港”本指“小河”，后指“港口”。在南昌方言中，“港”一般专指“河”。以“港”为通名的地名有大港、沙港、臣港、汪家港等。堎（塄、楞）（leng）是赣方言区特有的地名通名，一般指规模较大的丘陵，南昌方言区有不少以“堎（塄、楞）”为地名的乡镇村，比如石堎、堎上、欧家堎、毛家堎、郭坊堎、紫家堎、西坑堎、黄鸦堎、杨梅堎、屋背堎等。“塘”本义为“堤”，后引申为“池塘”，属于南方方言词汇。南昌地区以“塘”为通名的地名很多，比如向塘、莲塘、南塘、幽南塘、落城塘、沙埠塘、大塘、二塘等。南昌古代地名中的“塘”，主要指“堤塘”，多靠近赣江、抚河、鄱阳湖。当然，南昌的“塘”也有“池塘”之义，如淘沙塘、吴塘、墩子塘、丝网塘、耙子塘等。也有些地名在使用过程中，受方言读音的影响发生讹变，比如漫石庄，漫石庄原是清初刘姓的产地，初时刘姓搬迁来此，买田置屋，命名为“万石庄”，后来受南昌方言影响，“万石庄”讹变成“漫石庄”。再比如萝卜市本是卖罗帛、手巾及丝织品的地方，称罗帛市，后来讹变为萝卜市，让人误以为是买卖萝卜的市场。

3.2.2 语言雅化

地名雅化是指对地名进行美化处理，以增加其文化内涵和艺术性。南昌老地名也存在大量雅化现象，主要通过谐音替代原名的方法来实现，即改变文字而保留原有读音。一些地名在形成之初，由劳动人民以简单而直接的方式确定，并固定下来，但随着语音演变和人们心理的变化，人们认为这些地名用字俗气，难登大雅之堂，或者触碰汉民族文化禁忌，因此，就改用发音相同或相近，但更加文雅、规范或寓意更好的字，比如“慧园”，原本是清末一些乡民用竹篱围合起来堆放大粪之处，他们在此附近搭起茅棚，渐渐形成一条小巷。这条小巷被称为“粪园”，后来有人嫌其低俗，改名“慧园”，这样一来，当年乡民与大粪为伴的心酸往事便无从追寻了。类似情况还有猪市街改为珠市街，烂泥巷改为万宜巷，墓路口改为慕路口，猪屎塘改为朱始村等。地名雅化后，其原始语义和历史由来可能变得难以追溯。

3.3 南昌老地名与地理文化

地名作为某一特定空间位置上自然或人文地理实体的专有名称，与地理文化之间存在紧密而复杂的联系，尤其是表地理实体类别的通名更是地理文化的直接体现。通名能够体现陆地山系、水系等自然地理实体特征，也能够体现人文聚落、人工建筑、生产贸易、行政区划等人文地理实体特征。南昌地形地貌复杂多变，使得南昌地名的通名也呈现多样化特点，反之，透过这些种类繁多的通名，也可领悟南昌丰富的地理文化。

3.3.1 自然地理

南昌流传着一句古话“七门九洲十八坡，三湖九津通赣鄱”，形象地概括了南昌的地形地貌和水文特征。“七门”指南昌共有七座城门。南昌城自汉代建城之始，共有十二座城门，至明朝洪武年间，朱元璋命令大都督朱正文全面改筑城门，往后地理地貌趋于稳定，则固定为七座城门，即德胜门、章江门、广润门、惠民门、进贤门、顺化门、澹台门。城门发挥着连通交通要道和作为防御屏障的作用，对于一座城市意义非凡，“门”也就成为一个常见通名。南昌有不少以“门”为通名的地名，比如望仙门、宫步门、寺福门、桥步门、井步门等。“九洲”和“十八坡”是对南昌地形地貌的生动描绘，而“三湖九津”则展现南昌水系发达，与鄱阳湖紧密相连的地理特征。水系纵横交错之处多有小岛，称为“洲”，南昌有不少以“洲”为通名的地名，比如朝阳洲、百花洲、黄泥洲、黄牛洲、打缆洲、廖洲、新洲、大洲等；南昌全境丘陵起伏，地势高低不平，处于高地的称为“坡”，这种地形特征使得南昌含有较多以“坡”为通名的地名，比如凤凰坡、煤炭坡、傅家坡、槐树坡等。此外，还不乏以“山”“岭”“峰”“堖（nǎo）”“岗”“丘”“坑”“墩”“坪”“堎”“垄”等命名的地名，如老福山、京家山、梅岭、狮子峰、汪家堖、雷公堖、齐城岗、麻丘、殷家墩、杨家坪、长堎、禹港垄等。南昌城内水系交错，河流、湖泊众多，除赣江、抚河穿城而过外，城内还分布着塘子河、贤士湖、青山湖、艾溪湖等，因此，南昌老地名中含有较多以“河”“湖”“溪”“港”“渡”“湾”等为通名的地名，比如乌沙河、礼步湖、洞阳湖（后改名青岚湖）、璜溪、罗溪、吴沅港、双港、梁家渡、南台渡、湾里等。此外，还有少量以“塘”“沟”为通名的地名，比如豫章沟、墩子塘、罗家塘、偰家塘。以上通名能够体现旧时南昌山水地貌的自然地理特征。

3.3.2 人文地理

除了上述反映自然地理实体特征的通名，还有许多反映人文地理实体特征的通名，这些通名是人们改造和影响自然环境的结果，为我们提供了关于交通线路、行政区划、人工建筑、政府机构、宗教场所等地理文化信息。南昌城内道路纵横，巷陌交错，以“路”“桥”“街”“巷”为通名的地名最为常见，比如国货路、爱国路、孟母桥、彭家桥、翘步街、右营街、豆芽巷等；古城内寺庙、道观较多，含有不少以“寺”“庙”“宫”“庵”“祠”“观”为通名的地名，比如应天寺、普贤寺、龙王庙、萧公庙、万寿宫、天后宫、南海行宫、白马庵、张家祠、大成祠、建德观等。还有一些区域以坐落于此的官方机构或私人住宅命名，出现以“府”“院”“厂”“屋”“园”等为通名的地名，比如中协府、贡院、养济院、裘家厂、包家大屋、慧园等。古代建筑物类型也构成通名的划分方式，南昌老地名中含有以“塔”“台”“楼”“阁”“亭”“堂”等为通名的地名，比如绳金塔、小金台、钟鼓楼、南浦亭、孺子亭、滕王阁、清洁堂等。这些通名体现了人们对自然环境的改造以及人与自然的互动关系。

总体而言，南昌老地名反映了南昌以山川河流等自然实体以及人们改造和影响自然环境的结果等人文实体作为通名的划分方式，主要体现当地的地形地貌、地位方位的地理文化。这些地名不仅是一个地理标识，更是一个文化符号，它承载着人们对地理环境的认知、利用和改造的历史与文化信息。

3.4 南昌老地名与社会历史文化

与通名相比较而言，专名承载了更多社会历史文化信息。南昌老地名的专名部分涉及当地历史遗迹、传统习俗、文化生活、商业形态、军事活动等诸多因素，承载着社会发展、城市变迁、人口迁徙的历史信息，对于人们了解南昌古城风貌具有重要参考价值。苏联地名学家谢利谢夫认为：“地名是了解历史和一个国家的社会经济生活史最珍贵的资料之一。它可以阐明很久以前各人种的关系史，各族人民和各居民群的迁徙情况、经济和社会关系。”①

① B. A. 茹奇凯维奇. 普通地名学［M］. 崔志升，译. 高等教育出版社. 1983：71.

3.4.1 宗教信仰

宗教信仰作为人类精神生活的重要组成部分，其影响深深渗透到地名文化中，在人类发展史上留下了不可磨灭的印迹。一些地名常以宗教圣地、宗教术语、宗教活动场所或建筑命名。由于南昌古城佛教、道教兴盛，城内城外坐落着很多由官方出资或者民间集资建成的宗教活动场所，比如应天寺、普贤寺、地藏庵、南海行宫、建德观、妙济观、大士院等，到了近代，随着伊斯兰教、天主教、基督教传入我国，南昌出现了一些带有西方宗教烙印的地名，如耶苏堂、福音堂（现名清钟堂）、志道堂等。此外，南昌人常将一些德行高尚或造福百姓之人视为圣人、神人、仙人，建庙祭祀，比如将治水有功的西山道士许真君（许逊）视为“江西保护神”，为其修建许仙祠，供奉香火，其他类似的老地名有张王庙、海棠庙、丁公庙、鲁班庙、司马庙、关帝庙、关马祠等。

3.4.2 神话传说

神话传说是远古人民对自然及文化现象的理解与想象的故事，本质上也是宗教信仰的内容。神话故事有时依附于地名，在当地口口相传，世代传承。南昌也有不少老地名，源于当地美丽而古老的传说故事，因而被赋予了一层神秘色彩，为城市增添了魅力。这些地名故事体现了劳动人民的智慧与想象力，成为当地宝贵的地方文化遗产。因神话传说而来的地名也深入人心，比如铁柱万寿宫、绳金塔、三眼井、三皇宫、棕帽巷、佳山庙、萧公庙、龙王庙、白马庙、火神庙、土地庙等。

3.4.3 科举教育

在古代，科举制度是统治者选拔治国人才的重要手段，也是寒门学子入仕途改变命运的重要途径，因此，在各地均出现与科举考试相关的地名，南昌城内同样设有一些专门为科举考试服务的官方考试机构和民间教育机构，比如老贡院、东湖书院、豫章书院等，而这些机构周边的街巷便以此命名，比如贡院背、书院街、府学前等，同时民间还衍生了一些相关的故事和地名，比如高升巷、状元桥、为国求贤街等。

3.4.4 历史名人

南昌历史悠久，名人辈出，一些街巷以历史名人的名、字、号、尊称、官衔、道号或事迹命名，表达人们对其敬仰与怀念之情，同时展现了古城浓厚的人文气息。在沿用至今的古地名中，有子固路、永叔路、阳明路、船山路、榕门路、象山路、叠山路等多条名人路，此外，还有澹台墓、徐孺子墓等名人安息之地。此外，华佗庙、鲁班庙、孺子亭、韦公堤、梅岭、高士桥、青云谱亦与名人有关。

3.4.5 宗族姓氏

中国是一个宗族观念很强的国家，同姓宗亲往往以血缘关系为纽带，结成紧密的家族利益共同体，形成一个个以姓氏冠名的聚居地，南昌也同样宗族思想盛行，广泛分布着以"姓氏＋家＋地形地势"结构的地名，比如戴家巷、汤家园、裘家厂、付家坡、樊家陇、谢家村、张家山、赵家庄、熊家地、罗家湾、彭家头等，这些地名反映了千百年来南昌人口迁徙、屯田垦荒、家族兴衰的历史。

3.4.6 军事活动

军事防御是国泰民安的重要保障，对于历朝历代统治者来说具有举足轻重的意义。每座城市都不可避免地留下一些古代军事活动的印记，南昌城内设有各种军事机构，而机构所在地便以此作为地名专名，比如右营街、上营坊、射步亭巷、校厂东，校厂西，校厂北等。此外，南昌还有一些地名与古代或近代战争、战乱有关，比如沐英城、留盔两处地名就与元朝末年朱元璋与陈友谅之间的"洪都保卫战"有关，重光里则与抗日战争有关。

3.4.7 工商贸易

清代南昌社会安定，贸易往来频繁，城内分布着一些店铺和市场，出现了一个个手工业和商业的聚集地，因繁极一时而成为固定地名流传下来，比如米市街、嫁妆街、水果街、胡琴街、草鞋巷、冻米巷、猪仔巷、豆豉巷、豆芽巷、棉花市、打缆洲、毛竹架、煤炭坡等。此外，随着贸易的繁荣，南昌街道还增加了一些以仓库、会馆等命名的地名，比如进贤仓巷、吉水仓巷、河南会馆巷等。这些地名构成一幅人们生产生活的生动画卷，展示了南昌经济发展演变的过程。

3.4.8 文化心理

古时人们取名往往看重寓意，有时会将美好的情感和意愿寄托于名字当中，对地名亦是如此。人们常将对自然环境的敬畏与感恩之情、对未来美好生活的期盼与向往之情融入地名中，寄托人们祈求福寿、昌盛、吉利的良好愿望，比如宋代南昌一座城门，称为柴步门，明洪武年间改称为广润门，取“广开门路，多获利润”之意；清光绪年间，太平巷因房屋密集，火灾频发，人们故以“太平”二字为其命名，有祈福求祥之意；南昌四街——元字街、亨字街、利字街、贞字街的命名则是取“元”“亨”“利”“贞”四字所含“向善”“仁义”“固守正道”之蕴意①，体现人们对真善美的追求；厚福巷则有“福泽深厚”之寓意；灵应桥则有“菩萨显灵，有求必应”之寓意。

综上所述，南昌老地名是不同历史时代的产物，蕴含着丰富的地理文化、语言文化和社会历史文化信息，是一种具有很强文化内涵和地域特色的文化符号。它们记载着南昌的发展变迁过程，反映着人们的生产生活轨迹，珍藏着许多社会生活的记忆。南昌老地名是连接过去和现在的桥梁，帮助我们跨越时间的长河，去感受这片土地上曾经的沧海桑田和人事变迁，去捕捉它独特的语言特色、风俗习惯、宗教信仰、教育制度、商业文化、民族迁徙等历史文化信息。

---

① 元、亨、利、贞出自《周易·乾·文言》：“元者，善之长也，亨者，嘉之会也。利者，义之和也。贞者，事之干也。君子体仁足从长人，嘉会足以合礼，利物足以和义，贞固足以干事。君子行此四德者，故曰乾：元、亨、利、贞。”

4 文化翻译视角下南昌老地名的英译

南昌历史悠久，地名文化丰富。作为一座2 200多年历史的文化名城，城市的街巷里弄、亭台楼阁、寺庙宫祠、府院厂屋、江河湖堤、山冈丘陵等的老地名，浓缩了南昌的历史、地理、语言、民俗、信仰、价值观、道德观等文化因素，具有独特的历史文化研究价值，但在时代的发展变迁中，老地名或消失，或变异，地域文化的历史延续性面临挑战。追溯与挖掘南昌老地名背后蕴含的文化信息与历史故事并对外译介与传播，对于展现这座城市的人文特质与古老风貌，思考地名文化的传承与保护具有重大现实意义。

4.1 南昌老地名英译的难点归类

在漫长的历史进程中，老地名不断更迭变化。一些老地名可能经历易代更名、换帝更名以及避讳更名等种种复杂情况，其最初的文化信息变得模糊，出现残缺，甚至完全流失。一些老地名虽然流传下来，但民间对其历史由来众说纷纭，导致出现多个不同的解说版本。还有一些老地名因语言的发展变化，出现古今字义的差异，或者从字面上脱离原义，变得难以被今人所理解。

4.1.1 结构特殊的地名

根据前文所述，南昌老地名的最常见结构是“专名＋通名”形式，且在此基础上，又衍生出“专名＋通名＋通名”“专名＋专名＋通名”“专名＋通名＋专名”以及“专名＋通名＋专名＋通名”等多种形式，此外，还有一些“无通名”结构地名。其中“专名＋通名”结构的衍生结构以及“无通名”结构翻译起来难度相对更大，这些结构使得译者无法采用统一的原则和方法处理地名英译，比如南昌老地名“打缆洲”和“打缆洲路”，若采用“专名音译（用拼音），通名直译”的方法，则“打缆洲”译为“Dalan Isle”，这样会产生一个问题，其拓展结构“打缆洲路”是译为“Dalan Zhou Road”，以保持译文体例一致，还是译为“Dalan Isle Road”，以保持前后名称一致，这都是译者要解决的问题。此外，“无通名”结构的处理难度也相当大，尤其是包含方位词的“专名＋专名”形式或者“专名＋专名＋专名”形式，比如上沙窝、下沙窝、天灯下、上樟树下等，这两种形式的“无通名”地名从字面很难看出类别，若直译，无法发挥地名的地理指示功能。因此，可在专名后面补充通名，比如沙窝是路名，分为上沙窝，下沙窝，对于此类地名，沙窝可用汉语拼音译写，再增补通名“Road”，译为“Shawo Road”，上沙窝和下沙窝的翻译同样可以增加通名，使地名能够展示完整的信息。而方位词“上”“下”主要功能是对这两段路作出区分，其字面意思并不重要，因此，可以用拼音“Shang”“Xia”作区分，也可使用英语“Upper”“Lower”。总之，这些非常规结构给翻译带来不小的挑战。需要根据地名译写规范和翻译目的，对翻译方法进行抉择。

值得注意的是，尽管“专名＋通名”结构相对简单，但此类结构有时处理起来也并非易事，最为典型的是专名由松散的几个字构成，并不构成词语的地名，比如“绳金塔”，由看似毫无联系的“绳”和“金”两个词素组成，但其得名又与“金绳”有关，是将专名直接简单用拼音“Shengjin”表示，还是译成“Rope Gold”，以凸显其得名由来，就需要一番考量与取舍。

4.1.2 含文化空缺词的地名

由于文化差异和语言习惯的不同，一些看似普通的地名专名，实则带有丰富的文化内涵和民族特色。这类地名专名就是我们常说的文化空缺词。“空缺”一词有“空白”“缺损”之意，表示在一种文化中存在，但在另一种文化中并不存在，因而文化空缺词对目标语读者而言是陌生、难以理解的，在目标语中也找不到对等词。一些南昌老地名的专名体现中华民族特有的文化成分或者南昌独特的地方文化和历史背景，因而在英语语言文化中找不到与之完全对应的意象，比如状元桥，“状元”是我国古代科举制度的重要概念，指的是在科举考试中取得殿试第一名的考生，后来也用来比喻在本领域或本行业中成绩最突出的人。“状元桥”是因乾隆四十三年（1778年）取得殿试一甲一名（状元）的戴衢亨而得名，因而应按照其本意来理解和翻译此地名专名，可译为“the first place winner in the imperial examinations in ancient China”，但显然，这种译文对于地名而言是不合适的，远超读者对于地名所能接受的长度。因而，只能多方权衡，尽量将译文缩短为“Number One Scholar”或“Top Scholar”，这些译文虽不能完全传达出“状元”在中国文化中的独特含义和地位，但对于地名专名翻译，此方法也算权宜之计。再比如惜字炉巷，专名“惜字炉”为中华文化所特有，“惜字”指古人因敬畏、爱惜写有字的纸张，而将丢弃在路上、写有汉字的纸张放入炉中焚烧，以表达对文化的敬畏之心，“惜字炉”便是这种用来焚烧写有字的纸的炉子。由此可见，惜字炉的内涵极为丰富，可译为“furnace for burning paper written with Chinese characters out of reverence for knowledge”。但这样的译文虽然较为完整地解释了惜字炉的由来和功能，但篇幅过长，给读者造成阅读负担，也不符合地名的体例要求。从以上两例可看出，地名专名若为文化空缺词，翻译起来是非常艰难的，需要在保留原文的文化特色、顾及目标语读者的理解度和接受度以及限制地名的篇幅长度等方面寻求平衡。

4.1.3 同音讹变的地名

南昌老地名中，一些地名因年代久远、语言的发展变化或者地名雅化而出现同音讹变现象，最初的文化信息变得模糊，甚至完全流失。这类地名往往历经数次更名、复名，加之年代久远和语言的发展变化，导致与本义产生一种历史割裂，古今对其语义的理解出现分歧，比如清洁堂，专名“清洁”二字，我们很容易理解为“干净、整洁”，但其本义是指“清节堂”，又名“贞节堂”，是由达官豪绅以及民众捐资而建的慈善机构，主要收养夫死而家贫的节妇贞女。再比如合同巷，其专名“合同”在今天很容易被理解成“契约”，但实际上其得名与纪念元统元年（1333年）右榜状元、蒙古人同同的“同公祠”有关，“合同”应理解为“东南西北，四条街道汇合于同公祠”。

还有些地名因南昌本地的古老方言，在口口相传中逐渐偏离本义，出现同音讹变的现象，比如萝卜市，黎传绪教授通过考证清代道光二十九年（1849年）出版的《南昌县志》，得出此地实为专门买卖绫罗绸缎以及丝绸制品的

“罗帛市”这一结论。再比如瓦子角，并非买卖瓦器的地方，而是一种“百戏杂耍”之地，是宋代在市民阶层中兴起的一种游乐商业集散场所，俗称“瓦肆”或“瓦舍”，南昌人称之为“瓦子”。此外，方言并非是一成不变的，而是在不断发展演化，有些方言会过时淘汰，导致与此类方言有关的老地名容易使人产生误解，比如杨家厂，可能被人误解为杨家人开办的工厂，实际上，“厂”是南昌方言，指南昌古城一些高官富商的豪宅。清朝时期，南昌人也称此类房屋为“大屋”，所以南昌有“杨家厂”“裘家厂”“张家厂”“干家大屋”“包家大屋”等老地名。

此外，还有一些地名是对原有地名的雅化，虽音同或相近，但与原义相差甚远。在前述章节已提及，南昌老地名存在大量雅化现象，即通过改变原地名的文字书写，但保留原有读音，来使地名更显文雅、规范或寓意变得更加美好，比如慧园、万宜巷、慕路口等都是地名雅化的产物。地名雅化后，其原始语义和历史由来可能变得难以追溯。而地名翻译的一大初衷是挖掘地名文化内涵，延续地方历史文脉，因此，这类地名的翻译就变得矛盾重重。

4.1.4 历史由来存在多个版本的地名

人们对一些老地名的由来众说纷纭，因此关于某个老地名的历史由来，可能存在多个解说版本，产生多种截然不同的意义，给地名增添了神秘色彩，也给人们带来了疑惑。比如“荆波宛在”就有三种说法：一是关羽大意失荆州，为“弥补”这一遗憾，就把关帝庙附近的地方叫作“荆波宛在”，意指荆州的山川草木仿佛就在眼前。二是为纪念一个名叫荆波的秀才，因其心地善良，乐于助人。在其死后，人们称其故居为“荆波宛在”，意思是荆波仿佛还活着。三是根据古语“浪子回头金不换”，把一个后来改过自新的浪荡公子所住房屋称为“金不换宅”，与“荆波宛在”谐音（解说“荆波宛在”）。比如关于“洗马池”的来历，同样流传着三种说法：一是灌婴饮马之地；二是卫玠安息之地，而卫玠的官职为太子洗马；三是七仙女下凡沐浴之地，故又名浴仙池（解说“洗马池”）。再比如筷子巷，民间也存在三种说法：一是小巷长而窄，形似筷子。二是寓意早生贵子、快生贵子，与“快子”谐音。三是寓意子孙科举高中、快着紫袍（紫袍为官袍颜色，指代官职、官位），与“快紫”谐音（解说“筷子巷”）。这类地名多跟谐音有关，翻译时究竟以哪种说法为准，是译者要考虑的问题。其中一个权宜之计就是保留其发音，即专名部分使用汉语拼音译写，或者根据其中经过考证比较可靠的那个说法进行直译或意译。

从以上例子可看出，在翻译这些同音讹变、字面上脱离原义的地名时，很容易望文生义，出现理解和翻译的偏差，使译文与其历史由来产生割裂。对于存在多种解说版本的地名，需要查阅历史资料，追本溯源，不断求证，这些都是译者无法回避的翻译难点，译者需要在矛盾和割裂中不断地选择、弥补和平衡。

4.2　文化翻译理论

如前所述，老地名承载着丰富的文化内涵和历史背景，因此，地名翻译不仅仅是语言的转换，更是一种文化转换。二十世纪九十年代，以苏珊·巴斯内特（Susan Bassnett）和安德烈·勒菲弗尔（André Lefevere）为代表的翻译研究文化学派出版《翻译、历史与文化》（*Translation*，*History and Culture*）一书，提出翻译研究的“文化转向”（cultural turn），即由过去从语言角度转变为从文化角度进行翻译研究。他们的文化翻译观逐渐发展为一种文化翻译理论，对翻译界产生深远的影响，一些学者开始将翻译活动“放在文化研究的大语境下来考察，即对各民族间的文化以及语言的‘表层’与‘深层’结构的共性和个性进行研究，探讨文化与翻译的内在联系和客观规律”[①]。文化翻译理论适用于地名翻译，为地名翻译的原则和方法提供了理论框架和指导原则，而地名翻译则是文化翻译理论在实际应用中的一个重要领域。

文化翻译理论包含几个核心概念。（1）文化中介（cultural mediator）：翻译人员在翻译过程中扮演的角色，他们不仅仅是语言转换的工具，更是文化之间的桥梁。文化中介必须理解源语言和目标语言所处的文化环境，并且在翻译中进行适当的调解和转换。（2）文化转换（cultural transfer）：在翻译过程中涉及的文化元素的转换。这种转换可能涉及文化特定的概念、习惯、价值观

① 徐珺，霍跃红．典籍英译：文化翻译观下的异化策略与中国英语［J］．外语与外语教学，2008（7）：45．

等，翻译人员需要在不同文化之间进行有效的转换，以确保目标语言读者能够理解原文所传达的意义。（3）文化背景和语境（cultural context）：文化翻译理论认为，理解翻译的意义必须考虑到源语言和目标语言所处的文化背景和语境。不同的文化背景可能会对翻译的理解和诠释产生影响，翻译人员需要考虑到这些因素并进行适当的调整。总之，文化翻译观的核心观点可以归纳为“翻译不仅仅是双语交际，它更是一种跨文化交流；翻译的目的是突破语言障碍，实现并促进文化交流；翻译的实质是跨文化信息传递，是译者用译语重现原作的文化活动；翻译的主旨是文化移植、文化交融，但文化移植是一个过程；语言不是翻译的操作形式，文化信息才是翻译操作的对象”①。

地名翻译涉及不同文化背景的概念、价值观和意义，译者是在特定的文化语境中进行翻译活动，翻译时应考虑源语文化和目标语文化之间的差异和联系，确保译名的准确性和文化适宜性。从文化翻译的角度研究地名翻译，有利于推动地名翻译的规范化和标准化，促进不同文化之间的交流和融合。

4.3 南昌老地名的英译原则与规范

中华人民共和国成立以来，地名研究与地名工作获得新发展，地名标准化成为新时期地名研究的重要工作。1986 年国务院发布《地名管理条例》，将《汉语拼音方案》作为中国地名的罗马字母拼写统一规范。2000 年颁布《中华人民共和国国家通用语言文字法》，将汉语拼音标注中国地名作为我国地名国际罗马化的标准。2008 年修订发布《地名　标志》（GB 17733—2008），要求地名标志不管是专名还是通名，均需采用汉语拼音译写。此后，我国各地地名普遍采用汉字和拼音两种标识。但是，拼音化地名存在国际社会接受问题和意义缺失问题②，无法让读者见名知义，尤其是一些带有浓厚的文化色彩和民族特色的地名，拼音化地名既不能发挥指称辨别功能，又不能发挥文化提示功能。比如将南昌老地名“万寿宫”译为“Wanshou Gong”，将“土地庙”译为

① 杨仕章. 文化翻译观：翻译诸悖论之统一 [J]. 外语学刊，2000 (4)：67.

② 葛校琴. 中国地名英译拼音化之文化反思 [J]. 解放军外国语学院学报，2009 (2)：64

“Tudi Miao”，将“天后宫”译为“Tianhou Gong”，则不管在通名的类别属性还是专门的文化属性上都不能给英语读者清晰的提示。针对这种情况，教育部、国家语委在2011年启动了《公共服务领域外文译写规范·英文》国家标准的研制工作。2017年，教育部发布《公共服务领域英文译写规范》，对一些公共服务领域的英译进行了规范，规定“地名的罗马字母拼写应符合我国语言文字和地名管理法律法规的规定。作为公共服务设施的台、站、港、场以及名胜古迹、纪念地、游览地、企业事业单位等名称，根据对外交流和服务的需要，可以用英文对其含义予以解释”。该规范肯定了地名的表意性，提出解释性的补偿机制。由此可见，地名译写不仅要从语言角度考虑，更应从文化角度去审视。地名译写应考虑当地历史、语言以及风俗习惯、宗教信仰、国际惯例等因素，不仅发挥地理指称和辨别作用，而且发挥文化彰显与文化传播作用。鉴于此，笔者基于文化翻译理论，提出地名英译可遵循“名从主人”“见名知义”“遵从历史”三大原则。

4.3.1 “名从主人”原则

“名从主人”原则是指在地名翻译中，尊重当地居民的语言、文化和习惯，以当地人对该地名的称呼或译名作为翻译的参考依据。该原则是翻译专有名称（人名地名）的基本原则之一，无论英译汉或汉译英都适用。它体现了对当地居民的尊重和地域文化的保护。根据这一原则，地名的英译应尽量贴近当地居民对该地名的原始称呼或译名，避免过度的翻译加工，以免造成误解或不必要的混淆。“名从主人”原则用于中国地名的汉译英，具体做法通常是按汉字读音拼写，即汉语地名按普通话读音用汉语拼音字母拼写，少数民族语地名按少数民族语地名汉语拼音字母音译转写法拼写。该原则与“使用《汉语拼音方案》作为中国地名罗马字母拼写的统一规范”[①] 的国家规定是一致的。

就南昌老地名而言，“名从主人”原则适用于翻译专名部分为历史名人的地名，比如子固路、永叔路、阳明路、船山路、榕门路、象山路、叠山路等。专名部分均可使用汉语拼音，而通名部分则采用直译法，比如叠山路，是以南

① 1977年，联合国第三届地名标准化会议通过决议：采用汉语拼音作为中国地名罗马字母拼法的国际标准。1978年改用《汉语拼音方案》作为中国地名罗马字母拼写的统一规范。

宋爱国诗人谢枋得（号“叠山”）命名，可译为“Dieshan Road”。另有一些文化功能弱于地理指示功能的地名，也可采用“名从主人”原则进行译写，比如“豫章沟”可译为“Yuzhang Ditch”，“水关桥”可译为“Shuiguan Bridge”，“通惠桥”可译为“Tonghui Bridge”。这类地名的文化内涵或社会功能意义已经丧失或弱化，从文化维度来看，其翻译目的主要是帮助外国人寻找或理解某一地理位置，其地理指称意义比社会文化功能意义更为重要，即使需传达其名称中的社会功能或文化意义，也可通过外语文字加以补充解释。还有一些内涵过于丰富的地名，可能产生过长的译文，不符合地名尽量简短的要求，有时也会对专名进行拼音译写，但需在适当的地方进行历史文化信息的补充说明。总之，“名从主人”原则不仅适用于专名为人名的地名翻译，而且在专名部分处理起来很棘手的情况下，可作为一种权宜之计。

4.3.2 “见名知义”原则

“见名知义”原则是指地名翻译时，应使译名能够让人一看即知其所指，即通过地名译名，能够直观地理解该地的位置、特征、属性或历史背景。按照这一原则，在地名翻译中应尽量保持原名的含义和特征，使得译名能够准确地反映地名所指的地理、文化或历史意义，避免因翻译不当而造成误解或混淆，促进地名信息的传播和人们对其的理解。如果统一使用汉语拼音来英译地名，虽然简便易行，对于规范道路交通公共标识能够发挥积极作用，但从文化交流与传播的角度而言，文化信息的缺失在所难免。

根据该原则，翻译时一般采取通名直译与专名意译相结合的方法，将通名和专名的意义传达出来。比如高升巷是明朝贪官严嵩南昌府邸后门的一条小巷，也是一些人向严嵩送钱买官寻求升官发财之路，因此根据词义，可译为“Promotion Lane”。但需要注意的是，虽然大多数通名可直译，但也有少数通名有一词多义的特点，需根据其类别或属性，选择合适的译文，以通名“堂”为例，南昌有“清洁堂”“耶苏堂”“育婴堂”等老地名。“堂”作为通名有以下含义：专为某种活动用的房屋（hall / room）；旧时官府中举行仪式、审讯案件的地方（courtroom）；商店牌号（shop / store）。“清洁堂”为清朝时期当地政府或乡绅出资建立的收留贞妇烈女的慈善机构，“育婴堂”则为清朝时期法国天主教传教士为笼络和发展教徒而在筷子巷建立的“育婴公所”，这两个老地名的通名均可译为“hall / room”，其中育婴堂的“堂”还可译为“center”。但耶苏堂是清朝时期南昌的一座天主教堂，因此，可将通名“堂”译为“church”。再比如通名“宫”，南昌有万寿宫、天后宫、三皇宫、伏魔宫、南海行宫等老地名。万寿宫是因许逊在南昌有治水之功而为其修建的“许仙祠”；天后宫是供奉妈祖的庙宇；三皇宫是供奉伏羲、神农和轩辕的庙宇；伏魔宫为祭祀关羽的庙宇；南海行宫则为观音菩萨在南昌的道场。“宫”有以下含义：帝后太子等居住的房屋（palace）；神话中神仙居住的房屋（palace / paradise）；庙宇的名称（temple）。根据以上地名的属性或类别，以上地名通名译为“temple”较为贴切。但需要注意的是，由于在神话传说中，许逊、妈祖、伏羲、神农和轩辕等均已位列仙班，这些庙宇也可视为神仙居住之地，因此，使用“palace”一词也被人们广为接受，尤其是万寿宫，译为“Longevity Palace”比“Longevity Temple”更普遍。总之，“见名知义”原则用于老地名翻译，既能传递历史文化信息，又能兼顾地名的地理指称功能。

4.3.3 “遵从历史”原则

“遵从历史”原则是指对地名的历史由来进行追本溯源，即对该地名的起源、演变以及与当地历史、文化等相关的因素进行深入挖掘，再寻找合适的对应词。该原则可能并不拘泥于通名和专名的字面意思，而将重点放在还原或传达该地名的历史信息上，比如“重光里”的通名“里”并非“里面”的意思，而是指“街坊、邻里”，对应的英文单词为“neighborhood / community”，但笔者在翻译过程中得知“重光里”原名为“马巷”，是一条小街巷，因此，可将“里”译为“lane”。该原则还适用于一些同音讹变的地名，比如清洁堂，专名部分“清洁”二字一般可理解为“干净整洁”之意，但根据其历史由来，可译为“Chasteness Hall”，该译名比“Cleanness Hall”更能与其历史信息联系起来。再比如萝卜巷，根据字面意思，可译为“Turnip Lane”，但根据其历史由来，译为“Silk Lane”更合适。

4.4 文化翻译视角下南昌老地名的英译策略与方法

南昌老地名大多带有明显的地域文化特色和中国传统文化烙印，当翻译目的侧重于对外宣传，树立地方文化形象时，对老地名背后的文化意蕴的理解与传达就成为译者优先考虑的因素。鉴于老地名本身的多样性与复杂性，译者很难采取某种单一固定的翻译方法，应根据老地名的文化内涵与命名特点，灵活运用音译法、直译法、意译法、替换法、文内或文外加注法等多种翻译方法。

4.4.1 音译法

音译法主要是根据原文读音进行转换。对于以历史人物命名的道路街巷，应遵循“名从主人”原则，将专名转化为汉语拼音，通名直译，比如纪念王夫之（世称“船山先生”）的船山路可译为“Chuanshan Road”；纪念南昌贤士徐稺（东汉经学家，字“孺子”）的孺子路可译为“Ruzi Road”。此外，对于一些专名为文化空缺词的地名，无法找到对应词，使用意译法会导致译文过长，则可进行音译，比如“抚标左营”，抚标为清朝巡抚直辖的军队，属于文化空缺词，限于地名的长度，宜使用音译法，可译为“Left Fubiao Battalion”。此外，一些地理指称功能优先于文化传播功能的地名，也可使用音译法，比如“三道桥”译为“Sandao Bridge”，“新余仓”译为“Xinyu Warehouse”。

4.4.2 直译法

根据“见名知义”原则，一些南昌老地名可采用直译法。直译法是指译者从目标语中选择与文化专有词意义接近的词语，这种方法的使用有赖于目标语中存在既定的对应词。对于能找到对应词的地名，可根据字义直译。南昌老地名的通名大多可直译，比如路、桥、街、巷、亭、台、塔、楼、庙、祠、山等可分别直译为“road”“bridge”“street”“lane”“pavilion”“terrace”“pagoda”“tower”“temple”“shrine”“mountain”。一些专名能找到对应词的地名，也可按序直译，比如“棉花市”译为“Cotton Market”；“嫁妆街”译为“Dowry Street”；“煤炭坡”译为“Coal Slope”或“Coal Marketplace”；“凤凰坡”译为“Phoenix Slope”；“龙王庙”译为“Dragon King Temple”。

4.4.3 意译法

意译法也是在“见名知义”原则指导下英译南昌老地名的一个具体方法。有些地名表现了特有的汉民族文化或地方文化，无法在英语中找到完全对应的词，还有些地名的文化含义过于隐晦，无法在译文中充分再现，或需要添加过长的解释，这时可用一些中性或接近的英文词语加以解释，让读者对其背后的文化信息形成大致的了解，比如将状元桥译为“Top Scholar Bridge”或“Number One Scholar Bridge”，将老贡院译为“Old Examination Hall”，这两个地名都与中国特有的科举制度息息相关，需要较长的解释才能让西方读者理解，因而只用“Scholar”“Examination”这类普通词简单加以解释。

4.4.4 替换法

替换法是指用目标语中读者熟悉的文化专有词替换源语文化专有词，比如“火神庙”，“火神”一词可替换为古罗马神话中火与工匠之神“Vulcan”，将“火神庙”译为“Vulcan Temple”；再比如“药王庙”可译为“Asclepius Temple”。“Asclepius”为希腊神话中的医药之神，相传其经常在荒山野林寻求防治疾病的药物。替换法属于归化的一种具体翻译方法，能让西方读者倍感熟悉和亲切，但在很大程度上会造成源语文化的损耗与变形，因此这种方法只宜作为辅助方法，谨慎使用。

4.4.5 加注法

对于一些专名为文化空缺词的地名，有时由于长度的限制，翻译时不得不缩减，导致地名的历史文化信息无法完整准确地传达。根据上文所述三原则，无论采取何种翻译策略，本书均在地名译文首次出现时，在其后用括号加注完整的汉语拼音，使其与汉语匹配，且在文内适当的地方加以解释说明，使译文最大限度接近地名的历史信息，比如“惜字炉巷”译为“Xizi Furnace Lane（Xizi Lu Xiang）”，再在地名故事解说中适当穿插进一步的解释说明：“a lane named after a furnace for burning waste paper with written words to show reverence for knowledge”，从而兼顾指称辨别功能与文化传达功能。

综上所述，南昌老地名背后承载着丰富的历史文化信息，翻译时不仅要考虑老地名的地理方位指称辨别功能，更要发挥老地名文化内涵的昭显提示功能。南昌老地名数量众多，种类各异，情况复杂，翻译时无法采用统一的原则和方法，译者需要充分考虑文化差异、语言习惯以及读者的接受程度，灵活采取不同翻译方法。在保持地名原有文化内涵的基础上，尽可能地采用读者易于理解和接受的表达方式，以确保译文的准确性和可读性，从而更好地再现南昌旧城历史文化风貌。

5　南昌老地名蕴含的文化英译

地名文化可以反映一个地区的传统、风俗、信仰等，研究地名文化的翻译有助于更好地传播和传承地方文化。南昌老地名背后的历史事件、神话传说、宗教信仰、民情风俗及与其相关的官职军衔、科举制度、儒家思想、诗词歌赋、中医中药等文化信息，构成南昌独特的地名文化，从文化翻译的理论视角对其英译方法进行深入研究，便于读者在了解南昌历史过往的同时，加深对南昌地方文化乃至中国传统文化的认识与感悟，并在此过程中学习相关文化翻译技巧，增强传播中华文化的能力。

5.1　宗教文化

地名与宗教信仰之间存在着紧密联系，其影响深远地渗透到地名文化中。宗教信仰为地名命名提供了丰富的灵感和依据。许多地名都直接来源于宗教经典、神话传说或宗教活动。例如，一些山峰或地方以“仙”字命名，如九仙山、仙居山、葛仙村、仙游县等，这反映了道教对仙人的崇拜。此外，一些地名与神仙故事有关，如神女峰、仙人渡，这些地名都体现了宗教信仰对地名文化的深刻影响。人们也通过地名传承和弘扬宗教教义及其文化。地名作为地域文化的象征，通过世代相传，使得宗教信仰得以延续和发扬。例如，一些地方以宗教圣地、宗教术语、宗教活动场所或建筑命名，如“清真寺街”“教堂路”等，这些地名不仅记录了宗教活动的历史，也传播了宗教文化的精神内涵。

5.1.1 南昌老地名涉及的佛教、道教术语

旧时南昌是一个佛教、道教兴盛之地，城内外寺庙、道观众多，有应天寺、天佑寺、普贤寺、地藏庵、白衣庵、南海行宫、天后宫、建德观、妙济观、大士院等道教、佛教相关地名，此外还有一些与神话传说、祭祀缅怀相关的地名，比如张王庙、丁公庙、司马庙、关帝庙、关马祠、佳山庙、三皇宫等。黎传绪教授在解说这些与宗教信仰有关的南昌老地名时多次提及佛教、道教术语，比如在解说“萧公庙”的历史由来时，就提到萧伯轩“好行其德，济人泽物，晚有神识”，其中“神识”为佛教术语，指意识或超级意识，思维能力和感知力的高敏状态；在解说“白衣庵”时，提到观世音菩萨“三十三身”，“三十三身”也为佛教术语，也称“三十三应化身”，指观世音菩萨为摄化普益而示现三昧中之三十三种化身；在解说“南海行宫”时，提到“普陀山是观音菩萨道场”，其中“道场”指佛、道二教诵经、礼拜、修道的场所；在解说“建德观”时，提到建德观供奉“三清祖师”，三清指道教中玉清、上清、太清这三大清境，还提到建德观营造出“十大洞天、三十六小洞天、七十二福地的境界”，“洞天福地”是指道教神仙所居的名山胜境，“洞天”指通达上天的山中洞室，“福地”则意为得福之地，即认为居此地可受福度世，修成地仙。“福地”这一道教术语也出现在解说“佳山庙”中，黎传绪教授说庙宇大门匾额上有四个大字“佳山福地”；在解说“火神庙”时，提到火神庙全称为“火德真君”；在解说“万寿宫”时，提到许逊被追封为“神功妙济真君”，其中“真君”是对道教神仙体系中拥有很高名望者的尊称。这些宗教术语对于译者和读者来说，可能都是比较陌生的，这也是笔者在翻译“解说南昌老地名”系列文章时遭遇的一大难点。

5.1.2 宗教术语的英译要求与具体方法

道教作为中国传统文化的重要组成部分，具有深厚的历史渊源和丰富的思想内涵，其深刻的哲学思想和处世态度则集中反映在一些道教术语中，比如在道教中，“阴阳”是基本哲学范畴，表示天地万物之间的对立与统一。阴代表消极、被动、黑暗等，而阳则代表积极、主动、光明等。道教认为，阴阳相互

依存、相互转化，构成了一个不断变化的世界。“无为”是道教的核心思想之一，意为“无妄为”“任其自然”。它强调不要过度干预自然和人类社会的发展，而要让事物自然地发展，达到一种自然的平衡。“修身”是道教修行的基础。它强调通过修炼身心，达到一种超脱世俗的境界。修道者需要通过冥想、呼吸练习、饮食调节等方式来净化身心，提高精神境界。“悟道”是道教修行的最高境界。修道者需要通过长期的修行和实践，逐渐领悟出道的真谛和奥秘，达到一种超越世俗的境界。由此可见，许多道教术语代表了道教对于宇宙和人类的理解以及修行的方法和目标。

道教作为一个博大精深的宗教和哲学体系，其术语和概念具有丰富性和多样性。不同的道教流派和传承可能对一些术语有不同的解释和理解，这也是道家术语成为一大翻译难点的原因。宗教术语翻译涉及对特定宗教信仰、仪式、经典等内容的准确理解和恰当表达。译者需要深入了解相关宗教的背景、教义、历史和传统。只有对宗教文化有深刻的理解，才能更准确地翻译相关内容。在翻译宗教文化时，尊重源语言的意义和表达方式至关重要。避免随意添加、删除或改变源语言的含义，尽可能忠实地传达宗教思想。当然，译者还需意识到，不同地区和文化背景的读者对宗教文化可能有不同的理解和接受程度。翻译时需要考虑目标受众的文化背景和宗教信仰，选择合适的表达方式。本章以道教术语为例，探讨宗教术语的翻译方法。道教术语翻译方法是否运用得当，直接关系到道家思想能否被译入语读者准确理解，从而影响其在西方社会的传播与接受效果。以下为道教术语常见的翻译方法：

（1）音译加注法

许多道教术语为中国所特有，其表现的中国宗教、哲学、文化的特质很难对应另一种语言文化环境，即这些术语很难在西方哲学中找到对应的概念。以“道”为例，“道”是一种宇宙观、世界观，也是修行的方法和目标。它强调自然法则和人的内在精神相统一，追求一种超越世俗的境界。有些译者用“the way”“nature”“the doctrine”等词来对应，但都没有完全译出“道”所蕴含的广博的思想内涵。因此，不少中外译者根据“名从主人”的原则，音译为“Tao”或“Dao”。类似的还有“阴阳”被音译为“Yin and Yang”；“太极”译为“Taiji”；“八卦”被译为“Bagua”。但需指出的是，音译法可使词义最大限度地接近原词，但似乎是以一种强制的手段，把一种文化专有的概念强塞进另一种文化，意义的获得和定型需要较长的时间，因此，音译法一般作为一种权宜之计，是一种不得已而为之的方法，通常需要与其他方法结合使用，最为常见的便是音译加注，比如将“八卦”译为“Bagua，a set of eight symbolic patterns that represent different aspects of the natural world and the principles of Yin and Yang”。

（2）直译加注法

由于人类哲学、宗教思想和语言也有一些共通之处，一些术语能够在英文中找到较为明显的对应表达，对于这类术语，可采取直译法，但更多时候，译者需要采取直译加注法，这是因为道教术语所代表的思想概念既抽象又复杂，非专业读者很难从一个术语的直译中去了解其背后的多重意义。为克服这一缺陷，可在直译的同时通过文内括号加注或脚注形式提供必要的解释，比如“真人”指内在修为已经让身心脱胎换骨，达到很高境界的修行者，汪榕培在《庄子》英译本中将其直译为“True Person”，再加脚注“the man who complies with the natural disposition and dictation”；“心斋”指洗汰掉附着在内心的经验、成见、认知和欲望等累赘，恢复虚灵明觉的本心，可直译为“fasting of the mind”，再加简单的脚注“self-disciplined mentality”；再比如，“天德”有多重含义，可指天的德性，这种观念体现道教对宇宙间自然规律的理解，认为人的命运与天地之间的某种神秘力量相关联，也可指道之动产生、诞生、蓄养万事万物的能量，这种解释强调道教对于宇宙间无形能量的认知和尊重，“天德”还代表人类在掌握自然规律的基础上，对自然界、社会和他人体现出的道德情操和品质。可直译为“virtue of heaven”，再加脚注“the moral quality and character of heaven，representing the highest moral standards and principles”或“the energy and power of the universe in Taoist thought”。直译加注法可以最大限度地保留原文的语言文化，同时便于读者理解。

（3）解释法

在翻译道教术语时，需要考虑目标读者的接受程度和文化背景。如果直接采用音译法或直译法，可能会导致读者或听众感到困惑或产生误解。因此，译者应尽量寻找一种既能够保持原意又能够被目标语言受众所理解的方式。这可能需要对术语进行一定的解释或阐述，以确保其含义得到准确传达，比如“气”指体内真气，可解释为“the vital energy”；“六气”在道教中通常指的是自然界中的六种气候变化，即风、寒、暑、湿、燥、火，也有“阴、阳、风、雨、晦、明”之意，故可解释为“the Six Climatic Factors，namely， wind，cold，heat，dampness，dryness，and fire”或“the six vital elements of yin，yang，wind，rain，darkness and brightness”；“天均”指的是自然的均衡和平衡，可解释为“a peaceful and harmonious life”；“六合”指天、地、东、西、南、北六个方向，代表着宇宙的方位和万物的运行，可解释为“six realms of Heaven and Earth，East and West，North and South”；“七窍”指头部七个孔窍，即目（双眼）、鼻孔、口、耳（双耳），是人体与外界相通的门户，五脏的精气分别通达于七窍，可解释为“seven apertures with which to hear，to see，to eat and to breathe”。通过解释法将这些深奥的道家术语清晰地表达出来，既展现字面之意，又表达其中蕴含的深层含义，不仅顺利地传递了原文的文化信息，而且也加深了西方读者对中国文化的了解。

综上所述，宗教信仰是南昌当地文化的重要组成部分，地名中的宗教元素也成为地方文化特色的体现。而地名翻译不可避免地涉及宗教术语翻译。宗教术语蕴含的哲学思想过于抽象深奥，极具中国特色，属于文化空缺词，很难找到对应词。一些道家术语经过历史的变迁，其概念变得模糊，或者在不同语境、不同道家流派具有多重语义，导致理解困难或意义取舍困难。翻译时首先要理解其内涵，再灵活运用音译加注、直译加注以及解释法等翻译方法，向读者展示中国博大精深的道家哲学思想与传统文化。而以上翻译方法也同样适用于佛教术语或其他宗教术语的翻译。

5.2 中医药文化

中医药是我国传统医学的瑰宝、中国十大国粹之一，拥有悠久的历史和深厚的文化底蕴，是在中医理论指导下采集、炮制、制剂的药物，其来源广泛，包括植物药、动物药、矿物药等，具有预防、治疗、诊断疾病及康复保健的作用。数千年来，中医药与中华民族紧密相连，不仅是医药文化的象征，更是中华民族深邃哲学智慧、健康养生理念和实践经验的结晶。它护佑着中华民族渡过瘟疫、战乱和灾害等重重劫难，使中华民族生生不息，延绵发展，不断壮大。中医药的精髓不仅是治病救人，更是一种文化的传承和生命的守护。

5.2.1 南昌老地名蕴含的中医药文化

江西是中医药的重要发源地之一，蕴藏着丰厚的中医药资源，拥有独具特色的药材加工炮制技术，中医药文化源远流长。代表中医药文化精髓的杏林文化源自于此，全国四大药帮中的“樟树帮”和“建昌帮”在此发祥。距离南昌约 90 千米的樟树市是享誉海内外的药都，自古以来，“药不到樟树不齐，药不到樟树不灵”。江西的中医药在中国医药史上书写过光辉灿烂的篇章。南昌作为江西省会，自然为中医药的发展提供适宜的环境，民间也形成了祭祀中医药鼻祖和药王的传统。黎传绪教授在解说“三皇宫”时提到，三皇宫是南昌医药行业会所，在清朝以前叫“药王庙”，供奉着“三皇”（伏羲、神农、轩辕）以及扁鹊、华陀、张仲景、孙思邈等历代医神药王。他还提道：“南昌汇聚了樟树帮和建昌帮的药栈药店和来自全国的药商。黄庆仁栈、罗鸿泰、芦同仁堂是著名的大型药店，前堂卖药，后坊制药。享誉海内外的品种有安宫牛黄丸、犀黄丸、参茸黑锡丸、卧龙丹、红灵散、回春丸，都是药到病除的灵丹妙药。”这些中药名称不仅直接反映药物的主要功效或特性，而且蕴含着丰富的中国传统哲学思想和实践经验，是南昌中医药文化的精髓，也是江西中医药高水平发展的集中体现。在翻译这些中医药名称的过程中，如何准确传达其深层含义，同时让不同文化背景的读者理解，是翻译者面临的一大挑战。

5.2.2 中医药名称的英译方法

中医药来源广泛，品种繁多，名称各异。大多数中医药根据药物功效和性能命名，比如麻黄、桂枝、防风等发散药，主要具有发汗、解表、抗病毒的作用；黄连、黄芩、大青叶等清热药，主要作用是清热解毒、泻火；芒硝、大黄、番泻叶等泻下药，主要作用是润肠通便；干姜、附子、肉桂等温里药，主要作用是温中散寒；人参、黄芪、白术等补益药，主要具有补充人体气血、阴阳、脏腑等功能。还有些中药根据植物生长特点和药材采集的时节命名，例如，夏枯草因生长到夏至果穗干枯而得名，款冬花因冬至开花而得名，半夏则因农历五月间成熟而得名。还有一些中药在药名前标识产地、生长环境等字样，这也是中药命名的一种方式。例如，高良姜因其始出高良郡而得名，代赭石则因其出自代郡而得名。此外，还有一些中药以药用部位、形色气味、人名等命名。

对于中医药名称的英译，普遍可采用音译法。根据国家药典委员会颁布的《中国药品通用名称命名原则》规定，“中药材名称应包括中文名（附汉语拼音）和拉丁名”。因此规范的中药名称翻译应包含汉语拼音，例如，将丁香译为“Dingxiang（Caryophylli Flos）”；将天麻译成“Tian Ma（Gastrodia elata）”；藏红花译成“Zang Honghua（Crocus Sativus）”。世界中医药学会联合会（World Federation of Chinese Medicine Societies，WFCMS）制定的《中医基本名词术语中英对照国际标准》参照了国际植物标准命名法，将中药拉丁语名中诸如“Folium”（叶）和“Fructus”（果实）入药部分置于药名的首位，比如将银杏叶译为“Yinxingye（Folium Ginkgo）”；将苍耳子译为“Cang'erzi（Fructus Xanthii）”。

对于中药方剂名称的英译，全国科学技术名词审定委员会“中医药学名词审定委员会”发布的《中医药学名词》采用意译方式对中药方剂“剂型”英译，即“药品名音译＋剂型意译”结构，将“丸”“散”“膏”“丹”“汤”“露”“片”等剂型分别译为“bolus / pill”“powder”“ointment / plaster”“pill”“decoction / potion”“syrup”以及“tablet / troche”，方便读者了解药剂的基本形态，比如将桂枝汤译为“Guizhi Decoction”；将三子养亲汤译为“Sanzi Yangqin Decoction”；将四妙勇安汤译为“Si-Miao Yong-An Decoction”；将乌鸡白凤丸译为“Wu-ji Bai-feng Pill”。此外，还可根据其功效和特性以及命名方式，选择以下结构来翻译，方便购买者对症下药：

①根据药料来翻译，采用“药料＋剂型”结构，例如：“板蓝根颗粒”可译为“Radix Isatidis Granules”；“牡蛎散”可译为“Concha Ostreae Powder”或“Oyster Shell Powder”；“木香槟榔丸”可译为“Aucklandiae and Areca Pill”；“五仁露”译为“Five Seeds Syrup ”；“黄芩汤”译为“Radix Scutellariate Decoction”。

②根据所治疾病来翻译，采用“疾病名＋剂型”结构，例如：“疝气汤”可译为“Hernia Decoction”；“阴虚丸”可译为“Yin Asthenic Pill”；“风湿骨痛酒”可译为“Rheumatism Bone Pain Wine”；“小儿惊风散”可译为“Children Convulsion Powder”。

③根据药效来翻译，采用“功效＋剂型”或“剂型＋for＋功效”结构，

例如："保和丸"可译为"Digestion Promoting Pill"；"泻白散"译为"Lung-Heat Expelling Powder"；"温脾汤"可译为"Decoction for Warming the Spleen"；"肾气丸"可译为"Pill for Invigorating Kidney Energy"；"壮骨关节丸"译为"Pills for Strengthening Health of Bone and Joint"；将"伤湿止痛膏"译为"Plaster for Relieving Rheumatic Pains"。

④根据"主药料＋功效"来翻译，采用"主药料＋剂型＋for＋功效"结构，例如："牛黄清心丸"可译为"Calculus Bovis Bolus for Clearing Away Heat-fire"；"柏子养心丹"可译为"Semen Biotae Pill for Nourishing the Heart"；"牛黄降压片"可译为"Calculus Bovis Tablets for Hypertension"；"当归补血汤"译为"Angelicae Sinensis Decoction for Supplementing Blood"。如果主药料名和功效语都较长，可采用"剂型＋of＋主药料＋for＋功效"结构，比如"甘草泻心汤"可译为"Decoction of Radix Glycyrrhizae for Purging Stomach-fire"；"当归补血散"可译为"Powder of Radix Angelicae Sinesis for Enriching Blood"；"藿香正气水"可译为"Syrup of Herba Agastachis for Restoring Healthy Energy"。

根据以上翻译方法，解说"三皇宫"所提及的中药方剂"安宫牛黄丸"，其功效为清热开窍、豁痰解毒，是一种用以治疗温热病热陷心包，中风昏迷，小儿惊厥的方剂。根据上述音译法，可译为"Angong Niuhuang Pill"。此外，因其包含"功效、主药料和剂型"三部分，适用上述第④种译文结构，可译为"Calculus Bovis Pill for Clearing Heat and Detoxifying"。对于该方剂名称，网络上还有"Bezoar Chest Functioning Pill""Cow-bezoar bolus for resurrection"等译法；"犀黄丸"主要药料成分也是牛黄，具有清热解毒，活血止痛之功效，因该方剂名称包含药料和剂型两部分，适用上述第①种译文结构，可译为"Cow-bezoar Pill"；"参茸黑锡丸"主要药料成分为红参、鹿茸、黑锡等，同样适用上述第①种结构，可译为"Ginseng Antler Black Tin Pill"；"回春丸"为理血剂，具有活血化瘀，舒筋通络之功效，该药名由功效和剂型两部分组成，适用上述第③种结构，可译为"Rejuvenation Pill"。需要注意的一点是，无论采取上述哪种结构，均应在译文后加注汉语拼音。

5.3 官职体系

地名往往与地方官员产生诸多关联，而官职决定官员的身份、地位和影响力。老地名浓缩了一个地方的社会经济发展史，而政府官员对社会经济发展有着重要的影响，因为官职赋予官员权力，直接影响着决策的走向和施行，影响着社会经济的繁荣与稳定，对地名的形成、发展和沿革发挥重要的作用。

5.3.1 南昌老地名涉及的古代官职名称

南昌老地名的文化故事中频繁出现官职名称。其中一些老地名或因官员发起修建、重建、更名而得名，还有一些为纪念某一官员而得名。比如江西巡抚佟国勷筹集资金重建“伏魔宫”；南昌知县黎承惠捐俸白银 2 000 两倡导重建东湖书院。一些官员因勤政亲民、清正廉洁等高尚的道德风范而为当地百姓所称颂、爱戴和缅怀，其事迹或传为美谈，并以地名为载体传承下来，比如“海棠庙”就是纪念堪称古代社会君子和良臣典范的周召伯而建，并留下“召公遗爱”的千古美谈。由此可见，许多地名故事中不乏地方官员甚至王侯的身影，而官员又与官职如影随形，官职便也频繁出现在地名故事当中。黎传绪教授的“解说南昌老地名”系列文章包含大量的古代官职名称，比如在解说“佳山庙”和“京山”两篇文章中均提及“张位曾任国子监祭酒、礼部尚书、文渊阁大学士，加封太子太保”这一系列官职。在解说“塘子河”“司马庙”“韦公堤”等老地名时均提及“太守”这一古代地方官职。而“巡抚”这一官职，更是出现在解说“绳金塔”“后墙路”“钟鼓楼”“章江门”“火神庙”“耶苏堂”“书院街”“老贡院”“裘家厂”“马王庙”“右营街”“丁公庙”等多篇文章中，此外还出现“尚书”“文渊阁大学士”“军机处行走”“盐粮参政”“刑部员外郎”等多种官职。

5.3.2 古代官职名称的英译方法

中国古代官职名称涵盖政治、军事、司法、礼仪等各个方面，根据其职能、地位、等级等不同特点，可将古代官职名称分为君主官、文官、武官、礼官等多个类别。涉及官制、官署、职掌、职级等多种因素。朝代更迭、制度变革，官职的体现也不尽相同。由于中外行政体系、官僚制度的巨大差异，中国古代官职官衔大多找不到对应的英文，成为文化空缺词，通常采取如下处理方法：

（1）直译法：多用于较为简单明了的官职名称，比如“镇西将军”译为“General Governing the West”，“平南将军”译为“General Pacifying the South”，“太医”译为“Imperial Physician”。

（2）拼音法：采用汉语拼音进行音译，比如“太守”译为“Tai-shou”，“太仆”译为“Tai-pu”。汉语拼音接近英文拼法，以其简洁性和相似性方便英语读者拼读和使用。

（3）拼音法+解释：拼音法或音译法虽简单便捷，但无法传达官职背后的文化信息，因此，常在拼音后面加注解释，比如“庭尉”译为“Tingwei, officers in charge of interrogating and punishing erring officials”。

（4）套译法：套用一些与汉语官职在一定程度上接近的英文官职，进行对应性翻译，比如“齐桓公”中的“公”指有领地的国主，与“Duke”在爵位与职能上相似，因此，“齐桓公”可译为“Duke Huan of Qi State”，“尚书”可译为“Minister”。

（5）解释法：解释官职的职级、职权范围等，比如“县丞”指“辅佐县令（或县长）行政的属官”，可译为“Assistant of County Magistrate”，“司空”一职负责掌管各种工程，可译为“Director of Public Engineering Works”。有时，由于年代久远、官职繁杂以及官制演变，一些官职难以准确解释或界定，可采用“officer”“official”“commander”“minister”“magistrate”“governor”等表泛称的词，进行模糊性解释。

官职作为文化空缺词，很难在英语中找到对应词，无论采取上述哪种翻译方法，关键都要理解其大致职责、等级等信息。以下为具体实例：

例 1：张位曾任国子监祭酒、礼部尚书、文渊阁大学士，加封太子太保。

(解说“佳山庙”)

译者需要了解句中几个官职的大致情况。国子监主要掌管大学之法与教学考试，相当于古代最高学府，国子监祭酒相当于校长或教育部长，因此，可译为“Principal of the Imperial Academy”。礼部尚书为主管朝廷中的礼仪、祭祀、宴餐、学校、科举和外事活动的大臣，可译为“Minister of Rituals”。文渊阁为皇家藏书阁，文渊阁大学士为文臣最高级别。大学士皆以殿阁名入衔，比如明朝有中极、建极、文华、武英等殿大学士和文渊阁、东阁大学士。“文渊阁大学士”译为“Grand Secretary of Pavilion of the Imperial Library”。太子太保为东宫官职，与太子太师、太子太傅共同负责教习太子，统称为“三师”。太子太师教文，太子太傅教武，太子太保保护其安全，因此，“太子太保”可译为“Grand Guardian of the Crown Prince”。

例 2：升任资政殿学士、浙西江东制置大使、兼江西安抚大使、置司馀杭镇守独松关。(解说“应天寺”)

宋代置“资政殿学士”，授予罢政的宰相或其他大臣，简称“资政”，可大致译为“Scholar of Political Affairs Hall”。“制置大使”为北宋边疆地区临时性军事统帅，掌管诸州军事，多以安抚大使兼任。“浙西江东制置大使”可大致译为“Envoy of Military Affairs in the west of Zhejiang Province and the East of Jiangnan Area”。“安抚大使”是由中央派遣处理地方事务的官员，为行军主帅兼职，“江西安抚大使”可大致译为“Envoy of Local Affairs in Jiangxi”。”

例 3：1596 升太仓知州。后又擢升盐粮参政、刑部员外郎、江南巡抚。(解说“丁公庙”)

古代官职属文化空缺词，为文化翻译的一大难点。“知州”的行政职务与“知县”类似，但管辖区大于“知县”，仍可采用“magistrate”，也可译为“governor”；“盐粮参政”可译为“Salt and Grain Counsel”；“刑部员外郎”可译为“Councillor of the Ministry of Punishments”；“江南巡抚”可译为“Imperial Inspector of the Regions in the South of the Yangtze River”。

综上所述，由于年代不同，官职体系发生很大变化，加上中西社会制度和行政体制的巨大差异，就更难找到与官职完全匹配的词语，只能根据其职级、职责、权限等信息，译出大致的含义，其中的信息缺失在所难免，只能通过同位语、定语等修饰成分或者以文内加注、脚注的形式尽量补偿缺失的信息。

5.4 科举制度

隋文帝（541—604年）统一中国后，废除以门第、品级为主的选人制度。隋炀帝（569—618年）大业元年（605年）正式开科取士，1905年光绪皇帝（1871—1908年）下诏废科举。科举制促进了贵族政治向官僚政治的转换，同时兼具教育、选官、考试、社会分层、文化传承等多种功能，对中国社会发展产生极其深远的影响。

5.4.1 与科举制度有关的南昌老地名

科举制度是中国古代选拔官员的主要途径，与地名有着密切的联系。在科举制度盛行的时期，许多地方因为出了著名的科举人物而名声大噪，这些人物的成功往往使得他们的家乡也随之闻名。比如，某些地方因为连续几代人都有高中进士的记录，这些地方就被赋予“文昌”“文运”等寓意深厚的名称，以彰显其科举文化的底蕴。科举考试被视为改变命运的重要途径，许多士子都希望通过科举考试一举成名，实现自己的人生理想。因此，一些与科举考试相关的地点，如“文庙”“贡院”等，不仅代表科举考试的场所，更是象征着士子们追求功名、实现理想的希望之地。在科举制度的影响下，一些地区逐渐形成重视教育、崇尚文化的社会风气，促使形成一些以“书院”“学府”命名的地名，体现对教育的重视和对文化的追求。总之，地名与科举制度之间的关系是相互影响、相互塑造的。科举制度通过影响地方文化和社会风气，使得一些地名具有更丰富的文化内涵和象征意义；而地名则通过记录和传承这些历史和文化信息，便于人们更好地了解和感受科举制度对古代社会的影响。

南昌自古以来文风昌盛，文人学士辈出，人们热衷于追求学问，形成了崇尚读书、尊重知识的社会风尚，一个个与科举考试和教育相关的地名也应运而生。根据黎传绪教授的解说，南昌“贡院”是江西举行全省“乡试”（又称“省试”）的唯一考场。江西全省各地参加“乡试”的秀才们都要赶赴省城南昌。为了顺应科举制度的实施，南昌建立了完备的教育系统，包括官学和私学两种教育机构，古代南昌的府学即为官学，其旧址南边一条路称为“府学前”。南宋开始，南昌府学建在南昌文庙东边，庙学融为一体，相得益彰。私学包括私塾、书院等。古时南昌书院文化浓厚，几大书院书声琅琅，学子如云，书香四溢，声名远播。其中最为有名的是“豫章书院”。豫章书院创建于南宋时期，为当时理学家们传播程朱之学的基地。康熙三十一年（1692 年）巡抚马如龙重建，康熙五十七年（1718 年），康熙皇帝御书“章水文渊”四字门额赐予书院，使书院发展进入鼎盛时期，与九江的白鹿洞书院、吉安的白鹭洲书院以及上饶的鹅湖书院并称为古代江西四大书院。此外南昌还有友教书院和东湖书院等。孔门七十二贤之一的澹台灭明曾在此传播儒学，教化百姓，其逝世之后，人们为他在东湖东岸立墓祭祀，即为“澹台子墓”，南宋绍兴年间，地方官员在澹台墓旁再建澹台祠，后改为“友教书院”，取其友教于豫章之意。百年之后，在东湖西岸又有书院建立，皇帝赐额“东湖书院”，东湖书院四方学者众多，大家云集，名声大振。此外，还因科举考试和教育制度衍生出其他地名，比如“老贡院”旁边有个地名叫“系马桩”，是从外地来赶考的秀才们系马的地方。“老贡院”的北面原有大片桃树林，是秀才们游览休闲之地，留下“大桃花巷”和“小桃花巷”两个老地名。康熙二十年（1681 年），江西巡抚安世鼎将贡院迁至东湖东北一带，那一段路因此就叫作“为国求贤街”。乾隆年间，戴衢亨连中三元，即乡试、会试和殿试均获第一，官府为纪念他这段传奇经历，把“广济桥”改名为“状元桥”。乾隆年间因豫章书院而得名的“豫章书院前横街”在光绪年间被改为“书院街”。

5.4.2 科举制度术语的英译方法

科举制度术语与上文所述的宗教术语、中医药名称、官职名称一样，多为文化空缺词，翻译的关键在于理解，在准确理解的基础上，以解释性译法为主，音译、直译为辅，尽量传达其深层含义。

例 1：南昌贡院是江西举行全省“乡试”（又称“省试”）的唯一考场。（解说“老贡院”）

明清时期科举考试一般分乡试、会试、殿试。乡试在省城举行，译为“Township Examination”或“Provincial Examination”，会试在京城举行，译为“Metropolitan Examination”，殿试为科举制度中最高一级的考试，在皇宫大殿上举行，由皇帝亲自主持，可译为“the Final Imperial Examination”或“Palace Examination”。

例 2：万历二十年（1592 年）会试副榜，授福清知县。（解说“丁公庙”）

科举时代会试或乡试取士，按规定名额录取公布的榜示叫正榜，除正榜外，另取若干名，列为副榜。名列副榜者不得参加廷试，但可应下科会试。根据“副榜”的含义，可大致译为“additional notice”，并采用括号加注或脚注的形式，增加解释性说明：“in ancient imperial examination system, those candidates formally admitted were listed in the formal notice (Zheng Bang), while a certain number of candidates slightly inferior to the formally admitted candidates were listed in the additional notice (Fu Bang)”。

例 3：宝祐四年（1256 年）状元及第，官至右丞相，封信国公。（解说“应天寺”）

“及第”指科举考试应试中选的人，比如“进士及第”指通过最后一级中央政府朝廷考试者。进士及第为一甲三人。科举殿试时录取分为三甲：一甲三名，第一名称状元（鼎元），第二名称榜眼，第三名称探花，三者合称“三鼎甲”；二甲若干名，赐“进士出身”的称号；三甲若干名，赐“同进士出身”的称号。二、三甲第一名皆称传胪，一、二、三甲统称进士。“进士及第”可译为“to pass the final imperial examination and win the first three places”。该句中“状元及第”意为“高中状元”。此处为动词短语，可译为“to come the first in the imperial examination”。若在句中作为名词使用，则可译为“Number One Scholar”。

总之，科举术语大多为文化负载词，体现中国官僚体制、教育体制以及儒家思想等，这些术语在西方文化中没有直接对应的概念，因此在翻译时应结合中国古代的历史和文化背景，对这些术语进行解释性翻译，以帮助读者理解其字面含义和深层文化内涵。

实践篇

南昌老地名背后的故事

——英译与解析

南昌老地名涉及地理、历史、宗教、民俗、语言、教育、商贸等多种因素，其背后一段段历史、一个个故事在漫长的时光隧道中渐行渐远，但这并不意味着可以任由这些宝贵的文化遗存湮没在城市建设与社会发展的滚滚洪流中。本篇基于黎传绪教授南昌老地名的研究成果，用英文讲述南昌老地名背后的故事，对外展示这座历史名城的深厚底蕴和独特魅力，与此同时，提炼出南昌老地名所涉及的历史典故、神话传说、宗教信仰、民情风俗、官职军衔、科举制度、儒家思想、诗词歌赋、中医中药等翻译难点和重点，进行专题解析，便于读者在了解南昌历史的同时，加深对中国传统文化的认识与感悟，学习相关翻译技巧，增强中华文化传播能力。

6 老地名背后的神话传说故事

一些地名蕴含着美丽而古老的神话传说和故事，常常涉及神仙、道士、僧侣、王侯、将相等，同时也涉及读书人、手工业者等寻常百姓，体现劳动人民的智慧、想象力、对美好生活的向往，也使南昌这座古城蒙上一层神秘面纱。许多因神话传说而得名的地名已经深深地印刻在人们的心中，丰富着人们的精神生活，构成独具特色的地方文化，比如绳金塔、万寿宫、三眼井、龙王庙、白马庙、马王庙、火神庙、棕帽巷、佳山庙、萧公庙、张王庙、三皇宫、土地庙、城隍庙等，其中绳金塔、万寿宫已成为南昌地方文化的代表性建筑。

本章主要翻译以下七个地名及其背后的故事，探讨相关领域或表述的文化内涵与英译技巧，包括南昌民谣的英译、"福"字的文化心理与英译、会馆文化与英译、古代官职的英译以及中医中药的英译。

6.1 解说"绳金塔"
Shengjin Pagoda

The street at the west side of Shengjin Pagoda (Shengjin Ta) was called "Shengjin Pagoda Street" (Shengjin Ta Jie). Shengjin Pagoda was also used as the symbol of the vicinity because of its widespread reputation.

There was an old ballad spread in Nanchang for a thousand years that "if a vine is broken, the gourds on it cannot survive so that they have to be cut off, if the pagoda collapses, Yuzhang (the ancient name of Nanchang City) will become incomplete". In the ballad, the vine ("Teng" in Chinese Pinyin) represents Pavilion of Prince Teng and the pagoda refers to Shengjin Pagoda. This ballad was used by someone as a proof of the two landmarks of Nanchang, because it could reflect to some extent that Pavilion of Prince Teng and Shengjin Pagoda occupied an equally high position in the mind of Nanchang people. In ancient society, lacking of conviction and ability to conquer or change the nature thoroughly, the people had no choice but to pray for blessings from heaven and protection from deities. However, they were still worried since praying was invisible and untouchable. As a result, they built an imposing pagoda in Nanchang City in order to give themselves a full protection, namely, Shengjin Pagoda.

Shengjin Pagoda contained the local people's two wishes. One was to "solidify the River City forever". The ancient Nanchang was also called River City because it was close to Ganjiang River and Fuhe River, with abundant river systems. In the city, there was a huge lake (composed of four lakes in the east, south, west and north) which ended at Shuiguan Bridge and there were more lakes outside the city. Therefore, the people in ancient time took the city as a land floating on water, which would probably drift away anytime. Therefore, they wished to fasten Nanchang City firmly with four golden (jin) ropes (sheng) from underground. This is the origin of the name of "Shengjin Pagoda" (Shengjin Ta). However, this name is not popular with the modern Nanchang people, since "Shengjin" is nearly homophonic with "Shenjing" (mental disorder) in Chinese Pinyin.

Another wish was to "prevent disasters". The people fabricated intentionally a myth that a weird monk dug out four bundles of golden ropes and three ancient swords from the pagoda. The swords were carved with the names—"Extinguishing Fire", "Subduing Flood Dragon" and "Expelling Wind" respectively. The people prayed that the swords could drive away calamities such as fire, flood and wind.

As recorded in history books Shengjin Pagoda was originally built in the early Tang Dynasty and went through destruction and rebuilding for several times. In the late Yuan Dynasty and early Ming Dynasty, the pagoda was ruined in the fierce battle between Chen Youliang (a leader of peasant uprising in the late Yuan Dynasty) and Zhu Yuanzhang (a leader of peasant uprising in the late Yuan Dynasty and the first emperor of the Ming Dynasty). In the 1st year of the Hongwu period of the Ming Dynasty (1368), it was rebuilt for the first time.

In 1709, the pagoda body collapsed completely because of long-time disrepair. The Imperial Inspector, Tong Guorang, took charge of its second rebuilding. The pagoda body rebuilt at that time has been preserved until now.

Shengjin Pagoda began to be rebuilt in July of the 7th year of the Tongzhi reign in the Qing Dynasty, and it was completed in winter of the next year. It was 50.86 meters high, with a body of 7 storeys and 8 faces. Its red railings, grey tiles and clean walls revealed its classical beauty, simplicity and elegance. There was a wind-bell with a musical scale for each storey in the pagoda, totaling seven musical scales for seven storeys. When breeze blew, the bells sent out pleasing sound.

Shengjin Pagoda was the highest building in Nanchang history. Climbing to the top through the winding stairs, one could overlook the panorama of the whole city. Shengjin Pagoda took on an entirely new look after rebuilding again at the beginning of this century. Nowadays, the scenic spot of Shengjin Pagoda becomes a symbol of Nanchang as a famous historic and cultural city.

一、内容提要

古代社会，人们缺乏改造、征服自然的能力，只能祈求上天和神灵护佑，为了更加安心，便建造雄伟的建筑来保护自己，于是“绳金塔”就矗立在了南昌城。“绳金塔”寄托着人们的两个愿望：一是“永镇江城”。古南昌城水系丰富，湖泊众多。人们认为它是漂浮在水面上的一块陆地，随时可能漂走，因此，幻想用四根“金绳”从地下把南昌城紧紧捆住。二是“遏制灾害”。传说有“异僧”在此挖到一个铁盒，内有金绳四匝、古剑三把，分别名曰“驱风”“镇火”“降蛟”，代表人们祈求镇住水灾、火灾、风灾等自然灾害的愿望。绳金塔历经多次重修，成为南昌历史文化名城的标志。

二、翻译解析

（一）绳金塔

绳金塔素有“水火既济，坐镇江城”之说，是南昌的镇城之宝。绳金塔的地名及其相关神话故事的英译对于挖掘南昌文化底蕴、展示南昌文化风姿具有重要意义。绳金塔的通名可译为“Pagoda”。专名由“绳”和“金”两字构成，并非词语，翻译时通常采用汉语拼音，即“绳金塔”可译为“Shengjin Pagoda”。此外，由于“绳金塔”得名源于两种说法，均与“金绳（Gold Rope）”有关，若要使英译名更好地反映其得名由来，可将“绳”和“金”两字分别直译为“Rope”和“Gold”，全称则译为“Rope Gold Pagoda”，但这一译名的接受度不及音译名，故本书采用音译名“Shengjin Padoda”。

（二）千年以来，南昌一直流传民谣：“藤断葫芦剪，塔圮豫章残”

民谣“藤断葫芦剪，塔圮豫章残”中，“圮”（pǐ）意为“倒塌”，整句意为“藤断了，葫芦就生存不了，只好剪掉；塔倒了，豫章城就变得残缺”。此处的“藤”与滕王阁的“滕”谐音，暗指滕王阁；“塔”则指“绳金塔”。翻译时，先直译为“There was an old ballad spread in Nanchang for a thousand years that “if a vine is broken, the gourds on it cannot survive so that they have to be cut off , if the pagoda collapses, Yuzhang (the ancient name of Nanchang City) will become incomplete”。但仅直译，显然是不够的，读者无法理解“vine”与“pagoda”两者之间的联系，应采用增译法，补充隐含的信息“In the ballad, the vine (“Teng” in Chinese Pinyin) represents Pavilion of Prince Teng and the pagoda refers to Shengjin Pagoda”，以便读者从中领会绳金塔和滕王阁两大地标性建筑在南昌人心目中的地位。

（三）三剑分别名曰“镇火”“降蛟”“驱风”

相传古时的南昌是个水乡泽园，常有蛟龙精作怪，闹风、水、火三灾，称为“三害”。三把古剑的名字寄托了古人驱灾辟邪的朴素愿望，可分别处理成三个动名词短语“Extinguishing Fire” “Subduing Flood Dragon”以及“Expelling Wind”。

（四）内旋步梯直通其顶层，“直视湖山千里道，下窥城郭万人家”

“直视湖山千里道，下窥城郭万人家”出自明朝诗人王直的《绳金塔》：

"宝塔崔嵬（wéi）近日华，雕甍（méng）绣栱（gǒng）护青霞。风飘灵籁和天乐，云绕回栏助雨花。直视湖山千里道，下窥城郭万人家。高秋却忆曾题处，何日还回上汉槎（chá）。"

"城郭"指内城和外城，"城"指内城的墙，"郭"指外城的墙。所引诗句可直译为"watch long paths around lakes and in mountains and overlook innumerous houses inside and outside the city"，但此处作者重在表达"绳金塔为南昌最高古建筑，登之可饱览全市风光"之意。因此，可进行概括性处理，译为"overlook / enjoy the panorama of the whole city"。由于原句为无主句，翻译时可增加表泛指的人称代词作主语，整句译为"Climbing to the top through the winding stairs, one could overlook the panorama of the whole city"。

6.2 解说"万寿宫"
Longevity Palace

"Longevity Palace Lane" (Wanshou Gong Xiang) was a very short and narrow lane, no more than 100 meters long and 3 meters wide. According to *The Annals of Nanchang Place Names* (1992 edition), Longivity Palace Lane, 80 meters long and 2. 9 meters wide, with concrete pavement, started from Jade Green Flower Street (Cuihua Jie) in the east and stopped at Chessboard Street (Qipan Jie) in the west.

"Longevity Palace Lane" was named after Longevity Palace (Wanshou Gong). During the Qianlong reign of the Qing Dynasty, the lane was called Iron Pillar Palace Bystreet. During the Guangxu reign, it was called Longevity Palace. During the "Cultural Revolution" in 1966, the palace was burned to the ground and thus this lane was renamed to Exterminating Gods Alley. With the wave of bringing order out of chaos in 1986, it regained the name of Longevity Palace Lane.

As the name of a road, Longevity Palace Lane is unknown to many people, even to old Nanchang natives, but as a place name, Longevity Palace is very well-known at home and abroad. Nowadays, it has become a name card of the whole Jiangxi Province.

Undoubtedly, Longevity Palace is one of the most important symbols of Jiangxi culture. There are three renowned figures symbolizing local cultures in China: Guan Yu in Shanxi Province, Xu Xun in Jiangxi Province and Mazu in Fujian Province.

Xu Xun won the respect and worship of tens of thousands of people due to his incomparable merits in leading the people to control the flood disaster. Later, the people described his taking pains to control water to a miraculous legend of killing a flood dragon, and thus Xu Xun was gradually deified. Grateful to Xu Xun for his kindness, Jiangxi people respected him as "Jiangxi Blessing God" and Jiangxi Local Guardian God, and built "Immortal Xu Temple" all over the province. In the second year of Emperor Huizong's reign in the Northern Song Dynasty, he was conferred a Taoist honorific title of "Shengong Miaoji Zhenjun" ("Zhenjun" refers to a senior Taoist listed as immortals) and the temple commemorating him was granted a plaque written with the words "Yulong Longevity Palace".

Jiangxi merchants took the lead in the early Ming Dynasty, and in the middle and late Ming Dynasty and the early Qing Dynasty, they became one of three major schools of merchants in China (the other two were Shanxi merchants and Anhui merchants). With the progress of society and the development of economy, Jiangxi merchants traveled all over the country to trade porcelain, tea, rice, wood and silk. Following their footsteps, Longevity Palaces were built throughout the country, and even in Singapore, Malaysia and other regions and countries. Longevity Palace, also known as Jiangxi Guild Hall, Jiangxi Townsmen Guild Hall and Jiangxi Temple, is a typical example of guild culture in ancient China.

For nearly two thousand years, Longevity Palace has continued to burn incense. Xu Xun is the spiritual and cultural idol in Jiangxi merchants' mind, and Longevity Palaces spread all over the country are a symbol of Jiangxi merchants' wealth and influence. Where Jiangxi people live together, there is a

Longevity Palace, for it conveys Jiangxi people's intense homesickness.

The Iron Pillar Longevity Palace in Nanchang City was the ancestral temple of the Longevity Palaces throughout the country and thus it was the source of the Longevity Palace culture. At present, there are about 1,400 Longevity Palaces all over the world, but their ancestral temple has been ruined in a fire disaster, which left a great regret to the people. After Iron Pillar Longevity Palace in Nanchang was burned down, the remaining beams and tiles were transported to Wanli District in 1968 for the construction there. On the original site was built Nanchang 21st Middle School. The only relic of the Longevity Palace is an ancient well where the flood dragon was locked in the legend. The well ring is gone and the well mouth is covered with iron plates.

The Iron Pillar Longevity Palace in Nanchang City was once a bustling commercial center in ancient times, which can be confirmed by the names of the roads around it, such as Jewelry Street, Jade Green Flower Street, Silk Fair, Oil Street, Rice Street, Porcelainware Street, Vinegar Lane, Basket Lane, Ironware Street, Chessboard Street, West Main Street, Middle Main Street. Today, however, it becomes a desolate wasteland.

Now, the municipal government is implementing the transformation of shantytowns around Longevity Palace. This run-down area is expected to recover its prosperity, taking on a new look before us.

一、内容提要

万寿宫是为纪念许逊而立的庙宇，是代表江西地方文化的标志性建筑之一。许逊因在江西治理水患，功德无量，为当地人所尊崇，奉为斩杀蛟龙、保一方平安的神灵，获尊号“江西福主”、江西地方保护神，各地纷纷修建“许仙祠”。明朝中后期及清朝前期，赣商与晋商、徽商成三足鼎立之势。许逊也是赣商的精神文化偶像。随着赣商行走全国，万寿宫也遍布全国，并成为江西会馆。南昌城内铁柱万寿宫为各地万寿宫的祖庭，也是万寿宫文化的源头，但在“文化大革命”时期遭焚毁，后来在其原址上建起南昌二十一中。

二、翻译解析

（一）江西的老百姓感谢许逊的恩德，遂尊其为“江西福主”、江西地方保护神，各地纷纷修建“许仙祠”

“福”字在中华传统文化中是一种普遍的崇拜符号，源于人们趋吉避凶的文化心理。“福主”本是道教中道长对信众的一种称呼，后也成为风水学、择日学等玄学的术语，也可代指一切能带来好运的人或物。此处可理解为“给江西人带来好运的神”，可译为“Fortune/Luck/Blessing God”。“江西地方保护神”可译为“Jiangxi Local Guardian God”。“许仙祠”可译为“Immortal Xu Temple”，整句可译为“Grateful to Xu Xun for his kindness, Jiangxi people respected him as ‘Jiangxi Blessing God’ and Jiangxi Local Guardian God, and built ‘Immortal Xu Temple’ all over the province”。

（二）北宋徽宗和二年，追封为“神功妙济真君”，赐额为“玉隆万寿宫”

“真君”亦称帝君、仙君、真人，指受帝王册封的道教人士，是对道教神仙体系中拥有很高名望者的尊称。由于普通西方读者对道家文化并不熟悉，翻译时，既要让读者了解其内涵，又要避免给读者造成过重的阅读负担，因此，可对该道教尊号先音译，再进行一般化处理，译为“a Taoist honorific title of “Shengong Miaoji Zhenjun”（“Zhenjun” refers to a senior Taoist listed as immortals）”。“玉隆万寿宫”译为“Yulong Longevity Palace”，整句译为“In the second year of Emperor Huizong's reign in the Northern Song Dynasty, he was conferred a Taoist honorific title of “Shengong Miaoji Zhenjun”（“Zhenjun” refers to a senior Taoist listed as immortals) and the temple commemorating him was granted a plaque written with the words ‘Yulong Longevity Palace’”。

（三）铁柱万寿宫为各地万寿宫的祖庭

祖庭既见于道教，也见于佛教。道教祖庭是指道教宗派祖师常住、弘法或归葬之处，即“the temple where the founding master lived and propagated teachings and where he was buried”，文中可简化处理为“ancestral temple”。

（四）万寿宫，也称江西会馆、江西同乡会馆、江西庙

万寿宫是我国古代会馆文化的典型代表。“会馆”亦称公所。明清时期在

京城及其他城市中所设同乡、同行聚会、寄寓之所，大多由外籍官僚士绅及工商行帮所组织。“江西会馆”译为“Jiangxi Guild Hall”，江西同乡会馆译为“Jiangxi Townsmen Guild Hall”，江西庙译为“Jiangxi Temple”。

6.3 解说“佳山庙” Wounderful Mountain Temple

Victory Road (Shengli Lu) was called Zhongda Street before the period of the People's Republic of China. The section of the road between Minde Road and Backwall Road (Houqiang Lu) was named Wonderful Mountain Temple (Jiashan Miao) because there was a temple so called here. Later, Nanchang Bank of Communications was built on the former site of the temple, namely, No. 307 Victory Road.

According to *The Annals of Nanchang County*, Wondeful Mountain Temple, also called Fuying Temple, was located at Xima Pond. The plaque above the temple gate was inscribed with four Chinese characters “佳山福地” (Jia Shan Fu Di, which means wonderful mountain and blessed place). These characters were calligraphy works by Zhang Wei (1538-1605) from Xinjian County, Nanchang City, whose courtesy name and literary name were Mingcheng and Hongyang respectively. He held various posts, including Principal of the Imperial Academy, Minister of Rituals, Grand Secretary of the Pavilion of the Imperial Library and Grand Guardian of the Crown Prince, etc.

The deity worshiped in Wondeful Mountain Temple was Cui Yuan (77-142), also named Cui Ziyu, a great calligrapher from Anping County, Zhuozhou City (a city of Hebei Province today) in the Eastern Han Dynasty. He had a very close relationship with Zhang Heng (a famous astronomer, inventor and geographer) and Ma Rong (a famous scholar). He once took the office of prime minister of Jibei State.

The Annals of Nanchang County recorded that establishment of

Wondeful Mountain Temple was connected with a miraculous legend. In the early Tang Dynasty, a plague broke out in Jiangxi, and then innumerable people were down with it. One day, there was a person with gray hair, ruddy complexion, and long graceful beard, full of ethereal charm and Taoist elegance, who arrived in Nanchang, accompanied by a Taoist child and a dog. At the sight of an ancient well dried up for many years at the roadside, he broke off a branch from a willow and pointed at the well with it. At once, there was water gushing out of the mouth of the well. Then he walked on, but suddenly disappeared after tens of steps. Astonished at it, the people began to drink the sweet and cold well water. Unexpectedly, they recovered from plague immediately. As a result, the rampant plague in Jiangxi was eradicated. Grateful to the unknown Taoist priest, the local people built a temple beside the ancient well to consecrate him, which was named "Fuying Temple" because "Fuying" meant whatever request will be satisfied.

In the Tang Dynasty, Emperor Li Chun developed a weird disease. The famous physicians throughout the country were at a loss for what to do because they had not seen or heard of it ever before. Finally, it was that unknown Taoist priest again who cured the emperor's disease. Li Chun felt pleasantly surprised, asking the Taoist, "Where are you from?" He replied, "I'm Cui Yuan from Yuzhang (today's Nanchang)." The emperor issued an imperial edict to appoint Cui Yuan as Duke of Hero. Afterwards, Cui Ziyu became widely known. Because Nanchang people built a temple for him, Cui Ziyu said that he was a Nanchang native. Finally, Nanchang people realized that Cui Ziyu in the Eastern Han Dynasty was the very person who saved themselves from the epidemic.

In the Ming Dynasty, the high-ranking official, Zhang Wei, inscribed the plaque of Fuying Temple with characters "佳山福地" (wonderful mountain and blessed place). Therefore, the people called the temple "Wondeful Mountain Temple". Later, it was found that Zhang Wei played a word game by splitting the Chinese character "崔" (Cui, namely, Cui Ziyu's surname) into two characters "佳山" (wonderful mountain) to imply that the temple was dedicated to Cui Ziyu.

一、内容提要

唐朝初年，江西发生大瘟疫，百姓病倒无数。一日，一位仙风道骨的老道人，出现在一口枯井旁，随手折下柳枝，直指枯井，顷刻间井水涌出，他随后便不见踪影。百姓惊诧不已，取水饮之，顿时痊愈，瘟疫得以化解。百姓感恩戴德，便在古井旁建庙祭祀老道人，取名“孚应庙”，即“有求必应”之意。唐宪宗时期，皇帝身患怪病，各地名医束手无策。老道人再次出现，唐宪宗药到病除。皇帝询问得知，老道人为豫章人崔子玉，遂下诏封其为英烈侯。明代济北相张位为孚应庙题写匾额“佳山福地”，此庙遂改名为“佳山庙”，原来张位把“崔”字拆成“佳山”两字，含蓄地说明祭祀的神灵为崔子玉。

二、翻译解析

（一）张位（1538—1605），字明成，号洪阳

古人（一般为读书人或权贵）多有“名”“字”“号”。“名”是人名，在君王或长辈面前使用；“字”是根据人名中的字义另取的名字，用于社会交往，在平辈或晚辈间使用；“号”指别号，可在文章唱和时作为代称，也可用于自称。所谓“名以正体，字以表德，号以寓怀”，古人的“名”“字”“号”体现个人的修养、品格，是文化意蕴、人文情怀的体现。翻译时，“名”可译为“given name”；“字”可译为“style name”或“courtesy name”；“号”可译为“literary name”或“byname”。关于张位的字和号，除文中译法外，也可笼统地译为“styled himself as Mingcheng or Hongyang”。

（二）一日，有一道人白发红颜、须髯飘逸，十足的道骨仙风，携一道童一犬，来到南昌

本句中，“红颜”可理解为红润的面容，英语中“ruddy”“florid”“rosy”都可以形容面色红润健康。“须髯飘逸”通常用来形容人的胡须或头发飘逸，给人一种潇洒、超脱之感。该词语在英文中没有直接对应的表达，可意译为“long graceful beard”或者“dashing and elegant beard”。成语“仙风道骨”形容人有仙人的风度和道家的气质，常用来形容一个人超凡脱俗，有仙风道骨之姿。该成语在英文中也找不到直接对应的表达，可解释性地译为“ethereal charm and Taoist elegance" 或 "transcendent demeanor and Taoist elegance", 因此，整句话可译为 "One day, there was a person with gray hair, ruddy complexion, and long graceful beard, full of ethereal charm and Taoist elegance, who arrived in Nanchang, accompanied by a Taoist child and a dog" 或者 "One day, an old Taoist priest with grey hair, florid face and elegant long beard, who looked like an immortal, came to Nanchang, taking a Taoist child and a dog with himself"。

6.4 解说"三皇宫"
Three Sovereigns Palace

As a folk saying goes, disease is more dreadful than destiny. Sickness comes in like a lion and goes out like a lamb. In ancient times, every patient was eager to meet competent doctors and then recover quickly after taking medicine. Therefore, there were "Medicine King Temples" (Yao Wang Temples) throughout the country, which offered sacrifice to skilled doctors.

There was also a "Medicine King Temple" in Nanchang, but it was renamed to "Three Sovereigns Palace" (Sanhuang Gong) in the Qing Dynasty, possibly because the people wanted to give it a name as powerful as "Longevity Palace" and "Heavenly Queen Palace" (Tianhou Gong). According to *Nanchang City Map* (1905 edition), Three Sovereigns Palace Road was a section of North Yuanming Road between Minde Road and Lord Xiao Temple. "Three Sovereigns Palace" was approximately located at the west side of the road.

In the middle of the main hall stood the statues of Fuxi (ancestor of medicine and acupuncture), Shennong (founder of agriculture and medicine) and Xuanyuan (Yellow Emperor, ancestor of humanities, the possible author of the earliest Chinese medical works *Inner Canon of the Yellow Emperor*), namely "Three Primordial Sovereigns" (San Huang) in Chinese myth. In the left and right of them were four important officials: Goumang, Fenghou, Zhu-rong and Limu. Besides, here were consecrated the medical sages and medicine kings in different dynasties. In the east rooms of the main hall were arranged Jiu Daiji, Qibo, Tianshi, Taiyi, Shaoshi, Leigong (Thunder God), Bian Que, Chun Yuyi, etc, in the west rooms were Hua Tuo, Wang Shuhe, Ge Hong, Sun Simiao, Qian Yi, Zhu Gong, Liu Yuansu, etc.

Zhangshu City, about 90 kilometers away from Nanchang, is the real capital of traditional Chinese medicine, which is renowned worldwide. It was said that one could acquire the most complete and effective herbal medicines nowhere except Zhangshu. There was a ballad in Zhangshu, which eulogized 13 generations of skilled doctors and pharmacists including Fuxi, Shennong, Xuanyuan, Qibo, Bian Que, Xu Wenli, Zhang Zhongjing, Sun Simiao, etc. The first day in the second month of spring and the first day in winter every year were days to offer sacrifice to three emperors, great doctors and the kings of medicine.

Two factions of medicine in Jiangxi, Zhangshu faction and Jianchang (today's Nancheng County), reached a heyday in the Ming and Qing dynasties. Over thousands of years, there have emerged countless celebrated doctors in Jiangxi. Thanks to the advantaged geographical conditions, Jiangxi is rich in resources of traditional Chinese medicine. The unique skills in processing and preparing medicine materials, with a long history, have been passed down from generation to generation. Jiangxi's traditional Chinese medicine went through a glorious and splendid era in the medicine history of China.

In Nanchang City gathered medicine merchants from all parts of the country and medicine stores run by factions of Zhangshu and Jianchang. In some large-scale pharmacies, such as Huang Qingren, Luo Hongtai, Tongren Tang, medicines were generally sold in antechamber of the store and prepared in the workshop in the rear. Some medicines such as Calculus Bovis Pill for Clearing Heat and Detoxifying (Angong Niuhuang Wan), Cow-bezoar Pill (Xihuang Wan), Ginseng Antler Black Tin Pill (Shenrong Heixi Wan) and Rejuvenation Pill (Huichun Wan) enjoyed a great reputation at home and abroad because of their miraculous curative effect.

Three Sovereigns Palace was also the chamber of medicine industry in Nanchang.

一、内容提要

民间有谚语："不怕命，就怕病。"病来如山倒，病去如抽丝。人们祈盼遇到神医，药到病除，因此，华夏大地遍布祭拜神医的"药王庙"。南昌也有"药王庙"，但在清朝改名为"三皇宫"。大殿正位供奉伏羲、神农、轩辕，即中国古代神话传说中的"三皇"。左右供奉句芒、风后、祝融、力牧。东庑和西庑则排列岐伯、扁鹊、华佗、张仲景、王叔和、孙思邈等历代医圣、药王。几千年来，江西名医辈出。江西的中医中药在中国医药史上曾经灿烂辉煌。

二、翻译解析

（一）病来如山倒，病去如抽丝

这句俗语可按其大意，译为"Sickness comes fast，but goes slowly"。也可采用仿拟法（parody），借用英谚"March comes in like a lion and goes out like a lamb"（三月来如雄狮，去如绵羊），将主语"March"改为"Sickness"，即"Sickness comes in like a lion and goes out like a lamb"。也可借用另一句谚语"Misfortunes come on horseback and go away on foot"（遭灾易，消灾难），将主语"Misfortunes"改为"Diseases"，即"Diseases come on horseback and go away on foot"。仿拟法可令英语读者倍感亲切，从而拉近与读者的距离。

（二）大殿正位供奉伏羲、神农、轩辕，即古人所谓"三皇"

伏羲，即太昊，亦称黄熊氏，因"尝百药而制九针"，被尊奉为医药学、针灸学之始祖。神农为农业和医药的发明者，教人制造农具、从事耕作，并亲尝百草，用草药给人治病。轩辕，即黄帝，为上古部落联盟首领，亦称有熊氏，被尊为中华"人文初祖"，相传《黄帝内经》为其所作。翻译伏羲、神农、轩辕时，可采用音译法，再使用括号或者以脚注形式对"三皇"进行简要注释，帮助读者理解其由来，因此，可将该句译为"In the middle of the main hall stood the statues of Fuxi (ancestor of medicine and acupuncture), Shennong (founder of agriculture and medicine) and Xuanyuan (Yellow Emperor, ancestor of humanities, the possible author of the earliest Chinese medical works *Inner Canon of the Yellow Emperor*）”。

我国古代神话传说中有“三皇五帝”之说，原指远古时代的部落酋长，后指远古社会。《三字经》以伏羲、神农和轩辕（黄帝）为“三皇”，《史记·五帝本纪》列黄帝、颛顼、帝喾（kù）、尧、舜为“五帝”。但实际上，不同典籍对其解释不尽相同。“三皇五帝”较通用的英译名为“Three Sovereigns and Five Emperors”，在国外汉学界，也被称为“The Three August Ones and the Five Lords”（August 常指“八月”，但也可作形容词使用，意为“威严的”）。可见，“三皇”可译为“Three Sovereigns”或“Three Primordial Sovereigns”，“三皇宫”可译为“Three Sovereigns Palace”。

6.5 解说“萧公庙” Lord Xiao Temple

According to *The Annals of Nanchang Place Names* (1992 edition), Lord Xiao Temple (Xiaogong Miao), 130 meters long and 5 meters wide, ran from South Lake Road (Nanhu Lu) in the east to North Xiangshan Road (Xiangshan Bei Lu) in the west, with two branch lines linking Minde Road and North Yuanming Road respectively. In 1987, it was given a general name “lane” and thus became Lord Xiao Temple Lane.

Lord Xiao Temple was ruined in the early 1950s. According to investigation, it was located at the junction of Lord Xiao Temple Lane and North Yuanming Road. By the early stage of China’s reform and opening-up, on its former site was built a hotel named Lion Pavilion which became quite influential later.

Lord Xiao Temple was built in the early Qing Dynasty, dedicated to three Water Gods of Jiangxi: Xiao Boxuan, Xiao Xiangshu and Xiao Tianren, who were three generations from the same family as recorded in *The Chronicle of Lord Xiao Temple in Dayang Islet*. Xiao Boxuan was born in the 8th year during the Xianchun reign of the Song Dynasty (1272). He walked along Gan

River to Ocean Islet of Xingan County for a visit to Taoists. Always benevolent, virtuous and fonding of doing things beneficial to others and the society, he got a certain supernatural consciousness and competence in his late years. In the 10th year during the Dade reign of the Yuan Dynasty (1306), he was deceased and buried on She Mountain in Xingan County. Xiao Xiangshu, son of Xiao Boxuan, was born in the 23rd year during the Zhiyuan period of the Yuan Dynasty (1286). He acquired a more extraordinary Taoist power than his father did. *The Chronicle of Lord Xiao Temple on Dayang Islet* recorded some stories about him. One day when a wooden raft he took was stranded on beach, Xiao Xiangshu loudly rebuked the water. It rose up immediately to float the raft. Once upon a time, he went across Dongting Lake by boat. A hurricane blew suddenly, causing roaring wave. He jumped into sky, pressing the water with his garment while meditating. For a while, the lake calmed down. After his death, he was also consecrated in Xiao Boxuan Temple. Xiao Tianren, son of Xiao Xiangshu, was born in the first year during the Taiding period of the Yuan Dynasty (1324). With foreseeing ability, he saved many people from shipwreck. In the 3rd year during Emperor Yongle's reign of the Ming Dynasty (1405), he became a god after eating a white stone. Legend has it that Xiao Tianren not only helped Zhu Yuanzhang to triumph in Poyang Lake Battle, but also eliminated danger and difficulties for Zheng He (a great mariner and explorer in the Ming Dynasty) in his voyage to the west, after he became a god. One day, Emperor Yingzong was involved with a danger when hunting in the northern area. Xiao Tianren appeared again to save the emperor. More miraculous was another story. A plague broke out during the Wanli reign in the Ming Dynasty. It was so rampant that the local doctors felt helpless. Many people took some water from river and went to Xiao Tianren Temple to pray for prescription. Unexpectedly, they recovered from the fatal epidemic after drinking the water.

Due to merits in blessing and protecting the local people, especially the fishermen and boatmen, Xiao Boxuan and his son and grandson were loved and respected by them, praised and rewarded by the local government and the court. Gradually, they became guardian gods in the eyes of the people. a delicate girl, Lin Moniang was regarded as a sea goddess called "Matsu" because she protected Fujian fishermen. Similarly, the three omnipotent members of the Xiao Family were considered as guardian gods of fishermen and inhabitants along the banks of rivers in Jiangxi, collectively called "Lord Xiao".

By the Qing Dynasty, the people deepened their worship to Lord Xiao. The three gods were widely consecrated, by the extraordinary people and by governments, first in Jiangxi Province and then throughout the country. They were mainly in charge of keeping rivers and seas still to ensure a smooth navigation. Lord Xiao Temples were built in many areas, including capital of the country, provincial capitals and the areas where trade were prosperous and transport were convenient. In spring and autumn, local officials would definitely participate in sacrifice ceremony in Lord Xiao Temple.

According to *Jiangxi General History*, there were Lord Xiao Temples built in many provinces such as Guangxi, Guizhou, Hunan, Hubei, Sichuan, Shandong, Shanxi, Zhejiang and Henan.

一、内容提要

萧公庙建于清代初年，供奉江西水神萧伯轩、萧祥叔、萧天任（祖孙三代）。萧伯轩积德行善，晚有神识。萧祥叔神道尤甚，有传木筏胶于沙，咄叱，水溢，筏浮；过洞庭，飓风四起，雄浪拍天，则以衣压水，风平浪静。萧天任则能预知凶险，救人于江湖舟楫之险，后啖白石而化。后多次显灵，救助民众。于是，祖孙三代成为江西渔民船夫以及江河沿岸百姓心目中的保护神，人称“萧公”。到了清代，萧公成为从官方到民间、从江西走向全国的祭祀的神祇，多个省份均建有萧公庙。

二、翻译解析

（一）好行其德，济人泽物，晚有神识

黎传绪教授这篇“萧公庙”的解说文章具有语言古朴、简洁的特点，多用文言文表达，四字格较为多见。翻译文言文的关键在于正确理解语义，在此基础上，将文言文转化为通俗易懂的现代文，即先是语内翻译，再是语际翻译。“好行其德”意为“喜好去做仁德之事”；“济人泽物”又称“济人利物”，意为“救助他人，对世事有利”；“晚有神识”意为“晚年获得超级意识和智慧”。“神识”为佛教术语，指意识或超级意识，思维能力和感知力的高敏状态。由于英汉语言差异，译文很难保留四字格形式，只能舍弃形式，保留意义。由于“好行其德，济人泽物”与“晚有神识”存在隐性因果关系，因此可译为“Always benevolent, virtuous and fonding of doing things beneficial to others and the society, he got a certain supernatural consciousness and competence in his late years”。

（二）万历年间，疫疹大作，里医袖手，远迩士女祷侯祠，挹江水，乞神方药，注水治疾，所完活者甚多

“远迩”意为“远近”。“士女”旧指男女或未婚男女，泛指人民、百姓。此处可理解为当地百姓。“侯祠”指祭祀萧天任的庙宇，因为萧天任曾获封“水府灵通广济显应英佑侯”。因此整句话可译为“A plague broke out during the Wanli reign in the Ming Dynasty. It was so rampant that the local doctors felt helpless. Many people took some water from river and went to Xiao Tianren Temple to pray for prescription. Unexpectedly, they recovered from the fatal epidemic after drinking the water”。

6.6　解说“火神庙”
Fire God Temple

In ancient times, there was definitely a Fire Temple (Huoshen Miao) built in every city, because all the buildings were wooden structures, ranging from the emperor's palace to the ordinary people's houses, which were the most vulnerable to fire disaster. Once on fire, the buildings in the whole area would be ruined. *Nanchang Government Annals* (1990 edition) recorded some fire accidents. For instance, Pavilion of Prince Teng (Tengwang Ge) was destroyed by fire in the summer of 848. Yulong Longevity Palace was burned down in March 1352. Examination Hall (Gong Yuan) was destroyed completely in 1552 and rebuilt on the east side of the East Lake. In September 1742, the tower of Guangrun Gate caught fire, burning down more than 400 civilian houses and killing four people. In December 1791, Xima Pond was on fire and the fire spread to more than a thousand houses. Therefore, people had to build fire temples, offering sacrifice to the Fire God, and praying for fire prevention. As *Family Tree of Gods* recorded: Fire Star Trueman (Huo De Xing Jun) was the spirit of Yan Emperor, namely Shennong; he was worshiped as the Fire God for prevention of fire disaster.

Today, there is still a path called "Fire Temple" in Nanchang City. According to *The Annals of Nanchang Place Names* (1992 edition), "this path started from Flowers Islet Road (Baihua Zhou Lu) in the east and extended to Minde Road in the westnorth. It was 330 meters long and 4 meters wide". As recorded in *The Annals of Nanchang County*, in the 7th year of Emperor Qianlong's reign of the Qing Dynasty (1742), Chen Hongmou, the Imperial Inspector rebuilt the fire temple. With reference to the *The Complete Map of Nanchang City* (first edition in April of the 15th year of the Republic of China), it can be roughly inferred that the original site of the Fire Temple is in today's inpatient department of Nanchang Hongdu Hospital of TCM.

Fire God, whose full name was Fire Virtue Trueman (Huo De Zhen Jun, a Taoist title). Therefore, the Fire God Temple belonged to the Taoist temple, which had always been presided over by Zhengyi school of Taoist priests ("zheng" means righteousness which can defeat evil; "yi" means "one" which is the origin and foundation of everything in the world). Fire Virtue Trueman had three heads and six arms, with a bow, an arrow, a fire gourd, a musical instrument used in Taoist ceremony and two swords respectively in his arms. He was covered with gold armor, with a fierce face.

There was a folk saying that the Fire God was originally Jie Zhitui, attendant of Chonger (Duke Wen of Jin State), who was renowned for his loyalty to Chonger. When Chonger, the prince of Jin State in the Spring and

Autumn Period, was in trouble, nearly starved to death, Jie Zhitui cut off the flesh of his thigh to make soup and gave it to the prince, saving his life. Chonger swore that if he inherited the throne, he would repay Jie Zhitui heavily. However, more than ten years later, Chonger really sat on the throne of the king, and he rewarded all the attendants around him high-ranking and well-paid official post, but he forgot Jie Zhitui and did not give him any rewards. Jie Zhitui were disheartened, so he carried his old mother to Mianshan Mountain and lived in seclusion there. After Chonger knew about it, he felt very regretful. Therefore, he led some attendants to reach the Mianshan Mountain. Mianshan was so expansive that Chonger could not find Jie Zhitui. At this time, someone suggested that Chonger should order to burn the mountain. They believed Jie Zhitui would be forced to walk down the mountain. The fire lasted for several days, nearly burning up the whole Mianshan Mountain, but Jie Zhitui did not appear at all. Finally, Chonger found Jie Zhitui at the top of the mountain. Jie and his old mother hanged themselves on a big tree. When they were found, they had already been scorched.

In ancient times, people were extremely afraid of fire, but they could do nothing but pray to the Fire God, hoping to get his protection to avoid the advent of fire. Therefore, the Fire God Temples were very prosperous, and every family often went to worship the Fire God every year, especially in the dry season, showing great piety.

With the gradual progress of society, people gradually realized that the Fire God was actually nothing and had no ability to expel fire disaster. After 1949, people finally stopped going to the fire temple to worship, under the leadership of the Communist Party of China, and thus the Fire God Temple stepped down from the stage of history.

一、内容提示

古代建筑多为木质结构，极易发生火灾。人们惧怕火灾，却又无能为力，只得修建火神庙，祭祀火神，希望得到火神庇护，免受火灾侵袭。火神，全称为火德真君。火神庙为道家庙宇，历来由正一派道士主持。火德真君有三头六臂，六只手臂分别拿着一张弓、一支箭、一个火葫芦、一个法器以及宝剑两把，浑身金盔金甲，面目狰狞，凶神恶煞。民间有一种说法，认为火神原为介之推。其一心辅佐公子重耳上位，却被重耳遗忘，后隐居于绵山，又因重耳下令烧山而死。火神庙香火鼎盛，家家户户每年都要祭拜火神，尤其在天干物燥之季。

二、翻译解析

（一）火神庙属于道家庙宇，历来由正一派道士主持

“正一”意为“正以治邪，一以统万”。正一道又称正一派，其始祖是汉末张道陵及其开创的“正一盟威”之道，又称天师道。“正一派道士”可大致译为“Zhengyi school of Taoist priests（“zheng” means righteousness which can defeat evil；“yi” means “one” which is the origin and foundation of everything in the world）”。

（二）火德真君具有三头六臂，六只手臂分别拿着一张弓、一支箭、一个火葫芦、一个法器以及宝剑两把

“火德真君”可采用“直译＋拼音”的翻译处理方式，译为“Fire Virtue Trueman（Huo De Zhen Jun，a Taoist title）”。拼音仅在首次提及时才使用。在该句中，因并非首次提及，因而可省略后面的拼音。“法器”指佛教、道教举行宗教仪式时使用的器物，如钟、鼓、铙、钹、木鱼等，可译为“musical instrument used in Taoist ceremony”。最后，整句可译为“Fire Virtue Trueman had three heads and six arms，with a bow，an arrow，a fire gourd，a musical instrument used in Taoist ceremony and two swords respectively in his arms”。

（三）民间有一种说法，认为这个火神原本是介之推

介之推（—公元前636年），又名介子推，后人尊为介子，春秋时期晋国人，因“割股奉君”，隐居“不言禄”之壮举，深得世人怀念。死后葬于绵山。晋文公重耳改绵山为介山，并立庙祭祀，由此产生“寒食节”（清明节前一天）。翻译人名时，除遵循“名从主人”的原则，采用汉语拼音外，若是首次出现，还一般需要加注，对其身份或事迹等进行简要说明，因此，该句可译为“There was a folk saying that the Fire God was originally Jie Zhitui，attendant of Chonger (Duke Wen of Jin State), who was renowned for his loyalty to Chonger"。

6.7 解说"荆波宛在" Jing Bo Wan Zai

Jing Bo Wan Zai is a section of Hitching Post (Ji Ma Zhuang) between Ruzi Road (Ruzi Lu) and Yangzi Lane (Yangzi Xiang). It becomes unknown because it was merged into Hitching Post in 1984. No. 1 Jingbowanzai was once a famous mansion with black brick walls and granite doorframes, where lived a local master of traditional Chinese medicine, named Jiang Gongtie. Unfortunately, it was pulled down by the Finance Department of Jiangxi Province in the end of last century, and now a modern office building stands on the former site.

Jing Bo Wan Zai does not sound like a street name, so its meaning has been always controversial in society, without a definite conclusion drawn. There is a saying that Jing Bo may refer to "Jing Zhou Zhi Bo" (crisis of Jingzhou City). As we all know, Guan Yu, the famous general during the Three Kingdoms Period, lost Jingzhou City because of carelessness, so the street name seems relevant to Guan Yu; another saying is that the name of Jing Bo Wan Zai was originated from a folk tale named "Jin Bu Huan Zhai". Since both are similar in pronunciation, an error may occur in the process of spreading. The folk tale tells about a prodigal who indulged himself in a life of debauchery so that he used up money and estate left by his ancestors. Aware of his misbehaviors suddenly one day, he decided to make a thorough change. From then on, he found as many ways as possible to make money while leading a thrifty life. Finally, he succeeded in purchasing farmland and building a new house. The inspiring story is spread far and wide. As an old saying goes, "it is more precious than gold for a prodigal to turn back from his wrong path" (It's never too late to mend). As a result, his new house was called "Jin Bu Huan Zhai", a house more precious than gold.

The history obscures the trace of social change. As explicitly recorded in *Sacrifice Ceremony* • *The Annals of Nanchang County* (*the sixth revision*), there were 12 temples offering sacrifice to Guan Yu inside and outside Nanchang City. They were respectively located (i) near the gate of County Government; (ii) at Phoenix Slope (Fenghuang Po); (iii) on the right of Salt Road Bureau (Yandao Shu); (iv) to the west of Great Kindness Bridge (Hong'en Qiao); (v) to the west of Fire God Temple (Huoshen Miao) in Mozi Lane (Mozi Xiang); (vi) in Qiaobu Street (Qiaobu Jie); (vii) at Hitching Post (Ji Ma Zhuang); (viii) near Guangji Temple; (ix) near Jinxian Gate; (x) outside the gate of Huimin Gate (Huimin Men); (xi) in Rice Market; (xii) on Smartweed Islet (Liao Zhou). The temple located at Hitching Post was rebuilt by Imperial Inspector Tong Guorang during Emperor Kangxi's reign, named "Subduing Devil Palace" (Fumo Gong), with four characters "Jing Bo Wan Zai" on the horizontal plaque hung above the gate.

It can be concluded from above that Subduing Devil Palace in honor of Guan Yu had been built in this city before the Ming Dynasty and rebuilt during Emperor Kangxi's reign in the Qing Dynasty. This road became famous for the inscription of "Jing Bo Wan Zai" on the horizontal plaque. The so-called story about the prodigal is a sheer fabrication.

The mythological tale about Tong Guorang's rebuilding Subduing Devil Palace was also reorded in the novel titled "Zibuyu", a collection of short stories about ghosts and gods, written by Yuan Mei, a successful poet and man of letters in the south as famous as Ji Xiaolan, a gifted scholar in the north. While he took office of Imperial Inspector of Gansu Province, he was going to take an inspection tour of other places. One day, he dreamed of a god who persuaded him into going away quickly, but he did not take notice of it. The next day, he had the same dream in which the god told him to remember "Jing Bo Wan Zai" if he wanted to show his gratitude. Startled by it, the scholar rode whip and spur on his way for three days. When he stopped for a rest, an envoy reported to him that the Fujiang County they just passed by had collapsed into a lake. Tong Guorang felt confused about which god had saved him from the natural disaster.

Later on, Tong Guorang assumed the post of Imperial Inspector of Jiangxi Province. One day, when he went by Subduing Devil Palace in Hitching Post, he suddenly saw the characters "Jing Bo Wan Zai" inscribed on the plaque of the gate. He realized Guan Yu (a famous general worshiped as a god of subduing devil by ordinary people) was just the god who had saved him. In order to pay back Guan Yu's favor, Tong Guorang raised fund to rebuild Subduing Devil Palace and remodel golden body of Guan Yu's statue. In fact, however, Tong Guorang told a self-deceiving lie, just to show the people that he was blessed by Guan Yu. He did not expect that during his tenure of Imperial Inspector of Jiangxi Province, he was convicted of a crime and removed from office, together with Nian Gengyao, the Imperial Inspector of Sichuan Province.

一、内容提要

荆波宛在，不像街道名，其含义饱受争议，主要有三种说法：一是荆波指“荆州之波”，即关羽“大意失荆州”的风波。二是“金不换宅”的谐音讹传，相传有个浪荡公子，将祖上产业挥霍殆尽。忽一日醒悟，痛改前非，广开财源，勤俭持家，终于置田造屋，传为佳话。古人云，“浪子回头金不换”，于是，其屋称为“金不换宅”。三是甘肃巡抚佟国勷出外视察，得神托梦，避开地陷之险，神告知“欲报我恩，记住荆波宛在”。后佟任江西巡抚。某日经过系马桩伏魔宫，见匾额上四个大字“荆波宛在”，方知当年庇护之神乃关羽。于是筹集资金，重建伏魔宫，以报关羽救命之恩。

二、翻译解析

（一）古人云，“浪子回头金不换”，是以，人们称其屋为“金不换宅”

“浪子回头金不换”意指不走正道的人改邪归正后极其可贵，与英语习语“It's never too late to mend”（改过不嫌迟）类似，都是强调改过自新的可贵性，有时可用这句英语习语来套译，但此处要与“金不换宅”联系起来，因此，可直译为“it is more precious than gold for a prodigal to turn back from his wrong path”。“金不换宅”意指这个浪子重回正道后，重新购置的房产。这个房产就是他改过自新的证明，比金子还可贵。“荆波宛在”被认为是“金不换宅”的谐音讹传，因此，翻译“金不换宅”时，可先音译，再使用一个同位语加以补充说明，即译为“‘Jin Bu Huan Zhai’, a house more precious than gold”。

（二）号称“南袁北纪”的袁枚在他的《子不语》也记载了佟国勷重修伏魔宫一事，颇有神话色彩

中国自古就有将名人相提并论的习俗，比如“南张北孔”（张道陵、孔子）。此处“南袁北纪”是清朝最出色的文人组合。“南袁”指袁枚，号随园老人，诗文冠绝江南；“北纪”指纪昀（纪晓岚），号观弈道人，曾任《四库全书》总纂修官。两者均为清代诗人、文学家，才华横溢，学识渊博。尽管这两位历史名人可能为许多国人所熟知，但对于英语读者而言，其可能属于认知盲区，因此，翻译时一般采用增译法，在人名的汉语拼音后面，补充简要信息。

《子不语》为袁枚撰写的一部文言短篇志怪小说集，又名《新齐谐》。书名出自《论语·述而》中“子不语怪、力、乱、神”，可理解为“孔子不谈论怪异、勇力、悖乱、鬼神之事”。该书目前有两个较流行的英译本。一是雷金庆和李木兰的节译本，书名译为“Censored by Confucius: Ghost Stories by Yuan Mei”；二是史华罗的全译本，书名译为“Zibuyu, What the Master Would Not Discuss, according to Yuan Mei: A Collection of Supernatural Stories”。

该句中，分句“颇有神话色彩”是指佟国勷重修伏魔宫一事带有神话色彩，可使用一个过去分词来作为前一个分句的修饰成分，即两个分句合译为一句：“The mythological tale about Tong Guorang's rebuilding Subduing Devil Palace was also reorded in the novel titled ‘Zibuyu’, a collection of short stories about ghosts and gods, written by Yuan Mei, a successful poet and man of letters in the south as famous as Ji Xiaolan, a gifted scholar in the north”。

（三）巡抚

又称抚台，明清时地方军政大员之一，巡视各地的军政、民政大臣，可译为“Imperial Inspector”，也可译为“Grand Coordinator”。

7 老地名背后的宗教祭祀文化

古代南昌是一个宗教文化盛行之地，人们主要信奉佛教、道教，城内建有大大小小的庙宇、道观，表达人们想要通过宗教信仰，祈求上天或神灵庇佑的朴素愿望。此外，对于一些造福百姓、恩泽世人的官员、将领、道士、僧人等，人们常常将其神化，并建庙供奉、祭祀、祈福，一方面出于感念之心，另一方面希望继续得到他们的护佑。这样一来，城内就出现不少以官方出资或者民间集资建成的宗教场所或祭祀活动场所来命名的地名，比如应天寺、普贤寺、地藏庵、白衣庵、万寿宫、南海行宫、建德观、天后宫、妙济观、新东岳庙巷、丁公庙、鲁班庙、海棠庙、关帝庙等。

本篇主要翻译以下八个地名及其背后的故事，探讨相关领域或表述的文化内涵及其英译策略，包括佛教和道教术语的内涵与英译、庙会和拜祖师等传统习俗的英译、古代官职的内涵与英译、科举制度术语的英译、成语典故的英译等。

7.1 解说“应天寺”
Yingtian Temple

There was a section of lane called Yingtian Temple (Yingtian Si) in the old city of Nanchang, which was roughly a section of today's Hitching Post. This section started from East Academy Street (Dong Shuyuan Jie) and ended at Three Holes Well (San Yan Jing) in the north. In 1966, it was widened and merged with other lanes or roads, such as Jinxian Gate, Hitching Post, Jing Bo Wan Zai, Big Well Head (Da Jing Tou), Yangzi Lane (a section), Sandao Bridge and Ancestral Temple of Zhang Family (Zhangjia Ci), collectively known as "Yudu Road". In 1984, Yudu Road was renamed Hitching Post Street (Ji Ma Zhuang Jie).

This section of the road was named Yingtian Temple, because of the Yingtian Temple here. Yingtian Temple was one of the oldest temples in the ancient city of Nanchang, built in the first year of the Guangqi period (885) of the Tang Dynasty. It was said that the temple was not originally so called, and the exact name was unknown. According to legend, Nanchang once suffered a drought, because it had not rained for a long time. An eminent monk named Julin in the temple prayed for rain. Heaven perceived his wish and gave a response with rainfall. Afterwards, the temple was renamed Yingtian Temple ("ying" means "perceive and respond"; "tian" means "heaven") and it was also called Julin Temple by the ordinary people. On the Buddha's birthday (April 8 in lunar calendar), the monks of various temples gathered at Yingtian Temple to hold sacrifice ceremony.

According to *The Annals of Nanchang County*, Wen Tianxiang, who wrote a famous poem sentence "I'll keep a loyal heart to make a name in history", presided over the repair of Yingtian Temple in the last years of the Song Dynasty, leaving a precious memorial to the history of Nanchang City.

Wen Tianxiang (1236-1283), originally named Yunsun, had a courtesy name Songrui and style names Wenshan and Fuxiu Taoist. He came from Lulin (today's Futian town, Qingyuan District, Ji'an City, Jiangxi Province) in the late Song Dynasty. He was a famous politician, litterateur, patriotic poet, famous minister against the Yuan Dynasty and national hero. Wen Tianxiang, Lu Xiufu and Zhang Shijie were collectively honored as "Three Masters in the Late Song Dynasty". In the 4th year of the Baoyou reign (1256), he came first in the imperial examination. From then on, he embarked on official career. He was appointed as the Right Prime Minister, and was granted the title of Duke of Xin State. Later, he was captured after being defeated at Wupo Ridge (Wupo Ling), but he would rather die than surrender. On the 9th day of the twelfth month in the 19th year of the Zhiyuan reign (1282), he went to his death unflinchingly at the place of execution called Chai Shi. In his all life, he made a great achievement in literary field, with masterpieces such as "*Wenshan Poetry Collection*" (*Wenshan Shiji*), "*Guide Book*" (*Zhinan Lu*) *and* "*Song of Righteousness*" (*Zhengqi Ge*), *etc*.

In 1271, Kublai (the 5th emperor of the Yuan Dynasty) changed the national name of "Great Mongolia" to Yuan. In 1272, he moved the capital to Khanbaliq (today's Beijing), and then 200, 000 Yuan troops marched by land and water to Lin'an (the capital of Southern Song Dynasty, a district of today's Hangzhou City, Zhejiang Province). The imperial court of the Southern Song Dynasty was in chaos. With the death of Emperor Duzong. Zhao Xi, who was only 4 years old, ascended to the throne and became Emperor Gong. Empress Dowager Xie went to the court and called for armies to be sent from various regions to Lin'an to protect the emperor.

At that time, Wen Tianxiang was the governor of Ganzhou. He immediately mobilized the people to join in army. Within only a few months, he built a troop of 50, 000 volunteers by donating his family property and raising funds from various channels. He held a firm conviction that he was leading a just war and he would win if he worked out a thoughtful plan. He also believed that a victory belonged to a troop advantageous in number of members. With the confidence and courage, he began his military career in resisting the aggression of the Yuan army. Wen Tianxiang led his volunteer army to Lin'an to protect the royal family. He was promoted to the position of Scholar of Political Affairs Hall, Envoy of Military Affairs in the west of zhejiang and thd East of Jiangnan Area, concurrently taking offices of Envoy of Local Affairs in Jiangxi and Military Commander of Dusong Pass (located at today's junction of Anji and Yuhang counties in Zhejiang). However, Huang Wanshi, the deputy envoy of Jiangxi, was jealous of Wen and afraid that Wen's reputation would overshadow him and thus affect his official career. He falsely accused Wen of leading the rebel army as "rabble not beneficial to the court", which caused the court to order Wen Tianxiang to lead his troops to stay in Nanchang on standby.

During over a year of Wen Tianxiang's stationing in Nanchang, he presided over the repair of Yingtian Temple, giving it a new look. As time passed, the magnificent Yingtian Temple was ultimately destroyed at the beginning of the Republic of China. Later on, the road name obtained from Yingtian Temple also disappeared, and Wen Tianxiang's contributions to Nanchang were completely submerged in the dust of history.

一、内容提要

应天寺是南昌古城最老的寺庙之一，建于唐朝光启元年（885 年）。相传南昌曾经大旱，久旱无雨，寺庙中有名为掬林的高僧祈祷求雨，上天感应而降雨，因此，寺庙改名为应天寺，百姓也称之为掬林寺。每逢如来佛祖的诞辰（农历四月初八），各寺庙僧众齐聚应天寺开堂祭祀。据《南昌县志》记载，宋朝末年，文天祥主持修葺应天寺，给南昌的历史留下了难得的印迹。

二、翻译解析

（一）宝祐四年（1256 年）状元及第，官至右丞相，封信国公

“及第”指科举考试应试中选的人，比如“进士及第”指通过最后一级中央政府朝廷考试者。进士及第为一甲三人。科举殿试时录取分为三甲：一甲三名，第一名称状元（鼎元），第二名称榜眼，第三名称探花，三者合称“三鼎甲”；二甲若干名，赐“进士出身”的称号；三甲若干名，赐“同进士出身”的称号。二、三甲第一名皆称传胪，一、二、三甲统称进士。“进士及第”可译为“to pass the final imperial examination and win the first three places”。该句中“状元及第”意为“高中状元”。此处为动词短语，可译为“to come first in the imperial examination”。若在句中作为名词使用，则可译为“Number One Scholar”。

整句话可译为“In the 4th year of the Baoyou reign (1256), he came first in the imperial examination. From then on, he embarked on official career. He was appointed as the Right Prime Minister, and was granted the title of Duke of Xin State”。

（二）谢太后临朝，要各地起兵“勤王”

“勤王”意为“君主制国家中君王有难，臣下起兵救援君王”。据此，可将

整句话译为“Empress Dowager Xie went to the court and called for armies to be sent from various regions to Lin'an to protect the emperor”。

（三）升任资政殿学士、浙西江东制置大使、兼江西安抚大使、置司馀杭镇守独松关（在浙江安吉、馀杭二县交界处）

宋代置“资政殿大学士”，授予罢政的宰相或其他大臣，简称“资政”，可大致译为“Scholar of Political Affairs Hall”。“制置大使”为北宋边疆地区临时性军事统帅，掌管诸州军事，多以安抚大使兼任。“浙西江东制置大使”可大致译为“Envoy of Military Affairs in Zhejiang”。“安抚大使”是由中央派遣处理地方事务的官员，为行军主帅兼职，可大致译为“Envoy of Local Affairs in Jiangxi”。整句话可译为“He was promoted to the position of Scholar of Political Affairs Hall, Envoy of Military Affairs in Zhejiang, concurrently taking offices of Envoy of Local Affairs in Jiangxi and Military Commander of Dusong Pass (located at today's junction of Anji and Yuhang counties in Zhejiang) ”。

7.2 解说“南海行宫”
South Sea Temple

There is a bus station called “South Sea Temple” (Nanhai Xinggong) on the section of Ruzi Road between Bayi Avenue (Bayi Dadao) and Xiangshan Road (Xiangshan Lu).

South Sea Temple was a temple dedicated to Guanyin Bodhisattva, built during the Jin Dynasty and destroyed during the early stage of the People's Republic of China. At present, there is only a lane named “South Sea Temple”. According to *The Annals of Nanchang Place Names* (1992 edition), “it started from Front Lane of Gan Family (Ganjia Qian Xiang) in the south, ended at Ruzi Road in the north, and connected with Gan Family Pond Lane (Ganjia Tang Xiang) and Byroads Lane (Duocha Xiang) in the east. It was 156 meters long and 2.1 meters wide. It was recorded in *The Annals of Nanchang County* in the 33rd year of Emperor Guangxu's reign in the Qing

Dynasty that this lane was named South Sea Temple for the temple in which the people worshipped South Sea Guanyin Bodhisattva".

There are four Buddhist holy places in China: Mount Wutai is the place for Manjushri to chant, pray and preach; Mount Emei is the place for Samantabhadra Bodhisattva; Mount Putuo is the place for Guanyin Bodhisattva and Mount Jiuhua is the place for the Ksitigarbha.

South Sea Temple was built in the Jin Dynasty, initially named "Tiancheng Temple", and later renamed "South Sea Temple". The new name is not as understandable as the names of Blessing People Temple (Youmin Si), Samantabhadra Temple (Puxian Si), or Ancient Temple of Heaven Peace (Tianning Si). Mount Putuo is one of the 1390 islands in Zhoushan Archipelago (Zhoushan Qundao). It looks like a black dragon lying on the sea, with an area of nearly 13 square kilometers. It faces Shen Family Gate (Shenjia Men) on Zhoushan Archipelago across the sea. It is known as the "Buddha Kingdom on the Sea" (Haitian Foguo) and the "Holy Land in the South China Sea" (Nanhai Shengjing). Therefore, Guanyin Bodhisattva is always called as "South Sea Guanyin" (Nanhai Guanyin). "South Sea Temple" indicates a place where Guanyin Bodhisattva is worshipped.

"Palace" originally referred to a palace outside the ancient capital that was used for emperors to reside during their travels, as well as an official office or residence where emperors temporarily resided after leaving the capital. Later, it was also borrowed into Buddhist or Taoist circles. Therefore, South Sea Temple referred to Guanyin Bodhisattva's ashram in Nanchang. In fact, Guanyin Bodhisattva had never been to Nanchang. The temple was so named probably out of a devout wish of those monks and devotees to the Buddha.

South Sea Temple had gone through a long and turbulent period. It experienced large-scale repairs during Emperor Chongzhen's reign of the Ming Dynasty and Qianlong's reign of the Qing Dynasty. According to historical records, South Sea Palace at that time was magnificent and solemn. Monks and pious disciples came here in crowds from all directions. It took on a thriving look, with incense burning continuously, and earned a great reputation at that time.

Guanyin Bodhisattva was the Bodhisattva closest to the people. In Buddhism, Guanyin Bodhisattva represented compassion, and people believed that he could respond to every request. Guanyin Bodhisattva ("Avalokiteśvara" in Sanskrit) literally means a Bodhisattva "listening to people's voice in the earthly world". He had a dignified and kind appearance, often holding a clean bottle of willows, possessing infinite wisdom and divine powers. He was so merciful that he often saved people from sufferings of the world. When people encountered disasters, they could be rescued by Guanyin, as long as they read out his name. Guanyin Bodhisattva intended to deliver all sentient beings from torment and transcend people in the earthly world. Therefore, he grew a thousand hands, with an eye on each hand, to facilitate his saving people from sufferings. There was a saying that Guanyin with a thousand hands could respond to all requests by the people in a thouand places (in fact, "a thousand" is an approximate number, indicating that Guanyin Bodhisattva can respond to all requests).

In ancient times, a married woman was probably abandoned by her husband's family, if she could not give birth to any children. Therefore, they worshipped Guanyin particularly devoutly, and even every household set up incense halls to offer sacrifice to Guanyin, because they believed that Guanyin could bless women to give birth to children. When Guanyin Bodhisattva first came to China, he was originally a male figure, and in Dunhuang murals, Guanyin also had two small beards. Because of his charity, tenderness, and amiability, he gradually became a beautiful female figure in people's minds.

Until the eve of founding of the People's Republic of China, there were still over a hundred monks in South Sea Temple. Every morning and evening, the sound of wooden fish bells and drums, as well as the monks' chanting, wafted out of the temple.

In 1952, an education activity of "self-reliance and self support through production" was carried out among the monks in the city. All of them gathered in South Sea Temple to learn and work, and established "Nanchang Laorong

Paper Material and Glue Processing Factory". In 1958, it was renamed Nanchang No. 3 Printing Factory. From then on, South Sea Temple has completely disappeared.

一、内容提要

南海行宫是祀奉观音菩萨的寺庙，建于晋朝，初名天成寺，毁于 1949 年初。相传普陀山是观音菩萨教化众生的道场。普陀山形似苍龙卧海，面积近 13 平方千米，与舟山群岛的沈家门隔海相望，素有“南海圣境”之称。因此，人们又将观音菩萨称作“南海观世音”。行宫本来是指古代京城以外供帝王出行时居住的宫室，也被用来指菩萨的道场。史书记载，南昌当年的南海行宫金碧辉煌、庄严雄伟。四方僧众纷至沓来，善男信女络绎不绝。每日清晨黄昏，木鱼钟鼓、梵呗赞偈之声飘出庙宇之外。

二、翻译解析

（一）南海行宫

从现在的地图来看，“南海”指“位于中国大陆南部的海域，是西太平洋和中国三大边缘海之一”，《新汉英大辞典》将其译为“South China Sea”或“the Nanhai Sea”，比如《南海各方行为宣言》译为“*Declaration on the Conduct of Parties in the South China Sea*”，但此处译者并未采用这一固定译法，而是直译为“South Sea”，以便与目前的“南海”概念相区别。这是因为：作为观音菩萨道场的普陀山其实属于东海，却被称为“南海圣境”，观音则被称为“南海观音”，其中说法是唐朝以前，西安为国之中心，普陀山在其南，因此，唐朝之前这一带海域被称作“南海”。之后我国政治文化中心迁至北京，因此，从明朝开始，这一带海域改名为东海。但南海观音的叫法深入人心，因此保留至今。

（二）中国有四大佛教圣地：五台山，是文殊菩萨道场；峨眉山，是普贤菩萨道场；普陀山，是观音菩萨道场；九华山，是地藏菩萨道场

“道场”指佛、道二教诵经、礼拜、修道的场所，可用“ashram”（静修处）与其大致对应，也可采用更为详细的译法“a place where a Buddha chants, prays and preaches”，因此，本句可大致译为 “There are four Buddhist holy places in China: Mount Wutai is the place for Manjushri to chant, pray and preach; Mount Emei is the place for Samantabhadra Bodhisattva; Mount Putuo is the place for Guanyin Bodhisattva and Mount Jiuhua is the place for the Ksitigarbha”。

7.3 解说“建德观”
Jiande Taoist Temple

There was an old road in Nanchang City, called “Jiande Taoist Temple”. At a glance of this name, you can guess that there was once a Taoist temple on this road. In ancient times, there were any Taoist temples in the city, but nowadays all of them had disappeared. “Jiande Taoist Temple” remains only as the name of a road.

Jiande Taoist Temple had a very long history, which had existed before the construction of the ancient city of Nanchang. According to *Xinjian County Annals* in the 29th year of the Daoguang reign of the Qing Dynasty (1849), Jiande Taoist Temple was built during the Xianhe reign of the Eastern Jin Dynasty (320-334).

The current road called Jiande Taoist Temple runs from Huanhu Road (Huanhu Lu) and Efficaciousness Bridge (Lingying Qiao) in the east to Victory Road (Shengli Lu) and Pedestrian Street (Buxing Jie) in the west, and crosses North Xiangshan Road (Xiangshan Bei Lu) in the middle. Therefore, Jiande Taoist Temple can be divided into two parts: eastern section and western section. The total length of the road is 790 meters and the width is 10-13 meters. However, before the founding of the People's Republic of China, only the eastern section was called Jiande Toaist Temple, while the western section was called Town God's Temple (Chenghuang Miao). Jiande Taoist Temple was renamed “Yichun Road” in 1973, and recovered its old name in 1984.

The Taoist temple is a place for Taoist priests to cultivate their vital energy. Therefore, the environment needs to be tranquil, tidy, and solemn. When the Taoist temple was built, this area was a piece of desolate land with lush trees, close to South Lake and North Lake and far from the bustling secular world. Jiande Taoist Temple mainly worshipped the "San Qing Founders" ("San" means "three"; "Qing" refers to the Clear Realms respectively named "Yuqing", "Shangqing" and "Taiqing"), the venerable deities of Taoism with the highest ranking. The first was Yuanshi Tianzun ("Tianzun" refers to celestial being in Taoism), also addressed respectful as "Daobao", who lived in the Realm of Yuqing. He was the god with the highest status in three Founding Masters, the incarnation of Taoism, and the pioneering god in Taoism. The second was Lingbao Tianzun, also addressed as Taishang Daojun ("Daojun" refers to high-ranking god in Taoism) or Shangqing Emperor, who lived in Realm of Shangqing. He was also the incarnation of Taoism, and respectfully known as Jingbao. The third was Daode Tianzun, also known as Taishang Laojun ("Laojun" is the deified address to Laozi in Taosim, namely, Li Er) or Taiqing Emperor. He lived in the Realm of Taiqing, respectfully addressed as Shibao. At the time of a calamity, he transformed into Laozi and was revered as the ancestor of the Taoism.

The Taoist temple created a fantastic realm consisting of 10 cave heavens, 36 small grotto-heavens and 72 blessed places in Taoism. The Taoist priests cultivated themselves in such a tranquil environment, listening to the sound of the wind and the chirping of birds, watching the sunrise and sunset. Here they paid homage to the immortals and observed magic arts. They returned to their orginal nature, with a pure heart and few desires. Over time, they obsorbed the spiritual energy of heaven and earth, achieving a transcendent of an immortal.

Nanchang is one of the important birthplaces of Taoism. It is said that there are four heavenly masters in Taoism. The first is Zhang Daoling whose ashram is Mount Dragon and Tiger (Longhu Shan), Guixi City, Jiangxi Province; the second is Ge Xuan whose ashram is Mount Hezao (Hezao Shan), Zhangshu City, Jiangxi Province; the third is Xu Xun, West Mount (Xi

Shan), Xinjian County, Jiangxi Province; the fourth is Sa Shoujian, Mount Minjun (Minjun Shan), Xihe County, Gansu Province.

Among them, Xu Xun is a native of Nanchang. He grew up in the area near Family Luo Fair (Luojia Ji), and to this day, the place where his mother sent him to school by boat is preserved: Mucheng Harbor ("Mu" means "mother"; "cheng", short for "Chengchuan", means "moving a boat with a pole"). There is also a place name preserved, which is related to the legend of his slaying a flood dragon: Cock Bridge (Jigong Qiao). More importantly, his grandmother's tomb still stands here today, known as the "Empress's Tomb". The village he once lived is called "Compassionate Mother Village". In the second year of the Ningkang period (374) in the Jin Dynasty when Xu Xun reached the age of 136, he finally "achieved a success in his cultivation and flied up from his house to the heaven". The story was consistent with a Chinese idiom that "when a person gains the Tao and ascends to the heaven, his families and his roosters and dogs rise to heaven together with him". Later, Xu Xun was revered by the Taoists of Jingming Sect as their ancestor, and the Taoist temple that worshipped him was also revered as the Longevity Palace.

Reffering to the history of Taoism in China, you may find that many famous figures came from Nanchang, such as Xu Xun, Wu Meng, Guo Pu, Wu Cailuan, Wan Zhen, Zhou Dian, Zhu Quan, Zhu Daolang, Zhu Daoming, Ma Daochang, and so on.

By Emperor Tongzhi's era of the Qing Dynasty, there were 31 Taoist temples in Nanchang city, and countless Taoist priests. Later, due to the turmoil of the war and social unrest, the Taoist temples gradually collapsed, and the Taoist priests were dismissed. At the beginning of the liberation of Nanchang, there were only 6 Taoist temples and 20 Taoist priests left. Among them, Taoist temples were: Longevity Palace (now Nanchang No. 21 Middle School), Yuxian Taoist Temple (on the road named Three Holes Well), Chunyang Taoist Temple (on the Cross Street), Lvzu Temple (on Victory Road), Morality Taoist Temple (near the community of Huanhu Road), Heavenly Queen Palace (now Bayi Middle School on Dieshan Road).

一、内容提要

清道光二十九年（1849 年）的《新建县志》记载，建德观建于东晋咸和年间。建德观主要供奉“三清祖师”。三清是道教的最高尊神。其一为元始天尊，是“三清”中地位最高的神，是道的化身，为道教开天辟地之神，居住在玉清境，被尊称为道宝。其二为灵宝天尊，居住在上清境，又号太上道君、上清大帝，被尊称为经宝。其三为道德天尊，居住在太清境，又叫太上老君、太清大帝，被尊称为师宝。整个道观营造出十大洞天、三十六小洞天、七十二福地的境界。修道者在这样的环境清修，久而久之自然集天地灵气于自身，成就仙风道骨，超然脱世。

二、翻译解析

（一）三清祖师

“三清”指道教中玉清、上清、太清这三大清境，也指分别居住在这三个清境的元始天尊、灵宝天尊以及道德天尊。此处应指前者，可采用音译＋直译结合，再用括号加注的方式，译为“San Qing Founders”（“San” means “three”；“Qing” refers to the Clear Realms respectively named “Yuqing”, “Shangqing” and “Taiqing”）这样最大限度地保留了道家术语，同时帮助读者了解其内涵。

（二）整个道观营造出道教中的十大洞天、三十六小洞天、七十二福地的境界

洞天福地是指道教神仙所居的名山胜境。“洞天”意谓山中有洞室，通达上天，贯通诸山。“福地”则意为得福之地，即认为居此地可受福度世，修成地仙。“洞天”可直译为“grotto-heaven”或“cave heaven”，“福地”译为“blessed place”，整句话译为“The Taoist temple created a fantastic realm consisting of 10 cave heavens，36 small grotto-heavens and 72 blessed places in Taoism”。

（三）修道者在这样的环境清修，听风声鸟鸣，看日升日落，参拜神仙，观摩法术，返璞归真，清心寡欲

该句包含“风声鸟鸣”“日升日落”“参拜神仙”“观摩法术”“返璞归真”

"清心寡欲"六个四字格。四字格是汉语常见结构，一般由四字成语和四字词组构成。四字成语特点是结构稳定，有自己特定的含义和一定的出处，语素不能任意颠倒、拆散或增减，在句中作为一个整体来使用。四字词组特点是结构比较松散，包含并列、偏正、主谓、动宾等结构，在句中可作为一个整体来使用，也可拆开来使用。翻译时，首先需要正确理解四字格的含义，再根据其在句中的成分，译成完整句子、动宾短语、名词化短语等语言形式。

由于汉语四字格语言凝练、概括，有些由句子或较长的词组压缩而来，因此，译文通常较原文的篇幅长出许多，为避免译文单个句子过长，可将该句按照意群切分成 4 个句子：①修道者在这样的环境清修，听风声鸟鸣，看日升日落；②（他们）参拜神仙，观摩法术；③（他们）返璞归真，清心寡欲。据此，译文为"The Taoist priests cultivated themselves in such a tranquil environment, listening to the sound of the wind and the chirping of birds, watching the sunrise and sunset. Here they paid homage to the immortals and observed magic arts. They returned to their orginal nature, with a pure heart and few desires"。

（四）一人得道，鸡犬升天

这是一个八字格成语，指一人得道成仙，全家连鸡、狗也都随之升天，用以讽喻一人做官，全家得势。此处，该成语用来解释许逊"修成正果，拔宅飞升"这一传说故事，不含讽喻成分，可直译为"when a person gains the Tao and ascends to the heaven, his families and his roosters and dogs rise to heaven together with him"。

7.4 解说"张王庙"

King Zhang Temple

King Zhang Temple (Zhangwang Miao) was probably the shortest alley in old town of Nanchang, with only a length of 30 meters and width of 2 meters. It was not only short but also curving. It started from South Xiangshan Road (Xiangshan Nan Lu) in the east, ended at Fermented Soybean Alley (Douchi

Xiang) in the west and connected with Washing Sand Dyke (Taosha Tang) in the south. In 1987, it was added a general name "Alley" and thus renamed to King Zhang Temple Alley (Zhangwang Miao Xiang), as marked in *The Annals of Nanchang Place Names* (1992 edition).

The reason why this lane was named King Zhang Temple was that a King Zhang Temple was located in it. There were many King Zhang Temples throughout the country, but they offered sacrifice to different gods roughly including Zhangfei, Zhang Shicheng and Zhang Xun.

As recorded in *The Annals of Nanchang County* in the late Qing Dynasty, King Zhang Temple in Nanchang County was dedicated to Zhang Xun.

Zhang Xun (709—757), also named Zhang Zhongcheng, was born in Dengzhou County, Nanyang City, Henan Province, whose ancestral home was Hedong of Puzhou City (today's Ruicheng City of Shanxi Province). During the period of An-Shi Rebellion, he led army to fight against rebel army dauntlessly and finally died in a battle in Suiyang City (today's Shangqiu City), Henan Province. The great poet Han Yu wrote a famous work *The Supplement of Zhang Zhongcheng Biography* to compliment Zhang Xun's heroic undertaking.

It is said that Yan Zhenqing assumed the post of the Supervisory Censor of Raozhou (today's Poyang County) at that time. He appreciated and respected Zhang Xun so much that he ordered King Zhang Temple to be built in Poyang County to commemorate Zhang Xun.

King Zhang Temple in the old street of Poyang County had existed for a thousand years after going through all vicissitudes of life. It was rebuilt by Li Yi, the magistrate of Poyang, in the 8th year of Emperor Yongle's reign in the Ming Dynasty (1410). The temple gate was hung with a plaque with characters "integrity and dignity", and posted with couplets eulogizing Zhang Xun's outstanding military exploit and awe-inspiring uprightness. The temple was originally composed of Loyalty Pavilion, Giant Buddha Hall, Guanyin Temple, Wealth God Hall, Lugu Hall, Emptiness Hall, etc. There were three principal columns of hall—drama stage in the front, main hall in the middle and madam hall and high towers in the rear. In the middle of the main hall was seated the statue of Zhang Xun, and at the two sides were some famous generals including Nan Jiyun, Lei Wanchun, Xu Zhong, etc. In the 29th year of Republic of China period, King Zhang Temple was ruined, while Poyang County was bombarded by Japanese aircrafts.

Poyang County, called Raozhou in ancient times, was always prosperous. Since the First Emperor of Qin reunited China, administrative region were divided into five levels of Shire (Jun), Province (Zhou), Road (Lu), City (Fu), County (Xian). Zhang Xun's desperate fighting and the heavy casualties might have faded in the memory of local people, but King Zhang Temple was still a holy place where they worshiped their god—Zhang Xun. Every November 23 in lunar calendar, a busy and exciting fair was held outside King Zhang Temple. This day was a carnival belonging to Poyang people.

As Jiangxi people regarded Sun Xun as their patron saint, they built Longevity Palaces for him, wherever they went. Likely, because Poyang people worshiped Zhang Xun, some officials and merchants from Poyang built a King Zhang Temple for Zhang Xun, after settling down in Nanchang. Since the temple was still recorded in *The Annals of Nanchang County* in the late years of the Qing Dynasty, it was probably ruined in the bombings by Japanese airplanes in the War of Resistance Against Japan. Although the temple has been laid in ashes now, the place name is still preserved. If Poyang people walk here, they may feel the vicissitudes of history and geniality of their hometown.

一、内容提要

南昌县城的张王庙供奉张巡。张巡（709—757 年）在安史之乱时率兵抗击叛军，浴血奋战，厮杀惨烈，最终战死于河南睢阳。据说颜真卿时任饶州刺史，“英雄惜英雄”，感慨不已，遂在鄱阳修建“张王庙”以祭祀张巡。张巡是鄱阳人崇拜的神灵，因此鄱阳籍的官宦商贾定居南昌后，也建了一座张王庙，但其大致毁于抗日战争期间的日机轰炸。

二、翻译解析

（一）安史之乱

唐代玄宗末年至代宗初年，由唐朝将领安禄山与史思明背叛唐朝后发动的战争，为唐由盛而衰的转折点。这一历史事件直译为“An-Shi Rebellion”。

（二）饶州刺史

饶州为今天的鄱阳县。刺史，古代官名。“刺”为检核问事之意，即监察之职，“史”为“御史”之意。秦制，每郡设御史，任监察之职，称监御史，为郡、州最高行政、军政长官。因此，可译为“the Supervisory Censor of Raozhou (today's Poyang County)”。

（三）每年农历十一月廿三日，张王庙都会举行庙会。场面激动人心、热闹非凡

“庙会”又称“庙市”或“节场”，是一种在寺庙周边举行的集市，通常包括各种摊位、游乐设施和表演，以庆祝宗教节日或特定的日子。庙会与佛教寺院以及道教庙观的宗教活动有密切联系，它源于信仰、盛于集会，“会”因庙而起，庙借“会”而盛，两者结合，形成一种社会风俗和习惯。根据庙会的含义，可直译为“temple fair”。

前后两句关系紧密，可将后一句“场面激动人心、热闹非凡”降格为形容词短语，充当前一句“庙会”的定语，即两句合译为“Every November 23 in lunar calendar, a busy and exciting fair was held outside King Zhang Temple”。

7.5 解说“丁公庙”
Lord Ding Temple

As recorded in *The Annals of Nanchang Place Names* (1992 edition), Lord Ding Temple (Dinggong Miao), once a very narrow lane, ran from Friend-bamboo Alley (Youzhu Xiang) in the east to South Xiangshan Road in the south, 110 meters long and 2.4 meters wide. It was so called for Lord

Ding Temple located here. With building of the Site-Exhibition Hall of New Fourth Army Headquarters, this lane has disappeared without a trace.

Lord Ding Temple was built in memory of Ding Yongzuo, a Nanchang native. He was an official outside his hometown for many years, gaining a good reputation in many places especially in Quanzhou City, Fujian Province. *Dehua County Annals* recorded his good deeds, such as reducing and exempting salt tax, fighting local bullies and purifying social climate, etc. According to some history books, he was a man of a sagacious perception; he commanded on spot to combat drought, standing in mud barefoot, regardless of scorching sun. Both officials and ordinary people admired and appreciated him extremely.

The most marvelous contribution made by Ding Yongzuo was his building Fuqing County to resist frequent aggression by Japanese pirates. According to the local chronicles, the county was built on an elevated land leaning mountains. Its construction was completed in a short time by Ding Yongzuo's strenuous effort. With city walls, watchtower and terraces, it was fortified strongly enough to resist enemy's invasion. Therefore, he was worshipped as a god by the ordinary people. After he left Fujian Province, the people of Dehua and Fuqing counties raised fund to build Lord Ding Temples to offer sacrifice to him. Nowadays, the people there still commemorate Lord Ding here by burning incense and candles in the temples.

In the 18th year of Emperor Wanli's reign of the Ming Dynasty (1590), Ding Yongzuo took the position of magistrate of Dehua County, depending on his identity of Juren (a successful candidate in the imperial examinations at the provincial level in the Ming and Qing dynasties). Two years later (1592), he took the metropolitan examination. With his name listed in the additional notice, he was appointed as magistrate of Fuqing County. Four years later (1596), he was promoted as the magistrate of Taicang Prefecture, and then to higher positions, such as Salt and Grain Counsel, Councillor of the Ministry of Punishments, Imperial Inspector of the Regions in the South of the Yangtze River, etc.

Lord Ding Temple in Nanchang was possibly built by the Ding Family and Lord Ding's descendants. A virtuous person like Lord Ding is enough to bring glory to his family.

After 1949, Lord Ding Road was far more famous than Lord Ding Temple. According to *The Annals of Nanchang Place Names*, "Lord Ding Road begins at Luoyang Road (Luoyang Lu) in the south and ends at West Beijing Road in the north, with a length of 1178 meters and width of 23 meters. The road gains the name because there are Lord Ding Temple and Lord Ding Dyke (Dinggong Tang) nearby". However, in fact, Lord Ding Temple is far away and there is no any record about Lord Ding Dyke in historical books. Therefore, it is far-fetched to take "Lord Ding" involved in "Lord Ding Road" as Ding Yongzuo.

一、内容提要

丁公庙曾是一条小巷，因“丁公庙”得名。丁公庙为纪念丁永祚而建。丁永祚是地道的南昌人，为官清正，深受百姓爱戴，尤其在福建泉州一带的名声大噪、威望极高。其最大的功绩在于修建福清县城，抵御倭寇的屡次侵略。丁永祚离开福建之后，德化和福清的老百姓集资修建祭祀丁永祚的“丁公祠”，香火延续至今。南昌的“丁公庙”大概为丁氏家族和丁公后人所建。

二、翻译解析

（一）万历二十年（1592年）会试副榜，授福清知县

该句中“副榜”为科举考试制度的术语，属于文化空缺词。科举时代会试或乡试取士，按规定名额录取公布的榜示叫正榜，除正榜外，另取若干名，列为副榜。名列副榜者不得参加廷试，但可应下科会试。根据“副榜”的含义，可大致译为“additional notice”，并采用括号加注或脚注的形式，增加解释性说明：“in ancient imperial examination system, those candidates formally admitted were listed in the formal notice (Zheng Bang), while a certain number of candidates slightly inferior to the formally admitted candidates were listed in the additional notice (Fu Bang) ”。此外，“福清知县”可译为“magistrate of Fuqing County”。

（二）万历二十四年（1596 年）升太仓知州。后又擢升盐粮参政、刑部员外郎、江南巡抚

古代官职也属文化空缺词，为文化翻译的一大难点。“知州”的行政职务与“知县”类似，但管辖区大于“知县”，仍可采用“magistrate”，也可译为“governor”；“盐粮参政”可译为“Salt and Grain Counsel”；“刑部员外郎”可译为“Councillor of the Ministry of Punishments”；“江南巡抚”可译为“Imperial Inspector of the Regions in the South of the Yangtze River”。

7.6 解说“鲁班庙”
Lu Ban Temple

Some old places in Nanchang were often named after historical and cultural buildings, such as Lu Ban Temple (Lu Ban Miao), Shengjin Pagoda, Samantabhadra Temple, Bell and Drum Tower (Zhonggu Lou). These buildings were added such general names as street and lane by the competent authorities in 1986 and thus they became Lu Ban Temple Lane, Shengjin Pagoda Street, Samantabhadra Temple Lane and Bell and Drum Tower Lane after added.

According to *The Annals of Nanchang Place Names* (1992 edition), Lu Ban Temple Lane was 70 meters long and 2.5 meters wide, running from Front Lane of Gan Family in the north, without access in the south. In this lane was built a temple dedicated to Lu Ban where the local carpenters gathered and worshipped their founder.

In the ancient society, each industry had its own founder, also called “protection god”. The people usually worshipped the founder of their profession. For example, a liquor vendor worshipped Du Kang; a doctor worshipped Bian Que; an opera performer worshipped Emperor Xuanzong of the Tang Dynasty;

a weaver worshipped Huang Daopo.

Lu Ban (Chinese name: 鲁班), originally named Gongshu Ban (Chinese name: 公输般), was so called for two reasons: one was that he was from Lu (Chinese: 鲁) State; the other was that the two Chinese characters "般" and "班" had the same sound "Ban" and they were often substituted mutually in ancient times. Just as Kong Qiu was called Kong Zi (Confucius), Lu Ban was addressed as Gongshu Zi and thus Lu Ban Temple in Nanchang was also called "Gongshu Zi Temple" in some historical books. In ancient times, "zi" was a respectful address for a person of great virtue or learning. Lu Ban was probably born in the 13th year during the reign of King Jing of the Zhou Dynasty (507 BC) and deceased in the 25th year of King Zhending of the same dynasty (444 BC) (namely, he went through the late Spring and Autumn Period and the early Warring States Period). Born in a craftsman's family, he took part in civil engineering work by following his family since his childhood. Gradually he grasped many laboring skills and accumulated abundant practical experience. His name and story was spread among the masses so that he was worshiped as the founder of carpenters in China for thousands of years.

In the late Ming Dynasty and the early Qing Dynasty, as recorded in the local chronicles, there were approximately 500 households totaling over 1,200 people in Nanchang City who carried on the business of woodward, log, funeral supplies, saw lumber, bambooware and bamboo awning, etc. With the social development in the middle of Republic of China period, the carpentry industry here was divided more closely into 13 specialized sectors of lumber, furniture, log, painting, camphorwood chest, small woodward, palm bed, bamboo cylinder of waterwheel, carving patterns on woodwork, settee, coffin wood, waterwheel, handcart.

Lu Ban Temple was a temple of folk industry, irrelevant to Buddhism or Taoism, so people scarcely came here to burn incense at ordinary times. Only on May 7 in lunar calendar, the day to sacrifice Lu Ban, carpenters of the whole city dressed up and came to the temple in the early morning. Upon meeting, they greeted each other and expressed their wishes on peace and prosperity. They gathered joyfully in the temple, carrying out a whole set of worship ceremony, such as putting offerings on the altar, burning incense and paying homage to their founder.

Following the ceremony there might be a ritual of "recruiting apprentices and acknowledging masters" held in the temple. The ritual was reverent and solemn, expressing the apprentices' respect for their founder and masters.

After all rites were finished, a lavish feast began. They drank to their content, unwilling to go home until they were nearly drunk.

Lu Ban Temples can be found all over the county. May 7th in lunar calendar was said to be Lu Ban's birthday, a festival belonging to Chinese carpenters.

In November 1926, Preparatory Office of Nanchang Federation of Trade Unions was established under the leadership of the Communist Party of China. Subsequently, Nanchang Carpenter Trade Union was founded and its offices were set in Lu Ban Temples.

一、内容提要

鲁班庙是祭祀鲁班的庙宇，是南昌泥木工匠朝拜祖师和联络聚会的场所。鲁班出身于世代工匠家庭，从小跟随家里人参加过许多土木建筑工程劳动，后来被泥木工匠们供奉为祖师。鲁班庙属于民间行业的庙宇，既非佛寺也非道观，平时很少香火。仅在农历五月初七，即鲁班的祭祀之日，全城的泥木工匠才齐聚于此，参拜“祖师”，举行祭祀仪式，有时还会举行集体“收徒拜师”仪式。

二、翻译解析

古代社会，各行各业都有自己的祖师爷，也是保护之神，例如卖酒的拜杜康、治病的拜扁鹊、唱戏的拜唐玄宗、织布的拜黄道婆

拜祖师、拜行业保护神是一种职业民俗。表示对本行业的敬重和从业的虔诚，同时也是祈求祖师爷保佑自己学业有成。该句包含两个部分，前一部分为

主要观点，后一部分为举例说明。仔细阅读发现，前后两部分之间其实隐含一个信息“人们通常拜祭自己行业的祖师爷”，翻译时，可使用增译法，将这一隐含信息置于“也是保护之神”之后，从而更自然地引出例子，使语义更加连贯、流畅。因此，前半部分（观点）可译为“In the ancient society, each industry had its own founder, also called ‘protection god’. The people usually worshipped the founder of their profession”。后面举例部分出现四个中国古代人名，分别蕴含一定的文化信息，按照惯常做法，一般先音译，再补充释义，便于读者理解，但该句中，前半部分已经暗示后面提及的人物分别为某个行业的祖师爷，因此，仅音译即可，无须增译文化背景信息。综上，举例部分可译为“For example, a liquor vendor worshipped Du Kang; a doctor worshipped Bian Que; an opera performer worshipped Emperor Xuanzong of the Tang Dynasty; a weaver worshipped Huang Daopo”。

7.7 解说“海棠庙”
Begonia Temple

As recorded in *The Annals of Nanchang County*, Begonia Temple (Haitang Miao) was located at the south of Chopstick Lane (Kuaizi Xiang). The temple was dedicated to Duke Zhao of Zhou. It was built by the order of He Xuan, the magistrate of Nanchang County, during the Wan Li period in the Ming Dynasty. It was also called Begonia Ancestral Hall.

The lane in front of Begonia Temple was named after Begonia Temple located here. It was recorded in *The Annals of Nanchang Place Names* (1992 edition) that the lane began at Infant Care Center (Yuying Tang) in the east and ended at Prosperity Lane (Xinglong Xiang) in the west, with a length of 154 meters and a width of 3 meters.

Duke Zhao, named Ji Shi, was a son of King Wen of the Zhou Dynasty, half-blooded elder brother of King Wu. Noble, selfless and magnanimous, Duke Zhao was a good example of the gentlemen and loyal officials in ancient society.

Duke Zhao of Zhou made remarkable feats by assisting King Wu in the conquest of King Zhou of the Shang Dynasty. King Wu died of illness several years after establishing the Zhou Dynasty. His 14-year-old son became King Cheng by succeeding to the throne. The new king's uncle, Duke Dan of Zhou, presided over the court affairs.

Duke Dan of Zhou, named Ji Dan, was a famous historical figure, the fourth son of King Wen of Zhou, Ji Chang, and the younger brother of King Wu of Zhou, Ji Fa. He assisted King Wu in expedition against King Zhou of the Shang Dynasty. He also worked out a relatively complete system of rites and music beneficial to social harmony and the steady ruling of the Zhou Dynasty. Ji Dan was also called Duke Zhou, because Zhou State was his fief, and Duke was his rank of nobility.

Duke Zhou's brilliant contributions to the Zhou Dynasty were summarized in *The Book of Documents • Explanatory Notes* (*Shang Shu • Da Zhuan*). While he was in charge of court affairs, his opponents constantly slandered him and attempted to rope in and instigate Duke Zhao to oppose Duke Zhou. However, frank, honest and upright Duke Zhao was not moved by fame and money at all, but persistent in assisting Duke Zhou, which showed his exemplary conduct and noble character.

During an inspection tour by Duke Zhao in southern areas, he handled civil lawsuits and government affairs under a tall tree of birchleaf pear, to avoid bothering the ordinary people. Duke Zhao once said, "My father, King Wen, would rather trouble himself than disturb ordinary people in all his life". Moved by Duke Zhao's diligence, affection to the people, uprightness and honesty, the people could not bear to cut this tree. In *Book of Poetry • Duke Zhao in the Southern Area • Birchleaf Pear* (*Shijing • Zhaonan • Gantang*) there was a song about birchleaf pear tree which persuaded people out of chopping down the tall and exuberant birchleaf pear tree or breaking off its branches because Duke Zhao once camped under it to handle official business. It was said in *Thousand Character Classic* that the luxuriant birchleaf pear tree would erect in the people's mind forever and that Duke Zhao's virtue, words and deeds would be still eulogized widely after his passing away.

Duke Zhao showed us his loving heart of caring the ordinary people and adopting benevolent policies under the birchleaf pear tree, leaving us a much-told story about "Duke Zhao's kind-heartedness" (Zhaogong Yi Ai). Later, many Birchleaf Pear Temples (the name was changed into Begonia Temple after the Tang and Song dynasties) were built throughout the country in every dynasty mainly to commemorate Duke Zhao, and to encourage officials at all levels to learn from Duke Zhao so as to become upright, honest and respectable officials who could bring benefits to the ordinary people.

一、内容提要

海棠庙是纪念周文王的儿子、周武王同父异母的兄弟周召伯而立的。召伯巡视南方期间，为了不烦扰百姓，就在一棵高大的甘棠树下处理民间诉讼和官府政务。召伯勤政亲民、清正廉洁的道德风范深深地感动了百姓，因此，后人为怀念召伯，一直不忍心伐掉这棵甘棠树。召伯体恤民情、广施仁政的博爱之心留下了“召公遗爱”的千古美谈。此后历代，在全国各地都建立了“甘棠祠”“甘棠庙”（唐宋之后常常改称为“海棠祠”“海棠庙”），既是对召伯的祭祀、缅怀，又是鼓励各级官员以“召公甘棠”为楷模，做造福一方、清正廉明的贤良之臣。

二、翻译解析

（一）《南昌县志》上说：“海棠庙在筷子巷南，祀周召伯”

该句“召伯”中的“伯”涉及古代爵位制度。据《孟子·万章下》记载，“天子一位，公一位，侯一位，伯一位，子、男同一位，凡五等。”五等爵是指孟子所说的以天子为共尊之王，其余诸侯被分为五等，即公、侯、伯、子、男。而三等爵则将诸侯分为三等，即公、侯伯、子男。据《公羊传》记载，“公者，五等之爵最尊”。据《孟子》记载，“天子之制，地方千里，公侯皆方百里，伯七十里，子、男五十里，凡四等”。可见，公侯在封地面积上是一致的，但是公地位比侯更尊贵，多为君主近亲或立下显赫战功者。伯则比侯的封地更少，地位更低。但是根据三等爵制来划分，侯和伯处于同一等级。这也解释了中国古代“伯（公）侯互见”的现象，即同一个封建领主有时被称为侯，有时被称为伯，甚至有时被称为公。“召伯”姬奭（shì），又称为“召公”，就是“伯（公）侯互见”的一个例子。

在英语文化中，“Duke”是英国王室分封的第一等爵位，因此，可与“公”进行较为等值的翻译。而根据三等爵制，侯、伯同级，与英语中的“Marquis”在爵位和职能上接近，即侯、伯均可译为“Marquis”。那么，召伯（召公）译为“Marquis Zhao”还是“Duke Zhao”？召伯的身份是周文王之子，周武王姬发之弟。《史记》记载，周武王在建立周朝之初，“封尚父于营丘，曰齐。封弟周公旦于曲阜，曰鲁。封召公奭于燕”。由此判断，译为“Duke Zhao”可能更为合适。

综上，该句可译为“As recorded in *The Annals of Nanchang County*, Begonia Temple (Haitang Miao) was located at the south of Chopstick Lane (Kuaizi Xiang). The temple was dedicated to Duke Zhao of Zhou”。

（二）《诗经·召南·甘棠》中唱道：“蔽芾甘棠，勿翦勿伐，召伯所茇”

该句中，“芾”（fèi）意为“茂盛、葱郁”；“茇”（bá）意为“居住”，唱词大意为“茂盛的甘棠树，不要砍伐它！召公在这里露宿过”。为传达原句大意，可译为“In *Book of Poetry* · *Duke Zhao in the Southern Area* · *Birchleaf Pear* (*Shijing* · *Zhaonan* · *Gantang*) there was a song about birchleaf pear tree which persuaded people out of chopping down the tall and exuberant birchleaf pear tree or breaking off its branches because Duke Zhao once camped under it to handle official business”。

（三）召伯留下了一颗体恤民情、广施仁政的博爱之心，也留下了“召公遗爱”的千古美谈

结合上文语境，可知“召公遗爱”指召伯在甘棠树下留下体恤民情、广施仁政的博爱之心，可译为“benevolence / kind-heartedness of , shown by Duke Zhao under the birchleaf pear tree”。鉴于前半句已经对“召公遗爱”的内涵进行了解释，为避免重复，可将“召公遗爱”简化为“Duke Zhao's kind-heartedness”，整句译为“Duke Zhao showed us his loving heart of caring the ordinary people and adopting benevolent policies under under the birchleaf pear tree, leaving us a much-told story about ‘Duke Zhao's kind-heartedness’ (Zhaogong Yi Ai).”。

7.8 解说“司马庙”
Sima Temple

“Sima Temple” was originally a non-existent place name, but later it became a real one due to some erroneous message. With prosperity of Hongcheng Market (Hongcheng Da Shichang), Hongcheng Road (Hongcheng Lu), Middle Fuhe Road (Fuhe Zhong Lu) and South Fuhe Road (Fuhe Nan Lu) in recent 20 years, Sima Temple has become increasingly well-known. Besides an overpass named after Sima Temple, there is also a district called “Sima Temple”. As specially marked in the *Map of Nanchang Standard Place Names* (2007 edtion), this district was located at the west of South Fuhe Road and the south of Hongcheng Road (the neighborhood of Jiangxi Chemical Industry Design Institute).

There stood a temple called “Lord Wen Zhongwu Temple” in the city. It was built to commemorate Wen Qiao (288-329), also Wen Taizhen, a politician in the Eastern Jin Dynasty. Wen Qiao was originally a minor official and a scholar. Later, appreciated and invited by Liu Kun, a great politician and strategist, he joined Liu Kun's army and performed very well. Since then, he was continuously promoted from Pingbei Aide to Prefecture Chief and Minister of War, etc. In the late Western Jin Dynasty, Xiongnu and Jie, the northern ethnic minorities were rampant in Central Plains. Wen Qiao and Liu Kun defended Bingzhou City tenaciously to resisting their invasion. During the reigns of Emperor Yuan and Emperor Ming of the Jin Dynasty, Wen Qiao took some important posts, such as the Crown Prince's Guard, Danyang Administrator, and Commander in Charge of Military Affairs in the northeastern China. After enthronement of Cheng Emperor, Wen Qiao was appointed as a Supervisory Censor of Jiangzhou (including the present provinces of Jiangxi and Zhejiang). After his death, Wen Qiao was granted a posthumous title of Zhongwu

("Zhong" means loyalty and "Wu" bravery).

For Wen Qiao's posthumous title of "Zhongwu", his temple was called Lord Wen Zhongwu Temple. Also, he was called Lord Wen in short. It happened that Sima Guang, a household name, was also called Lord Wen. Sima Guang was a famous politician, litterateur, historian, going through the reigns of four emperors in the Northern Song Dynasty. He took the charge of compilation of *History as a Mirror* (*Zi Zhi Tong Jian*), the first chronological general history in China. He was taken as a moral example of Confucian enlightenment and always respected by the people for his moderation, modesty and integrity. After his death, he was awarded by the court with the title of Lord Wen ("Wen" means moderation and modesty in Chinese), so he was also called Lord Sima Wen.

Because of time remoteness of the Eastern Jin Dynasty, and tremendous influence of the story that Sima Guang smashed a water jar to save a boy who fell in the jar, Lord Wen Zhongwu Temple was mistaken as Sima Temple to commemorate Sima Guang.

During Emperor Kangxi's reign in the Qing Dynasty, Chen Hongxu from Xinjian County, Nanchang, said in his book *Chronicle of Nanchang Historical Sites* (*Jiangcheng Mingji Ji*), "Lord Wen Zhongwu Temple was located outside Jinxian Gate (Jinxian Men) and at the bank of Ganjiang River. It was built to commemorate Wen Qiao, the Supervisory Censor of Jiangzhou in the Jin Dynasty, as recorded by Hu Yan, a Nanchang native. The temple was mistaken as one to offer sacrifice to Lord Sima Wen, so it was called Sima Temple, without being corrected so far."

Since Lord Wen Zhongwu Temple was ruined to ashes long ago, it is of little significance to verify whether the temple worshiped Wen Qiao or Sima Guang and whether the error needs correcting. What can be affirmed is only that the place name of "Sima Temple" has been spread for at least three or four hundred years.

一、内容提要

南昌的司马庙本来是祭祀温峤的。温峤是东晋政治家，曾拼死抵御匈奴、羯（jié）人进犯。晋成帝即位时，为江州刺史（晋朝的江州包括今天的江西省和浙江省）。因为温峤谥号忠武，所以祭祀他的庙就叫“温忠武公庙”。恰巧北宋政治家司马光也叫温公。司马光为人温良谦恭、刚正不阿，其人格堪称儒学教化下的典范，死后被朝廷封以“温国公”的称号，因此人们皆称之为司马温公。一是因为东晋的久远，二是因为“司马光砸缸”的故事影响太大，所以人们就误将“温忠武公庙”当成祭祀司马光的“司马庙”。

二、翻译解析

（一）西晋末年，匈奴、羯人横行中原

匈奴为古代中国北方游牧民族。羯人是隶属于匈奴别部的一支白种人。由于匈奴和羯在英语中找不到对应的表达，因此，可采用“音译+解释”的处理方法，整句话可译为“In the late Western Jin Dynasty, Xiongnu and Jie, the northern ethnic minorities were rampant in Central Plains”。

（二）司马光砸缸

“司马光砸缸”的故事可谓家喻户晓，但对于英语国家读者来说，可能是陌生的，因此，翻译时，应适当增补背景信息，译成“Sima Guang smashed a water jar to save a boy who fell into the jar”。

8 老地名背后的科举教育制度

科举制度是旧时统治者选拔治国之才的重要手段，更是寒门学子入仕途的主要通道。江西自古以来崇尚读书，拥有源远流长的书香传统。对于大多数人来说，其读书的终极目标便是通过参加科举考试，步入仕途，从而改变自己以及整个家族的命运。因此，古代教育往往是与科举制度和仕途官僚深度捆绑的。作为省会的南昌必然少不了与科举制度相关的书院、官署或官邸，比如豫章书院、东湖书院、老贡院、府学、友竹花园等，而这些书院、官署或官邸周边的街巷也以此命名，比如书院街、贡院背、府学前、友竹巷等，同时民间还衍生出一些相关的故事和地名，比如高升巷、状元桥、为国求贤街、惜字炉巷、系马桩等。

本章主要翻译以下七个地名及其背后的故事，探讨相关领域或表述的文化内涵及其英译技巧，包括豫章书院的历史、规章制度与相关英译方法、科举制度的术语概念和英译、文化意象词“竹”的联想意义和英译、古典诗词的理解与英译等。

8.1 解说“书院街”
Academy Street

There was an old street in the old city of Nanchang, called "Academy Street" (Shuyuan Jie). Its history can be traced back to the Song Dynasty over a thousand years ago, and its influence can be described as renowned throughout the country. The street started from Hitching Post (Ji Ma Zhuang) in the east and ended at Stone Street (Shitou Jie) in the west. It was called "Yuzhang

Academy Front Bystreet" (Yuzhang Shuyuan Qian Hengjie) during Qianlong's reign of the Qing Dynasty and renamed "Academy Street" during Guangxu's reign of the same dynasty.

In 1933, Academy Street was segmented into two parts by South Xiangshan Road: eastern section and western section. Therefore, the eastern section was called "East Academy Street" (Dong Shuyuan Jie), and the western section was called "West Academy Street" (Xi Shuyuan Jie). According to *The Annals of Nanchang Place Names*, East Academy Street was 304 meters long and 4.1 meters wide, with a stone pavement; West Academy Street was 120 meters long and 3.2 meters wide, with an asphalt concrete pavement.

Academy Street was named after "Yuzhang Academy" (Yuzhang Shuyuan). The academy was founded in the Southern Song Dynasty, serving as a base for scholars to spread Cheng-Zhu Neo-Confucianism.

In the 31st year of Emperor Kangxi's reign (1692) in the Qing Dynasty, Ma Rulong, the Imperial Inspector, rebuilt Yuzhang Academy, and appointed Xiong Feiwei, a Jinshi (a successful candidate in the highest imperial examinations) from Nanchang, as the principal of Yuzhang Academy. The academy recruited excellent students from scholls at various levels such as province, prefecture, county and department in Jiangxi.

In the 56th year (1717), the official reconstruction was carried out again, and the layout was different. On the right was the lecture hall, and on the left was the ancestral hall. Hundreds of students (also called scholars) were selected throughout the province to study here. The next year (1718), Emperor Kangxi bestowed a plaque with his handwriting "Zhang Shui Wen Yuan" (a place for cultivating and gathering learned talents in Yuzhang) upon the academy, which marked the beginning of its prosperity in history. Emperor Qianlong also attached great importance to the academy and made strict regulations on teachers and students, emphasizing the principle of moral quality as the top priority: "All teachers of the academy must be selected from those who were preeminent in scholarship and moral character enough to become good examples for the students. They should be invited with courtesy and formalities.

The students to be admitted must be selected from those who are outstanding and knowledgeable in their hometown. Those who are talented but unrestrained in speech and behavior are not be allowed to be admitted into the academy." During Daoguang's reign (1821-1850) and Tongzhi's (1862-1874) reign, Yuzhang Academy continued to expand in terms of scale and collection of books; Emperor Guangxu (1875-1908) issued an order that the academy should imitate White Deer Cave Academy (Bailu Dong Shuyuan) to "formulate rules and regulations to restrain the teachers and students' minds and behaviors".

Due to much attention paid by emperors such as Kangxi, Yongzheng and Qianlong of the Qing Dynasty, Yuzhang Academy became one of the most famous academies of classical learning throughout the country.

In the late Qing Dynasty, with the abolition of the imperial examination, the once glorious Yuzhang Academy also stepped down from the stage of history. In the 28th year of Guangxu's reign of the Qing Dynasty (1902), Li Xingrui, Imperial Inspector of Jiangxi rebuilt the original site of the academy into the "Jiangxi Provincial Grand School" where the students were recommended by various prefectures and counties within the province. Two years later (1904), it was renamed as the "Jiangxi Provincial Higher School". In the first year of emperor Xuantong's reign of the same dynasty (1909), it was renamed as the "Jiangxi Industrial School".

During the Republic of China period, "Jiangxi Industrial School" was sequently renamed as Jiangxi Secondary Industrial School, Jiangxi Provincial Industrial Specialized School, Jiangxi Provincial Class A Industrial School, The First Class A Industrial School of Jiangxi Provincial and Jiangxi Provincial Industrial Vocational School.

After 1949, the original site of Yuzhang Academy has successively become College of Technology under Nanchang University, Jiangxi Secondary Industrial School and Jiangxi Nanchang Hongdu University.

Since August 1963, the orginal site of Yuzhang Academy became Nanchang No. 18 Middle School (Nanchang Packaging Vocational Middle

School, Nanchang Art Vocational School). In commemoration of the "Yuzhang Academy", there is a blue stone plaque at the entrance of the school, engraved with several large characters "the Ruins of Yuzhang Academy".

一、内容提要

书院街，得名于“豫章书院”。书院创建于南宋，为当时理学家们传播朱程之学的基地。康熙年间多次重建，康熙皇帝还御书“章水文渊”四字门额赐予书院，使书院进入历史上最好的发展时期。乾隆皇帝对书院亦较为重视，对师长、士子两方面作了严格的规定，强调人品为上的原则。道光及同治时期，豫章书院在规模与藏书量方面得到持续扩大和增加。由于受清朝历代皇帝的重视，豫章书院享誉九州，闻名四海，成为全国最著名的书院之一。

二、翻译解析

（一）豫章书院

豫章为南昌城旧称。汉朝在江西设郡，郡治所在南昌城在大将罗珠的手中兴建完成，竣工之日，罗珠在城内亲植豫树、章树。为纪念罗珠筑城之功，汉惠帝将此郡取名“豫章郡”。书院是旧时地方上设立的供人读书或讲学的处所，译为“academy of classical learning”，也可用“academy”大致表达其含义。豫章书院创建于南宋时期，相传为豫章罗氏后人，为纪念罗氏理学家罗从彦，弘扬儒道而建，与庐山白鹿洞书院、吉安白鹭洲书院、铅山鹅湖书院齐名，并称为“江西四大书院”。豫章书院可译为“Yuzhang Academy”。因豫章书院而得名的书院街可译为“Academy Street”。

（二）书院创建于南宋，为当时理学家们传播朱程之学的基地

原句中“朱程之学”指“程朱理学”，是宋明理学的主要派别之一，也是理学各派中对后世影响最大的学派之一。由北宋二程（程颢、程颐）兄弟创立，到南宋朱熹集为大成。理学也称新儒学，因此，“程朱理学”译为“Cheng-Zhu Neo-Confucianism”。整句可译为“The academy was founded in the Southern Song Dynasty, serving as a base for scholars to spread Cheng-Zhu

Neo-Confucianism"。

（三）康熙三十一年（1692），巡抚马如龙重建，聘南昌进士熊飞渭为山长

"进士"指明清时考取殿试的人。隋唐科举考试设进士科，录取后为进士。进士为古代科举考试的最高功名。该词为文化空缺词，可先音译，再括号加注，即"Jinshi (a successful candidate in the highest imperial examinations)"。"山长"为古代书院对校长的称呼，可译为"principal"，整句话可译为"In the 31st year of Emperor Kangxi's reign (1692) in the Qing Dynasty, Ma Rulong, the Imperial Inspector, rebuilt Yuzhang Academy, and appointed Xiong Feiwei, a Jinshi (a successful candidate in the highest imperial examinations) from Nanchang, as the principal of Yuzhang Academy"。

（四）1718年，康熙皇帝御书"章水文渊"四字门额赐予书院

"章水文渊"是康熙皇帝赐予江西豫章罗氏的门额，表彰豫章书院为国家培养人才所做的贡献。"章水"又名章江、赣水，为赣江的源头之一，也为赣江的古称。此处代指豫章，即南昌。"渊"指深水，"文渊"有学识渊博、文化底蕴深厚之义，代表文化汇聚之地，也可代表文化名人、学术界精英等。"章水文渊"可理解为"豫章书院是豫章城里学识渊博的人才汇聚之地"。此处"章水文渊"为四字匾额，匾额书写特点是言简意赅，高度概括，因此，译文采用"汉语拼音"，做到与原文同步，再使用括号加注，便于读者理解，整句可译为"The next year (1718), Emperor Kangxi bestowed a plaque with his handwriting "Zhang Shui Wen Yuan" (a place for cultivating and gathering learned talents in Yuzhang) upon the academy, which marked the beginning of its prosperity in history"。

（五）凡书院之师长，必选经明行修，足为多士模范者，以礼聘请。负笈生徒，必择乡里秀异、沉潜学问者，肄业其中

以上为乾隆皇帝对豫章书院的师长、士子的选拔做出的严格规定，强调人品为上原则。在对师长的规定中，"经明行修"指通晓经学，品行端正，可译为"be preeminent in scholarship and moral character"或"have rich knowledge and good conduct"。第一句可译为"All teachers of the academy must be selected from those who were preeminent in scholarship and moral character enough to become good examples for the students. They should be invited with courtesy and formalities"。

在对士子（学生）的规定中，“负笈”意为背着书箱，喻指出外求学，故“负笈生徒”指出外求学的学子。“肄业”古时指修习课业。古人书写所学之文字谓之业，师授生曰授业，生受之于师曰受业，习之曰肄业。《陈书·吴兴王胤传》记载“胤性聪敏，好学，执经肄业，终日不倦，博通大义，兼善属文”。《儒林外史》第十九回记载“考过，宗师着实称赞，取在一等第一；又把他题了优行，贡入太学肄业”。可见，古时“肄业”与现代含义有所不同，现代的“肄业”虽也有在校学习之义，但特指在校学习而未达到规定的学习要求而中途离校。综上，第二句可译为“The students to be admitted must be selected from those who are outstanding and knowledgeable in their hometown”。

8.2 解说“老贡院”
Old Examination Hall

“Old Examination Hall” (Lao Gongyuan) is a name for a street or alley, also a symbol of the historical and cultural ancient city of Nanchang. Examination Hall was originally a place for the imperial examination in ancient society. Since there was “Old Examination Hall”, there must be “New Examination Hall”. There were two examination halls in Nanchang City (an old hall and a new hall), during the period from the establishment of the Southern Song Dynasty to the abolition of the imperial examination in the late Qing Dynasty.

According to *The Annals of Nanchang Place Names* (1992 edition), Lane of Old Examination Hall started from Nanchang Blind Children School in the east, ended at Hitching Post Road (Ji Ma Zhuang Lu) in the west, and connected with Lane of Pine and Cypress (Songbai Xiang) in the south and Lianrang Lane (Lianrang Li) in the north, which constituted a cross in a whole.

Nanchang Examination Hall, established during the Southern Song Dynasty, was propably located in a large area between today's Lane of Pine and Cypress and Lianrang Lane.

During the long period of ancient imperial examinations, Nanchang Examination Hall was the only examination venue in Jiangxi to hold Township Examination (known as Provincial Examination). The provincial examination was held every three years. The scholars from all over Jiangxi Province had to rush to Nanchang, the provincial capital, to participate in the provincial examination. Next to Old Examination Hall, there was a place called "Hitching Post" where the candidates from other places tied their horses. To the north of Old Examination Hall was a large peach forest where the scholars paid a casual visit. Now, peach trees have disappeared while the place names "Big Peach Blossom Lane" (Da Taohua Xiang) and "Small Peach Blossom Lane" (Xiao Taohua Xiang) have left as a historical memory.

At the beginning of the exam, the candidates carried their test baskets into the Examination Hall to participate in the exam, and the baskets were filled with necessary items related to the exam and other related items. After strict inspection, they took their seats according to their numbers. During the exam, the gate of the Examination Hall would be closed and locked. Each candidate had a very small exam dormitory. According to national regulations, the dormitory must comply with the specification of 2-meter height, 1-meter width and about 1.3-meter length. Before the end of the three-day exam period, all candidates were not allowed to leave, and they must eat, drink, and sleep in the dormitory. During the day, candidates answered papers on the exame table and slept on it at night. In terms of food, candidates cooked with their own small cooking utensils, and there were also some wells, water tanks, and toilets set up in the Examination Hall.

Jiang Shiquan was one of the most famous literati in Jiangxi during the Qing Dynasty. He was a Jinshi in the 22nd year of Qianlong's reign (1757) and took the editing office of Imperial Academy (Hanlin Yuan). Undoubtedly, he must have taken the provincial examination at Nanchang Examination Hall. He once wrote a poem titled "A Poem on the Wall of the Exam Dormitory on the Night of August 15th" on the wall of the dormitory of the Examination Hall, which saying, "The cold leftover is hard to swallow. The blue moss on the walls adds feeling of chill". The poem expressed the sadness and complaint of numerous students who persevered in their study in spite of hardships.

The successful candidates in the imperial examination at provincial level were referred to as "Juren", while those who ranked first in this examination was called "Jieyuan".

Since ancient times, study kept prevalent in Jiangxi. People belived that everything was inferior to study. Therefore, Jiangxi had always ranked top all over the country in the imperial examination for over a thousand years. There was a saying that many members of the Imperial Academy came from Jishui County, Jiangxi Province, while nearly half of officials in the court came from Jiangxi Province. In the second year of Yongle's reign of the Ming Dynasty (1404), Jiangxi scholars even ranked all of top seven of the imperial examination. Number One Scholar was Zeng Xuan, Number Two Zhou Shu, Number Three Zhou Mengjian, Number Four Yang Xiang, Number Five Wang Huan, Number Six Wang Xun, and Number Seven Wang Zhi. This created a mythical record in the millennium history of imperial examination.

Due to the developed culture of farming and study in Jiangxi, there was a prevalent folk custom of passing the imperial examination to honor ancestors here. As a result, Old Examination Hall could not meet the needs of increasing candidates. In the 20th year of Kangxi's reign of the Qing Dynasty (1681), An Shiding, the Imperial Inspector of Jiangxi, relocated Old Examination Hall to the northeast of East Lake. The New Examination Hall ran along Bayi Avenue (Bayi Dadao, formerly the city wall) to the east, adjacent to Shangying Alley (Shangying Fang) to the south, bordering Road of Hundred Flowers Islet (Baihua Zhou Lu) to the west, and connecting with Minde Road (Minde Lu) to the north. The new building was much larger than the old one in dimension and covering area. According to relevant materials, New Examination Hall could accommodate over 10, 000 candidates.

In 1905, the imperial examination system came to an end and new learning emerged. After the establishment of the Republic of China, the site of Examination Hall in Nanchang was transformed into a provincial sports stadium and a lakeside park (namely, Bayi Park or Bayi Gongyuan).

Now, the imperial examinations have long vanished in history, leaving only one place name "Old Examination Hall" and a well in the Bayi Park (Bayi Gongyuan).

一、内容提要

贡院是古代社会科举考试的考场。南昌城里先后有过一老一新两个贡院。南昌贡院是江西举行全省"乡试"的唯一考场。开考时，考生们提着考篮进入贡院参加考试，篮内放置与考试相关用品。经过严格检查后对号入座。每位考生一个号舍，在三天考期完结前不得离开。在一千多年的科举考试中，江西考生一直在全国名列前茅。由于江西耕读文化发达，通过科举考试光宗耀祖的民风极盛，老贡院不能满足考生的需求。康熙二十年（1681 年），江西巡抚安世鼎将贡院迁至东湖之东北一带，新贡院建筑体积和占地面积都比老贡院大很多，可容纳考生一万多名。

二、翻译解析

（一）南昌贡院是江西举行全省"乡试"的唯一考场

明清时期科举考试一般分乡试、会试、殿试。乡试在省城举行，译为"Provincial Examination"，会试在京城举行，译为"Metropolitan Examination"，殿试为科举制度中最高一级的考试，在皇宫大殿上举行，由皇帝亲自主持，可译为"the Final Imperial Examination"或"Palace Examination"，整句话译为"Nanchang Examination Hall was the only examination venue in Jiangxi to hold Township Examination (known as Provincial Examination) "。

（二）残杯冷炙不能餐，四壁苍苔拥暮寒

出自清代戏曲家、文学家蒋士铨（江西铅山人）的《八月十五夜题号舍壁诗》。诗作于乾隆十二年（1747），诗人时年二十三岁。这年中秋夜，诗人在南昌参加乡试，考完最后一场，意犹未尽，便在考场墙壁上一口气题写了四首诗，"残杯冷炙不能餐，四壁苍苔拥暮寒。合到琼楼高处去，此中秋月让人看"为第一首。

"残杯冷炙"指别人吃剩的酒食。"残杯冷炙不能餐"意为"去攀附权贵，求点残杯冷炙，这样的东西难以下咽”。“苍苔”指青色的苔藓。“四壁苍苔拥暮寒”意为“我家四壁空空，只有青色的苔藓，环拥着薄暮的轻寒”。这两句道出了寒窗苦读、求取功名的学子无尽的心酸。

根据诗句的含义、意境，可译为“The cold leftover is hard to swallow. The blue moss on the walls adds feeling of chill”。

（三）翰林多吉水，朝士半江西

这句话是明朝时期江西文脉昌盛的真实写照。翰林为中国古代官名。翰林院属官，如侍读学士、侍讲学士、侍读、侍讲、修撰、编修、检讨和庶吉士等，统称为翰林。“朝士”指朝廷之士，泛称中央官员。整句话意为“江西人才出众，朝中翰林很多来自江西吉水县，几乎半个朝堂的官员都出自江西”，因此可译为“Many members of the Imperial Academy came from Jishui County，Jiangxi Province，while nearly half of officials in the court came from Jiangxi Province”。

8.3 解说“状元桥”
Number One Scholar Bridge

Before the Republic of China，the four lakes in the south，east，north and west of Nanchang City were interconnected. Even the water of Fuhe River could flow into the West Lake through Shuiguan Bridge（Shuiguan Qiao），Chen Family Bridge（Chenjia Qiao）and Leaping Dragon Bridge（Yuelong Qiao），so the lake water was clear and rippling，and cruise ships could drift about in the four lakes.

There was a bridge called Number One Scholar Bridge（Zhuangyuan Qiao）on the water surface connecting East Lake and South Lake. The bridge was very short，not exceeding 20 meters. Because the bridge deck was a section of Minde Road，many people passed by here by car without feeling the existence of the small bridge.

Number One Scholar Bridge was so simple and plain that it could not impress the people deeply. Although the bridge was not eye-catching，it enjoyed a prominent reputation and brought a great honor to Nanchang. Nanchang is a city with a profound cultural heritage. The old place names "Academy Street", "Front of Prefectural School" (Fuxue Qian), "Old Examination Hall", and even "Number One Scholar Bridge" all proved the brilliance of the city's history.

Number One Scholar Bridge was not originally so called. According to the maps before Qianlong's reign of the Qing Dynasty, it was originally called Guangji Bridge (Guangji Qiao). It was a stone arch bridge with a brick and stone structure. It obtained the name "Number One Scholar Bridge" because of Dai Quheng who won the first place (Number One Scholar) in the Palace Examination in the 43rd year of Qianlong's reign (1778) of the Qing Dynasty.

Dai Quheng (1755-1811), also known as Hezhi and Lianshi, came from Dayu Country in Jiangxi Province. His father Dai Diyuan, his uncle Dai Junyuan and his elder brother Dai Xinheng were all Jinshi. Renowned throughout the country, the four men from Dai Family were praised as "Four-Dai of the West River" at that time.

Dai Quheng was a legendary figure in the ancient imperial examination, leaving behind a legendary story. He was born in the 18th year of Qianlong's reign of the Qing Dynasty (1755). He was exceptionally intelligent since childhood. At the age of seven, he was able to write poetry and prose, which shocked the village. However, due to Dai Quheng's extraordinary talent in writing and the mediocrity of the examiners, the examiners could not understand Dai Quheng's articles at all. As a result, Dai Quheng took the exam for consecutive thirty years but unexceptionally failed in every examination so that he even did not obtain the most basic title of scholar.

Dai Quheng was arrogant because of his talent. In the face of such a result, he had no choice but to mourn the examiner's lack of insight. Some of the rich gentry in his hometown were unwilling to accept this result, so they donated money to the local department to obtain a title of scholar for Dai Quheng. In this way, Dai Quheng obtained the qualification to participate in the provincial examination. From then on, Dai Quheng won the first place consecutively in three imperial examinations at levels of province, capital and palace (this condition was known as "Lian Zhong San Yuan", the first place in provincial examination was called "Jieyuan"; the first place in the metropolitan examination was called "Huiyuan"; the first place in the palace examination was called "Zhuangyuan").

In a total of 80 days, Dai Quheng experienced thorough changes and created a legend in the society. Subsequently, he returned to his hometown with honor. When he passed by Nanchang, he roamed the Hundred Flowers Islet (Baihua Zhou) and boated on the four lakes. When Dai Quheng visited the Examination Hall where he participated in the provincial examination, he was filled with sadness and regrets. Then he wrote a couplet to express his grievance for repeated failures in county examination and prefecture examination thirty years ago and his relief for consecutive successes in imperial examinations at different levels in eighty days.

Shortly after, Guangji Bridge was rebuilt. The local authorities renamed it as the "Number One Scholar Bridge" to commemorate Dai Quheng's legendary experiences.

一、内容提要

状元桥原本叫广济桥，因为“西江四戴”之一的戴衢亨而得名状元桥。戴衢亨是古代科举考试中传奇人物，从小聪颖过人，七岁即能诗文，震惊乡里。但是，因其才华太高，妙笔生花，而考官又太昏庸，对戴衢亨的文章根本看不懂。所以戴衢亨成年后每次考试都名落孙山。连续考了三十年，屡考屡败，连个最起码的秀才也没有考上。乡里的一些豪绅不服气，偷偷为戴衢亨向当地部门捐钱，使他取得参加乡试的资格。这一下，戴衢亨连中三元。南昌的官府为了纪念戴衢亨这一段传奇经历，把“广济桥”改名为“状元桥”。

二、翻译解析

（一）状元桥

状元为殿试取得第一名的考生，可译为“Number One Scholar”。

（二）其父戴第元以及叔叔、兄长都是进士。名震遐迩，时称“西江四戴”

“西江四戴”是指清朝乾隆年间江西大余人戴衢亨及父戴第元、叔戴均元、兄戴心亨四人。四人均高才博学，因“一门四进士，叔侄两宰相”而被世人所称道。翻译该句时，可将戴衢亨的叔叔和兄长的名字补充译出，方便后面并称为“Four-Dai”，整句话可译为“Dai Quheng, his father Dai Diyuan, his uncle Dai Junyuan and his elder brother Dai Xinheng were all Jinshi. Renowned throughout the country, the four men from the Dai Family were praised as “Four-Dai of the West River” at that time”。

（三）连中三元

科举制度分别称乡试、会试、殿试的第一名为解元、会元、状元，合称“三元”。“连中三元”指连续在乡试、会试、殿试中考中第一名。因此，该动词短语可译为“to win the first place consecutively in three imperial examinations at levels of province, capital and palace”。为加深读者对中国科举制度的了解，可在译文后面用括号加注：“this condition was known as “Lian Zhong San Yuan”. The first place in provincial examination was called “Jieyuan”; the first place in the metropolitan examination was called “Huiyuan”; the first place in the palace examination was called “Zhuangyuan”。

8.4　解说“友竹花园”
Friend-bamboo Garden

Before founding of the Republic of China, there were only about 100,000 residents in Nanchang City, but many of them were high-ranking officials or wealthy merchants. Therefore, besides those luxurious mansions, there were also many residential houses with private gardens, which can be proved by the existing place names: Ma Family Garden (Majia Yuan), Mao Family Garden (Maojia Yuan), Tang Family Garden (Tangjia Yuan), Garden Corner (Huayuan Jiao), Bao Family Garden (Baojia Huayuan), Friend-bamboo Garden (Youzhu Huayuan), etc.

As the backyard of Yan Song's mansion, Friend-bamboo Garden is the most celebrated among all gardens.

Yan Song was the most famous powerful official in China's history. He outmatched the emperor in controlling the court. In *The History of the Ming Dynasty* he was described as usurping power and pursuing profit by flattering the emperor. Besides, there were many plays and novels about his notorious conduct in ancient times, so that he became a typical representative of treacherous court official. Several years ago, someone pointed out some historical errors by writing papers in attempt to reverse people's impression on Yan Song. However, Yan Song's bad image was too deeply rooted in people's mind to be changed.

Yan Song (1480-1567), or Yan Weizhong, who styled himself as Mian'an, Jiexi or Fenyi, came from Fenyi County, Xinyu City, Jiangxi Province. He succeeded in the highest imperial examinations in the 18th year of Emperor Hongzhi's reign in the Ming Dynasty (1505). Later, he took the offices of Minister of Ministry of Personnel, Grand Secretary of Jinshen Palace, Junior Mentor of the Prince, Grand Secretary of Huagai Palace, etc. When he was 63 years old, he became Prime Minister and a member of the cabinet. Trusted and relied on by Emperor JiaJing, Yan Song seized unparallel power and thus controlled the state affairs for 20 years. According to *The History of The Ming Dynasty*, "Yan Song was denounced generally as a treacherous court official because he stole power of the court for 20 years, spoiled and trusted his vicious son and exerted a pernicious influence on the whole country".

Yan Song and his son plundered tremendous belongings even including the famous painting *Along the River during the Qingming Festival*. After his family property was confiscated, it took years to work out a property list in which the recording words alone exceeded 60, 000.

Although Yan Song lived in Beijing, he built a luxurious incomparably mansion in Nanchang. The famous scholar Su Dongpo once said, "One would rather eat no meat than live in a house without bamboo. One who eats no meat may get thin, while one who lives in a house without bamboo may become vulgar" (bamboo is a cultural image representing elegant and modest gentlemen, so it was popular with Chinese scholars). As a scholar, Yan Song necessarily had an elegant taste that a scholar possessed. Like Su Dongpo, he was also particularly fond of bamboo, so he built a large garden in which he planted all kinds of bamboos for enjoyment, and called it "Friend-bamboo Garden".

"You Zhu" (Friend-bamboo) in the place name "You Zhu Huayuan" (Friend-bamboo Garden) is a special usage in ancient Chinese language. "You" (Friend) was originally a noun, but here it was used as a verb, meaning "taking bamboo as a friend". However, because of ignorance about ancient Chinese language, some modern people misunderstand it as "bamboo presented by friends" which is far from the original meaning. (seen in *Annals of West Lake District*)

The Complete Map of Nanchang City in 1926 clearly marked the place name of "Friend-bamboo Garden". It was "Jiangxi Province Industry School" (today's the 18th Middle School of Nanchang) to the east of "Friend-bamboo Garden", East Academy Street to the south, Promotion Lane (today's Friend-bamboo Lane) to the west and Shan-Shaan (Shanxi Province and Shaanxi Province) GuildHall (today's Nanchang Education Examinations Authority) to the north. The elderly in Nanchang still call this place "Friend-bamboo Garden" by now.

一、内容提要

友竹花园是奸臣严嵩府邸的后花园。虽然严嵩远在北京当官，但在南昌的住宅也建得豪华无比。苏东坡先生有名言："宁可食无肉，不可居无竹。无肉令人瘦，无竹令人俗。"严嵩是文人，自然有文人的雅趣，也特别喜欢竹子。因此，他在自家的庭院里建造了颇具规模的花园，遍栽各种竹子以作观赏。严嵩为此园命名"友竹花园"。"友竹花园"之"友竹"，是古代汉语中的特殊现象，叫作"名词的意动用法"，意为"把竹子当朋友"，而非"友人赠送的竹子"。

二、翻译解析

（一）《明史》称："嵩窃政二十年，溺信恶子，流毒天下，人咸指目为奸臣。"

该句意为"严嵩窃政二十年，宠溺、信任其恶毒的儿子严世蕃，祸害天下，人们都认为他是奸臣"。因此，可译为"According to *The History of The Ming Dynasty*，"Yan Song was denounced generally as a treacherous court official because he stole power of the court for 20 years，spoiled and trusted his vicious son and exerted a pernicious influence on the whole country"。

（二）《清明上河图》

中国十大传世名画之一。为北宋画家张择端仅见的存世精品，属国宝级文物，现藏于北京故宫博物院，英文译名为"*Along the River during the Qingming Festival*"。

（三）宁可食无肉，不可居无竹。无肉令人瘦，无竹令人俗

出自苏轼《于潜僧绿筠轩》。诗句语言直白，通俗易懂，可直译为"The famous scholar Su Dongpo once said，'One would rather eat no meat than live in a house without bamboo. One who eats no meat may get thin，while one who lives in a house without bamboo may become vulgar.'"，但需注意的是，竹子在中华文化中，不同于一般植物，而被赋予了一定的文化内涵，我们称之为文化意象。在各个民族漫长的历史岁月中，慢慢形成一种文化符号，它们可能是植物、动物、数字、颜色等，往往具有相对固定、独特的文化含义，有的还带有丰富的联想意义。文化意象具有深刻的民族烙印，仅为本民族所熟悉和领会，因此，直译无法完整、准确传达原文信息。

众所周知，在中华文化中，梅兰竹菊被称为"四君子"，这四种植物被注入了一种人格力量、道德情操、价值观念等。竹子在古人看来，具有坚韧不拔的气节、清雅淡泊的处世态度，象征谦谦君子。居而有竹，则清气满室，使人清新雅正，超凡脱俗。然而，在英语读者看来，竹子仅为普通植物，并无特殊的文化内涵、心理映射或者联想意义，因此，需要采用增译法，在诗句的译文后面对竹子作简要介绍："bamboo is a cultural image representing elegant and modest gentlemen，so it was popular with Chinese scholars"。

8.5 解说“高升巷”
Promotion Lane

Corrupt officials have never been extinct throughout the history of China. They always hurt the interests of the country and people without restraint, provoking tremendous resentment nationwide. Living in different times, they adopt very similar means to plunder money. Among them the most common one is selling official positions.

It was thought in ancient China that one could make a fortune once he was promoted and that the higher the official position was, the greater wealth it brought. As a result, it was always prevalent or even rampant to buy and sell official positions at a negotiable or expressly marked price. The old place name "Promotion Lane" (Gaosheng Xiang) which emerged over 500 years ago recorded a historical fact of Yan Song's selling official positions.

During the reign of Emperor Jiajing in the Ming Dynasty, Yan Song from Fenyi County in Jiangxi Province controlled the imperial court for 20 years, having unlimited power in his firm grip. He was crazy about plundering money from the ordinary people, without feeling content, so he was called "moneygrubber" by the ordinary people. *The History of the Ming Dynasty* (*Ming Shi*) described that Yan Song handled political affairs or appointed official positions usually depending on the degree of offering bribe. For instance, the position of a magistrate assistant of the 7th grade was sold at 300 taels of silver; a local magistrate of the 6th grade 500 taels; military officer conductor 700 taels; local commander-in-chief 2200 taels. In charge of the Ministry of Official Personnel Affairs, Yan Song determined promotion and relegation of all officials according to how much property offered by the officials. As a result, those who wanted to get promotion swarmed to bribe him with a variety of treasures, such as gold, antiques, scripts and paintings, etc. They carried the valuables by horses and queued in front of Yan Song's mansion, waiting for acception and counting by Yan Song's domestic servants. As recorded in *The History of The Ming Dynasty*, Xiang Zhiyuan was promoted to the post of director in the Ministry of Official Personnel Affairs by bribing Yan Song with 56,000 taels of gold, over 20 cases of antiques, jadeware, scripts and paintings. Pan Hongye, who passed imperial examination at provincial level but did not attend the palace examination, was arranged to take the office of Magistrate of Linqing, Shandong Province, by offering Yan Song 42,000 taels of gold, 2 cases of antiques, and 5 cases of silks and satins. Qiu Luan, former commander-in-chief of Gansu Province, who was thrown into prison because of embezzling military expenditures and taking bribes, sent Yan Song 5,000 taels of gold and acknowledged Yan Song as his adoptive father by formal ritual. In this way, he was acquitted of a charge and transferred to the post of commander-in-chief of Yifu (today's Yihua district of Zhangjiakou City), Hebei Province. Zhao Wenhua, the Chief of Ministry of Works, was expelled out of the capital city, because of corrupting through misuse of law, bullying and exploiting ordinary people, abducting civilian women by force and seizing civilian farmland by force. He was promoted to an important position 3 grades higher, in charge of supervising the military situation of the coastal regions south of the Yangtze River, after offering Yan Song a bribe of 8,000 taels of gold. The examples of this kind were too numerous to mention one by one. Yan Shifan, Yan Song's son, even said cockily that the imperial court was not as wealthy as his family and the emperor was not as happy as he was.

In Nanchang City, Yan Song also had a mansion house adjacent to the 18th Middle School of Nanchang in the east, East Academy Street in the south, New Four Army Memorial in the west, and Three Holes Well in the north. The mansion house was very luxurious and heavily guarded, with a "Friend-bamboo Garden" in it.

At the west side of the backdoor of his abode, there was a narrow lane leading to Three Holes Well. Along this lane, the crowds of people then flooded to send Yan Song money for buying official positions, so this lane was called Promotion Lane (Chinese Pinyin: Gaosheng Xiang) which implied that one would definitely be promoted by carrying money to Yan Song's house via this lane.

"Sheng" in the Chinese name "Gaosheng Xiang" originally means "rising abruptly out of the ground" or "have a meteoric rise". This name was adopted till 1966. During the "Great Cultural Revolution", revolutionary masses changed the name into Dongsheng (rising from the east like the sun) Lane. An unexpected and unacceptable result was that Yan Song was compared to "the red sun". In 1973, Dongsheng Lane was changed back to "Friend-bamboo Garden" and now to Friend-bamboo Street (Youzhu Jie). In fact, its original name "Promotion Lane" is more significant historically, isn't it?

一、内容提要

买官卖官，古今有之，甚至泛滥成灾。南昌的老地名"高升巷"出现在五百多年以前，记载了严嵩卖官的史实。严嵩把持朝廷20年，一手遮天。搜刮财物，贪得无厌，《明史》说他"政以贿成，官以赂授"。严嵩府邸后门西侧有条窄窄的小巷连通三眼井。当年沿着这条小巷去给严嵩送钱买官的人，真是摩肩接踵、络绎不绝。因此，老百姓称之为"高升巷"，寓意要买官升官，由此到严家送钱送礼，一定高升。

二、翻译解析

（一）《明史》说他"政以贿成，官以赂授"

该句大意为"收取贿赂，才给办事或任命官职"，可译为"Yan Song handled political affairs or appointed official positions usually depending on the degree of offering bribe"。

（二）工部主事赵文华因贪赃枉法、鱼肉百姓、强霸民女、强夺民田，被逐出京城

"工部"为掌管营造工程事项的机关，可译为"the Ministry of Works"。"鱼肉百姓"这一成语使用了隐喻手法，比喻用暴力欺凌，任意残害无辜百姓，

“鱼肉”为动词，翻译时，不宜直译，应显化其比喻意义，可译为“bully and exploit ordinary people”。整句话可译为“Zhao Wenhua, the Chief of Ministry of Works, was expelled out of the capital city, because of corrupting through misuse of law, bullying and exploiting ordinary people, abducting civilian women by force, and seizing civilian farmland by force”。

8.6 解说“为国求贤街” Street of Selecting Talents for Country

"Selecting Talents for Country" sounds like a slogan rather than a place name, but in fact it is a place name. In the Qing Dynasty, there was a street in Nanchang called "Street of Selecting Talents for Country" (Wei Guo Qiu Xian Jie).

As marked in *The Complete Map of Nanchang City* in 1926, today's Minde Road originally ran in east-west direction from Bayi Avenue to Supu Road (Supu Lu), on which there were two streets—Examination Hall Backstreet (Gongyuan Bei) and Street of Selecting Talents for Country.

Examination Hall Backstreet was located at reverse side of the Examination Hall. Street of Selecting Talents for Country obtained the name due to Examination Hall where imperial examination was held for purpose of selecting worthy talents for the country. In short, he who exceed in learning could be an official. In the late Qing Dynasty, a large plaque was hung somewhere on this road, with several powerful characters written on it: "Selecting Talents for Country". As a result, the common people casually called this section of the road "Street of Selecting Talents for Country".

Provincial Examination was held in a county or prefecture in the Tang and Song dynasties, but it was held in provincial capital in the Ming and Qing dynasties. The Examination Hall of Nanchang was originally close to today's Lane of Pine and Cypress (Songbai Xiang) and Peach Blossom Lane (Taohua Xiang), but have disappeared, with only a place name of "Old Examination

Hall" (Lao Gongyuan) left by now. The place where officials and examinees tied their horses (similar to today's parking lot) left a place name of "Hitching Post" (Ji Ma Zhuang).

In the Ming and Qing dynasties, the provincial examination were held in the provincial capital (including the capital of country) once every three years. It seemed from prefecture examination in the Tang and Song dynasties. This examination was open to various kinds of students, studying in the Imperial College, recommended by local governments, admitted to the Imperial College in recognition of the distinguished services of their fathers / ancestors, or born from official families, and to those students who became qualified through passing necessary examinations. Held in August, the provincial examination was also called "August Examination". It was carried out under supervision by chief examiners assigned by the court. The test content was mainly limited to Four Books (namely, *the Great Learning*, *Doctrine of the Mean*, *Analects of Confucius*, and *Mencius*) and Five Classics (namely, *the Book of Songs*, *Book of History*, *Book of Changes*, *Book of Rites*, *Spring and Autumn Annals*), etc. All the candidates had to write a composition in a rigid form and structure, which was called Eight-part Essays. The candidates who succeeded in Provincial Examination were called Juren, eligible to attend the Metropolitan Examination held in the capital of country the following year. *The History of the Ming Dynasty • Election Annals* recorded that "every three years there is a great examination held in provincial capital, which is called provincial examination. The candidates who pass it are called Juren". Shang Yanliu said in his *Book of Imperial Examination of the Qing Dynasty*, the provincial examination was held in the Examination Hall of provincial capital. It was built at the southeast of the city, hung over the gate with a plaque inscribed with Chinese characters "Examination Hall".

With the abolition of the imperial examination system, "Examination Hall" has only become a historical term in Nanchang, and the place name "Street of Selecting Talents for Country" was only left in the memory of some old native people.

一、内容提要

为国求贤街因贡院而得名，因为朝廷开科取士，目的就是为国家选拔贤良人才。简而言之，学而优则仕。清朝末年，这条路上悬挂着一块硕大的匾额，匾额上书写着四个雄浑的大字“为国求贤”。老百姓也就随口把这一段路叫作“为国求贤街”。随着科举制度的废除，“贡院”成为一个历史名词，“为国求贤街”也只留在一些老人的记忆中。

二、翻译解析

（一）学而优则仕

出自《论语·子张》：“子夏曰：仕而优则学，学而优则仕。”优为“悠”的通假字，意为有余力、有闲暇。这句话是说，学习之余，如果还有余力或闲暇的话，就去做官（进一步推行仁义），可译为“A good scholar who studies with relative ease can become an official”。但后来，这句话的意思发生了一定的改变，指学习成绩优秀，就可以被提拔当官，译为“He who exceed in learning could be an official”。根据上下文，此处“学而优则仕”取后面这层意思。译文也相应为后者。

（二）凡本省生员与监生、贡生、荫生、官生，经科考、录科、录遗考试合格者，均可应考

监生，明清两代称在国子监读书或取得进国子监读书资格的人，译为“students of the Imperial College in the Ming and Qing dynasties”；

贡生，指明、清两朝由府、州、县学推荐到京师国子监学习的人，译为“scholars recommended by local governments”；

荫生，指封建时代由于上代有功勋被特许为具有任官资格的人，译为“students admitted to the Imperial College in recognition of the distinguished services of their fathers / ancestors”；

官生，明代高级官员所请荫之子称官生，清代科举制度，大臣子侄应乡试者为官生，译为“students from official families”。

综上，整句话可译为“This examination was open to various kinds of

students, studying in the Imperial College, recommended by local governments, admitted to the Imperial College in recognition of the distinguished services of their fathers / ancestors, or born from official families, and to those students who became qualified through passing necessary examinations"。

8.7 解说"惜字炉巷" Xizi Furnace Lane

Before 1949, there was a short and narrow lane named "Xizi Furnace Lane" (Xizi Lu Xiang, "xi" means cherishing and "zi" means Chinese characters) in Nanchang City, which extended from east to west. It was probably located inside today's No. 1 Middle School of Nanchang. According to *Vernacular Textbook of Jiangxi Provincial Capital Geography* (*Jiangxi Shengcheng Dili Baihua Jiaokeshu*), one could reach Xizi Furnace Lane, if he walked along Lane of Pine and Cypress (Songbai Xiang), going straight southwards from the corner of Liu Family Garden (Liujia Huayuan) and then turning westwards. If he continued to go southwards, he could reach Large House of Luo Family Dyke (Luojiatang Dachang). A cultural story about this lane was spread for there was a Xizi Furnace standing here.

The ancient people held an extreme reverence or even awe for knowledge and culture, thinking study as the loftiest cause in all professions. They honored Confucius as a saint and built temples to pay homage to him. They also regarded someone who passed the imperial examinations at the provincial level as "Wenquxing" (an immortal of wisdom, controlling luck in learning and examination in Chinese mythology) who descended to the earthly world. They even addressed respectfully as scholars those capable of reading some Chinese characters or pedantic terms.

The ancient people venerated knowledge and culture to an unimaginable degree. They often noted down how they cherished Chinese characters. At nightfall, some people always were seen walking in the streets and lanes, with tongs in their hands, and carrying wastepaper baskets written with several words of "esteeming and cherishing paper sheets with writing characters" on it. They carefully searched those wastepaper with written words scattered in the streets and collected them into their baskets. Then, they went to the Xizi Furnace like a pagoda, dumped wastepaper from baskets to the Xizi Furnace for burning and put the paper ash into their embroidered purses. Finally, they scattered it into a great river in an auspicious and serene day.

A story about cherishing paper sheets with written characters was told at the beginning of the first chapter of a collection of novels titled *Amazing Tales-Second Series* written by Ling Mengchu in the Ming Dynasty:

In the Song Dynasty, there was a man who cherished paper sheets bearing written words very much. Any time he found any wastepaper discarded on the ground, he always picked up and burned it. Even if he found a piece of paper with characters thrown in excrement, he also managed to pick up it, then cleaned it with water, dried and burned it to ash. Having insisted in doing so for many years, he cleaned out thousands of pieces of paper. One day, his pregnant wife was about to give birth. He suddenly dreamed of the saint Confucius who came to him and saying, "you've accumulated great merits by cherishing paper with written words, so I've reported to the Jade Emperor for sending my disciple Zeng Can to reincarnate in your family, helping your family prosper extroardinarily". When he woke up, his wife really gave birth to a baby boy. Thinking of the words heard in the dream, the man named his son Wang Zeng. After the boy grew up, he won the first place consecutively in the examinations at three levels (the examinations respectively held in provincial capital, in national capital and in the imperial palace) and since then embarked on official career. Later, he was appointed as the Prime Minister and conferred a title of nobility—Lord of Yi State.

From above, the ancient people esteemed and cherished paper with written characters mainly in order to bring their posterity a great fortune in the imperial examinations and official career.

The custom of esteeming and cherishing paper with written characters emerged in Song and Yuan dynasties and prevailed in Ming and Qing dynasties. There were Xizi Furnaces (also called Xizi Pavilion, Xizi Pagoda, Zizhi Pavilion, Shengji Pavilion, Jingsheng Pavilion, etc) built throughout all towns and cities at that time. A famous Buddhist nun named Chilian in the Ming Dynasty wrote in her *Book of self-knowledge* (*Zi Zhi Lu*), "it's a charity to pick up and burn the pieces of paper written with words and scattered at the roadside; it's a sin to discard those paper randomly".

According to *The Annals of Nanchang County*, beside Bell and Drum Tower also stood a Xizi Pagoda built in the 10th year of Xianfeng Emperor's reign of the Qing Dynasty (1860). In fact, there must be other furnaces of this kind in Nanchang City, which were not luxurous and spectacular enough to be listed in the annals.

一、内容提要

1949 年前，南昌城里有一条小巷叫“惜字炉巷”，因这里曾有一座惜字炉。古时常有身背贴有“敬惜字纸”的纸篓、手持火钳的人夜幕降临时出现在大街小巷，细心寻觅，将散落在街道上的字纸钳入纸篓，再将字纸倾入尖塔式的惜字炉中焚烧，将纸灰盛入锦囊，待到黄道吉日，风和日丽之时，把纸灰撒入大江大河。相传宋时，有个人因敬惜字纸，得孔圣人托梦，要遣弟子曾参降生其家，令家族富贵非常，后其妻生一子，其子连中三元，官封沂国公。由此看来，人们敬惜字纸的目的主要是造福子孙，以求科举功名，飞黄腾达。

二、翻译解析

（一）惜字炉

“惜字”意为“敬畏、爱惜写有字的纸张”。古人将丢弃在路上、写有汉字的纸张放入炉中焚烧，以表达对文化的敬畏之心，因此，惜字炉的内涵极为丰富，可用英文解释为“Furnace for burning paper written with Chinese characters out of reverence for knowledge”。然而，这样的译文虽然较为完整地解释了惜字炉的功能，但篇幅过长，给读者带来阅读负担，也不符合地名体例要求，因此，“惜字”采用音译处理，“惜字炉”译为“Xizi Furnace”，再在文中对该动宾结构进行解释。

（二）古人对于文化是绝对敬仰甚至敬畏的，万般皆下品，惟有读书高

该句提及的“文化”可理解为“知识与文化”，根据上下文，“敬惜字纸”的基础是写字、认字，学知识，继而敬畏知识，将知识内化于心，形成独有的情感、信念、价值观、意识形态、行为习惯等精神财富。我们说的读书人或文化人其实就是有知识、有文化的人。因此，此处“文化”可译为“knowledge and culture”，整句译为“The ancient people held an extreme reverence or even awe for knowledge and culture, thinking study as the loftiest cause in all professions”。

“万般皆下品，惟有读书高”出自宋代汪洙及其后人所撰诗集《神童诗》，意思是在各行各业中，只有读书是最高尚的，能让人出人头地。古人向来重视读书，常以这句话激励自己或他人勤勉治学，求取功名。根据诗句的含义，可将其译为“Study is the loftiest cause in all professions”。

（三）“文曲星”

文曲星是中国古代神话传说中主管文运的星宿。该词属于文化空缺词，在英文中找不到对应词，只能采取解释性翻译，处理为“an immortal of wisdom, controlling luck in learning and examination in Chinese mythology”。

（四）明清白话小说《二刻拍案惊奇》第一篇“进香客莽看金刚经，出狱僧巧完法会分”中开头就讲了一段爱惜字纸的故事

《二刻拍案惊奇》指明末凌濛初编著的拟话本小说集。该书于崇祯五年（1632年）成书刊行，与作者前著《初刻拍案惊奇》合称“二拍”。《初刻拍案惊奇》英译名为“Amazing Tales-First Series”；《二刻拍案惊奇》则为“Amazing Tales-Second Series”。

该句旨在引出《二刻拍案惊奇》第一篇中爱惜字纸的故事，至于第一篇的题目，在句中并不重要，省略不译几乎不影响作者要表达的意思，因此，可对该句进行有意识的省译，译为“A story about cherishing paper sheets with written characters was told at the beginning of the first chapter of a collection of novels titled *Amazing Tales-Second Series* written by Ling Mengchu in the Ming Dynasty”，这也可以说是译者在可接受的范围内实施的一种“创造性叛逆”。

9 老地名背后的历史名人故事

南昌素有“物华天宝，人杰地灵”之美誉，自古以来，名人辈出。因此，不乏与名人相关的街巷。这些街巷以名声在外的乡贤或者与南昌有某种渊源的历史人物的名、字、号、尊称等命名，表达人们对其敬仰与怀念之情，同时展现古城浓厚的人文气息，比如子固路、叠山路、天佑路、永叔路、阳明路、船山路、榕门路、象山路、澹台墓、徐孺子墓。此外，还有少数地方以历史人物的官衔、军衔，甚至道名、道号为专名，比如洗马池以晋朝卫玠的官职命名，青云谱中的“青云”为八大山人朱耷的道名，将军渡则以东晋平南将军温峤的军衔命名。

本篇主要翻译八个地名及其背后的故事，探讨相关领域或表述的文化内涵及其英译技巧与策略，尤其是阳明心学的相关表述与英译、“豫章十景”的英译以及“洗马”的内涵与英译。

9.1 解说“叠山路”
Dieshan Road

Dieshan Road (Dieshan Lu) was a road in the early 1930s, which was named after a local sage of Jiangxi. Previously this road consisted of eight sections which had their own road names. From east to west they were Yonghe Gate Street (Yonghe Men Jie), Mao Family Bridge (Maojia Qiao), Beiyingfang Street (Beiyingfang Jie), Chen Clan Ancestral Hall (Chenjia Ci), Heavenly Queen Palace (Tianhou Gong), Daoyin Front Street (Daoyin Qian Jie), Xinjian County Front Street (Xinjian Xian Qian Jie), and

Provincial Government Backwall (Shengshu Hou Qiang). These sections were collectively called "Dieshan Road" in *Detailed Map of Nanchang Roads and Streets* (1934 edition).

As recorded in *The Annals of Nanchang Place Names* (1992 edition), Dieshan Road was 2190 meters long and 22-32 meters wide, with asphalt concrete pavement.

Dieshan Road was named after Xie Fangde, a famous historical figure in Yiyang County, Jiangxi Province. Xie Fangde (1226-1289) with a courtesy name "Junzhi" and a literary name "Dieshan", was a patriotic poet of the Southern Song Dynasty. The name "Junzhi" was a reflection of his straightforward and loyal character. The name "Dieshan" was estimated to originate from the scenic spot of Guifeng in Yiyang, covering an area of 136 square kilometers. The mount Guifeng was surrounded by towering hills and grotesque peaks, with lush pines and bamboo trees, and a myriad of picturesque scenery. An ancient poet wrote a poem to praise that Guifeng on the river was a rare scenery in the world. Therefore, Xie Fangde might borrow Su Dongpo's poem sentence "Xi Shang Qingshan Sanbai Die" (Three hundred layers of green mountains on the river) to give himself a literay name "Dieshan" ("shan" means mountain; "Die" can be used to describe undulating mountains and peaks covered with lush forests).

Xie Fangde had been studying hard since childhood. It is said that he possessed fast reading capability and extraordinary retentive memory. When he was young, he was ambitious, vowing to do something for the country. In the fourth year of the Baoyou reign of the Southern Song Dynasty (1256), Xie Fangde obtained the title of Juren and thus became an a candidate for the imperial examination, and the following year, he passed the imperial examination, together with Wen Tianxiang.

In the late Southern Song Dynasty, Xie Fangde was appointed as the Criminal Prosecutor of Jiangdong, the special envoy of Jiangxi, and the Magistrate of Xinzhou (now Shangrao) prefecture. His old friend, Lv Shikui, who had already surrendered to the army of the Yuan Dynasty, led the Yuan army southward. Xie Fangde led his troops to resist and bravely counterattacked. After Xinzhou fell, he was exiled to Jianning, Fujian Province and made a living by divination and teaching. He changed his name and surname, wearing plain clothes to mourn the shame of his country.

In the 23rd year of Zhiyuan's reign in the Yuan Dynasty (1286), the Emperor Shizu called for talents from all over the country. Cheng Wenhai, a scholar in the Jixian Hall, recommended 22 adherents of the Song Dynasty, with Xie Fangde as the leader. However, Xie Fangde did not aspire to glory, wealth, and rank, and insisted on national integrity, firmly refusing. The following year, the Minister Liu Mengyan recommended him to become an official again. He replied in a letter, "I am over sixty years old now, and there is a step away from death!" He spoke out the words so resolutely that there was no room for negotiation. He wrote *An Essay to Reject Recommendation*: "Although death befalls all people, it may be either weighty than Mount Tai or lighter than a feather. If I am forced to surrender to the imperial court of Yuan, I will die generously and never lose my ambition. "

Wei Tianyou, an official councilor in Fujian Province, was eager to show his merits to the imperial court, so he forcibly escorted Xie Fangde to Dadu (today's Beijing). Before leaving, Xie Fangde wrote a poem to bid farewell to his wife and friends. In the preface it was said that there was a time for travel, and a day for death. The entire poem reads as follows: "Under the pressure of snow, the pine and cypress grow greener. Although I'm forced to go to the capital, this travel enables me to show my national integrity and loyalty. Gong Sheng and Bo Yi are the most virtuous and upright men in the world, setting a good example for me. When one is sufficiently righteous and loyal to his nation, he will not be afraid of death at all. The national hero Nan Ba would rather die than yield. I will imitate him. The supreme ruler of heaven will definitely have insight into my determination. "

Xie Fangde went on a hunger strike since he left Jiaxing and headed north, but he did not die yet after more than twenty days. Later on, he only ate a small amount of vegetables and fruits, hoping to meet the captured Empress

Dowager Xie and Emperor Gong of the Southern Song Dynasty once again at Dadu. But after arriving there，he was already too weak and on the verge of death. The minister Liu Mengyan had to arrange him in Mingzhong Temple for recuperation，and then forced him to become an official of the Yuan Dynasty after his physical recovery. There was a stone tablet standing between the walls of the Mingzhong Temple to commemorate Cao E，the filial daughter of the Eastern Han Dynasty. Xie Fangde was moved by the scene and cried，“a weak woman like Cao E can do this，how can I not be as good as her!” From then on，he went on a hunger strike again and threw off the medicine that the doctor gave him to drink. Five days later，he finally passed away at the age of sixty-four.

一、内容提要

叠山路得名于江西的历史名人谢枋得。南宋爱国诗人谢枋得，字君直、号叠山，弋阳人。字“君直”，正是其性格豪爽、忠义耿直的写照。号“叠山”，估计源于弋阳境内的风景胜地——圭峰，方圆 136 平方千米，岗峦林立、奇峰突兀，苍松翠竹、气象万千，因此借苏东坡诗“溪上青山三百叠”，所以号“叠山”。谢枋得拒绝在元朝为官，被押解到元大都后，为了民族大义，绝食而死。

二、翻译解析

（一）谢枋得自幼刻苦读书，据说能“观五行俱下，一览终身不忘”

“五行俱下”是一个成语，意思是五行文字一并看，形容读书速度快，出自晋·华峤《汉后书》。该成语可译为“possessed fast reading capablity”。“一览终身不忘”即成语“过目不忘”，看过就不会忘记，形容记忆力非常强。同样采用意译法，译为“gifted with an extraordinary retentive memory”。这两个词语放在该句中，可处理成两个名词短语，整句话可译为“Xie Fangde had been studying hard since childhood. It is said that he possessed fast reading capability and extraordinary retentive memory”。

（二）信州失守后他流亡到福建建宁，以卖卜教书为生

卖卜（bǔ）意为“以占卜谋生”，可译为“living by divination”。失守可用“fall”这个词来表达，“fall”有“to be defeated or captured”之意，即“沦陷、失守”。整句话可译为“After Xinzhou fell，he was exiled to Jianning，Fujian Province and made a living by divination and teaching”。

（三）写下了著名的《却聘书》：“人莫不有一死，或重于泰山，或轻于鸿毛，若逼我降元，我必慷慨赴死，决不失志”

《却聘书》中的“却”意为“拒绝接受”，“聘”表示“举荐，聘请”之意，因此《却聘书》可译为“An Essay to Reject Recommendation”。这句话关于死的论述出自汉代司马迁的《报任安书》：人固有一死，或重于泰山，或轻于鸿毛，用之所趋异也。可直译为“either weighty than Mount Tai or lighter than a feather”，也可意译为“either significant or worthless”。

（四）雪中松柏愈青青，扶直纲常在此行。天下岂无龚胜洁，人间不独伯夷清。义高便觉生堪舍，礼重方知死甚轻。南八男儿终不屈，皇天上帝眼分明

这是谢枋得被福建行省参政魏天佑强行押送进京，临行前写的绝命诗，以明心迹，向妻子朋友告别。

“雪中松柏愈青青，扶直纲常在此行”中的“纲常”本指三纲五常，此处指民族气节。整句意为“大雪压青松，而青松更为青翠。此次被逼进京正是展示民族气节的时机”。该句可译为“Under the pressure of snow，the pine and cypress grow greener. Although I'm forced to go to the capital，this travel enables me to show my national integrity and loyalty”。

“天下岂无龚胜洁，人间不独伯夷清”中的“龚胜”为西汉光禄大夫，王莽篡权，他辞官归隐。王莽称帝，征他为上卿，他绝食而死；“伯夷”为商朝孤竹君之子，周武王灭商，伯夷不食周粟，饿死于首阳山；整句话意指龚胜和伯夷都是世间难得的气高行洁之人，诗人将效法前贤，以死保节。该句可译为“Gong Sheng and Bo Yi are the most virtuous and upright men in the world，setting a good example for me”。

“义高便觉生堪舍，礼重方知死甚轻”大意是“只要胸怀民族大义、知礼守节，便可舍弃生命，死也就不算什么了”。该句可译为“When one is sufficiently righteous and loyal to his nation，he will not be afraid of death at all”。

“南八男儿终不屈，皇天上帝眼分明”中的“南八”指南霁云，安史叛军破城被俘，不降而被杀。整句话意思是“南八宁死不屈，我将跟他一样，苍天有眼，定会看出我的心意”。该句可译为“The national hero Nan Ba would rather die than yield. I will imitate him. The supreme ruler of heaven will definitely have insight into my determination”。

9.2 解说“阳明路”
Yangming Road

The city wall of Nanchang City was demolished in 1928, and the foundation of the wall was left behind and transformed into a wide road, collectively known as the “Ring Road”. In 1935, based on the principle of “naming a road after a local sage”, the section of the road in the north of the city was named “Yangming Road” (Yangming Lu). According to *The Annals of Nanchang Place Names* (1992 edition), it started from Bayi Avenue (Bayi Dadao) in the east and ended at North Yanjiang Road (Yanjiang Bei Lu) in the west, 900 meters long and 50 meters wide, with asphalt concrete pavement. In 1966, it was merged into Bayi Avenue, and in 1986, it was renamed Yangming Road and expanded to become the first closed road in Nanchang City.

Wang Shouren (1472-1529) had a style name “Bo’an” and a literary name “Yangming”, known as “Wang Yangming”. He was granted a title of Xinjian Lord and a posthumous title “Wencheng”. He was the most famous thinker, litterateur, philosopher and military strategist of the Ming Dynasty, and the master of the philosophy of the mind in the Song and Ming dynasties.

In fact, Wang Yangming was not from Jiangxi, so he was not the local sage. However, the people of Nanchang still named a main street after him, which indicated his important position in the history and culture of Nanchang.

There were two events occurring to Wang Yangming and closely related to

Nanchang. This first was about his wedding. At the age of 17, Wang Yangming went to Nanchang to marry a girl whose surname was Zhu, from an official family in Nanchang City. However, on the "wedding night", the groom unexpectedly disappeared. It turned out that Wang Yangming stayed up all night, talking with an old Taoist so that he forgot to return home. When he wandered around the Longevity Palace during the day, he met the Taoist sharing the same interests with him and then they discussed about learning to their heart's content. It was not until the next day that his father-in-law found him and asked him to go back. This became a topic of casual chat among the local people. In the 14th year of Zhengde's reign of the Ming Dynasty (1519), Zhu Chenhao, the Prince Ning in Nanchang, launched a rebellion. At that time, Wang Yangming took the offices of the Imperial Inspector of Jiangxi and the Supervisory Censor of the southern Jiangxi. He immediately gathered soldiers from various prefectures and counties in Yuanzhou (now Yichun, Jiangxi) and collected military rations, weapons and ships. He led the troop to quell the rebellion. Finally, they launched a decisive battle with Zhu Chenhao near Nanxin Town of Nanchang County and Qiaoshe Town of Xinjian County. After 43 days of rebellion, Zhu Chenhao was defeated and captured by Wang Yangming's troop and later killed by the imperial court.

Wang Yangming was born in a prominent family in Yuyao County, Zhejiang Province. His father, Wang Hua, was the No. 1 Scholar in the 17th year of Emperor Chenghua's reign (1481). At the age of 54, Wang Yangming resigned from his position and returned to his hometown to give lectures. He established academies in the areas around the counties of Shaoxing and Yuyao to preach "Wang's philosophy" and left four teachings at Tianquan Bridge: "There is originally no difference of kindness and evilness in a person's hearts. It is out of activities in his mind or intention that he does good or evil. He can distinguish kindness and evilness because of his conscience. He can do good and avoid vicious behavior because of understanding truth".

Wang Yangming's academic thoughts had an important and far-reaching impact in China, Japan, the Korean Peninsula, Southeast Asian countries and even the world. Therefore, Wang Yangming (the master of mind philosphy), Confucius (the founder of Confucianism), Mencius (the master of Confucianism), and Zhu Xi (the master of Neo-Confucianism) are collectively called "Confucius, Mencius, Zhu and Wang".

After China's reform and opening up, the urban construction of Nanchang has developed rapidly, and the city framework has also been expanded on a large scale. The "Nanchang High-tech Industrial Development Zone" in the eastern region of the city extends eastward to the east gate of Nanchang. It has jurisdiction over East Nanchang Town (Changdong Zhen), Maqiu Town (Maqiu Zhen), Aixi Lake Management Office (Aixi Hu Guanlichu), and Carp Islet Management Office (Liyu Zhou Guanlichu), covering an area of 286 square kilometers. In order to clear the east-west arteries of Nanchang, Yangming Road continues to extend eastward, connecting to North Hongdu Avenue (Hongdu Bei Dadao). This road was named "East Yangming Road" (Yangming Dong Lu).

The process of changing from "Yangming Road" to "East Yangming Road" shows the tremendous transformation in Nanchang from an ancient city to a modern metropolis.

一、内容提要

1928年，南昌城的城墙拆除，墙基改造成马路，统称为"环城路"。1935年，根据"以乡贤之名命名"的原则，城北这一段命名为"阳明路"。王阳明虽非江西人，不属于真正意义上的乡贤，但其夫人为南昌官宦人家之女，且王阳明本人曾任江西巡抚、南赣都御史，曾在此平定南昌宁王朱宸濠发动的叛乱。南昌人以其为主要街道命名，可见其在南昌的历史文化中的重要地位。王阳明作为心学集大成者，和孔子（儒学创始人）、孟子（儒学集大成者）、朱熹（理学集大成者）并称为孔、孟、朱、王。

二、翻译解析

无善无恶心之体，有善有恶意之动。知善知恶是良知，为善去恶是格物

这是著名的王阳明“四句教”。“体”意为“根本、本来”，“无善无恶心之体”意为“人心本来（如孩童般）并无善恶之分”；“意”指“内心的想法，意念”，“有善有恶意之动”意为“有善行或恶行是你的思想在活动了（有不同的意念、动机）”；“良知”就是“人的是非之心”，“知善知恶是良知”意为“知道善恶就是有是非之心”；“格物”意为“穷究事物的道理，纠正人的行为”，“为善去恶是格物”意为“做善事，去恶习，都是基于明白事物的道理”，根据以上理解，可大致译为“There is originally no difference of kindness and evilness in a person's hearts. It is out of activities in his mind or intention that he does good or evil. He can distinguish kindness and evilness because of his conscience. He can do good and avoid vicious behavior because of understanding truth”。

9.3 解说“徐孺子墓”
Xu Ruzi Tomb

There are two most famous celebrities in the history of Nanchang. One is Xu Xun, also known as Xu Zhenjun, who was regarded as the “Blessing Lord of Jiangxi” by people; The other is Xu Zhi, also known as Xu Ruzi, who was revered as the “Nanzhou Sage” (Nanzhou refers to Nanchang and the nearby area).

Xu Zhi (97-168 AD) was a native of Nanchang, Yuzhang (today's Beili Xu Village, High-tech Zone, Nanchang City). He was a famous scholar during the Eastern Han Dynasty in China, known as the “Nanzhou Sage” (Nanzhou refers to Nanchang City and its nearby region). He was highly praised by the people for his life philosophy of insisting on humility, frugality and righteousness and seeking lofty ideas instead of fame and wealth. He was also regarded as a representative of ancient hermits. It was because Xu Ruzi was born here that Wang Bo wrote Jiangxi as "a magical land to produce outstanding people" in his *Preface to Pavilion of Prince Teng*.

After Xu Ruzi's death, his tomb became the most famous historical and cultural site in Nanchang. For nearly two thousand years, any high-ranking officials, scholars, and literati who came to Nanchang would definitely pay respects to Xu Ruzi Tomb (Xu Ruzi Mu). They left countless articles and poems to express their admiration to Xu Ruzi.

Xu Ruzi Tomb represented a plain and elegant style. The tomb were all built with thick red stripe stones, resembling the pyramids of Egypt, but far from the grandeur of the pyramids. The whole tomb was in a shape of octagon, about 6 meters high. The tome foundation was 10 meters in diameter. There were more than ten levels of steps before the tomb. A large red stone column stood at the top of the tomb and two stone tablets stood behind it.

In 1957, Xu Ruzi Tomb was announced by the Jiangxi Provincial People's Committee as one of the first batch of cultural relics protection units in the province. However, "the Cultural Revolution" launched in 1966 razed Xu Ruzi Tomb to the ground, and since then, the tomb has gradually become unknown to people.

The original site of Xu Ruzi Tomb was between the 27th Middle School of Nanchang and Cross Street (Shizi Jie) in Nanchang nowadays. In ancient times, this area was called "Xu Ruzi Tomb". Last year, I went to the original site to investigate and found the descendants of the tomb guardians of Xu Ruzi before the liberation. Therefore, I organized the "Decrypting Nanchang" column group of Nanchang TV Station to shoot a special episode on "Searching for Xu Ruzi Tomb".

Fortunately, the tomb chambers of Xu Ruzi Tomb were not destroyed. The two tombstones were also well preserved. After Xu Ruzi Tomb was pulled down, the residents built dense residential buildings above the tomb chambers. Whether there were coffins and remains in the tomb remains an eternal mystery. Anyway, Xu Ruzi Tomb reflects people's authentic feelings towards Xu Zhi.

In 1996, the People's Government of West Lake District rebuilt Xu Ruzi Tomb in Ruzi Pavilion Park (Ruzi Ting Gongyuan). Two old tombstones were carried here and placed in front of the new tomb.

Xu Zhi is immortal, with a good reputation for centuries. Due to people's admiration to Xu Ruzi for two thousand years, some cultural buildings and place names to commemorate Xu Ruzi have be preserved in Nanchang.

Ruzi Pavilion is located on an islet in West Lake. It was built during the Southern Tang Dynasty. It is one of the "Ten Scenic Spots of Yuzhang" in ancient times, named "Xu Pavilion and Misty Willow". To the south of Ruzi Pavilion was a small road, starting from Yangzi Lane (Yangzi Xiang) in the east and ending at Yuanming Road (Yuanming Lu) in the west. It is 520 meters long and 2 meters wide. The road was originally named "Ruzi Pavilion", but now it has been renamed "Ruzi Pavilion Road".

Ruzi Road, built in 1954, is the collective name of five small roads respectively called Shuiguan Bridge (Shuiguan Qiao), Chen Family Bridge (Chenjia Qiao), Lion Mouth (Shizi Kou), Fengjing Mountain (Fengjing Shan), and Huatuo Temple (Huatuo Miao) after their disassembling, linking and expansion. It is an important road that runs through the old town of Nanchang from east to west, starting from Bayi Avenue in the east and connecting to Riverside Road (Yanjiang Road) in the west, with a total length of 1,786 meters and a width of 25 meters.

一、内容提要

徐稺，豫章南昌人，是我国东汉时期著名的高士贤人，经学家，世称“南州高士”。以“恭俭义让，淡泊明志”的处世哲学受到世人推崇，是古代隐士的代表。王勃在《滕王阁序》中写的“人杰地灵”，指的就是他。徐孺子逝世后，徐孺子墓就成了南昌最著名的历史文化遗址。近两千年来，凡是来到南昌的达官贵人、文士骚客，一定会到徐孺子墓拜谒，他们留下了不可数计的文章和诗词，以表达他们的景仰和敬佩。徐孺子墓在“文化大革命”中被夷为平地。

二、翻译解析

（一）另一位是被人们尊为“南州高士”的徐稺，又称为徐孺子

稺，读作“zhì”；“南州”指南昌和南昌县部分地区；“高士”意为志向高远、品德高尚的人，多指隐士，英语中找不到完全对应的词，可解释为“an ambitous and virtuous person”，但对于尊称而言，显得不够精练，英文单词“gentleman”或“sage”虽在意思上与“高士”存在些许差距，但形式上较为合适，可大致对应。因此，“南州高士”可译为“Nanzhou Sage”，后面可用括号加注“Nanzhou refers to Nanchang and the nearby area”。

（二）孺子亭位于西湖之中，南唐时期所建。古代“豫章十景”之一，名曰：“徐亭烟柳”

“豫章十景”分别指滕阁秋风（Autumn Breeze Blowing through Pavilion of Prince Teng）、徐亭烟柳（Xu Pavilion and Misty Willow）、南浦飞云（Flying Clouds over Southern Riverside）、章江晓渡（Ferry of Zhangjiang River）、龙沙夕照（Dragon-like Sand in the Sunset）、洪崖丹井（Hong Cliff and Deep Pool）、西山积翠（Lush Forests in Western Mountain）、铁柱仙踪（指万寿宫，Longevity Palace）、东湖夜月（the Moon over East Lake）、苏圃春蔬（Spring Vegetables in Su Garden）。“豫章十景”可直译为“Ten Scenic Spots of Yuzhang”，整句可译为“Ruzi Pavilion is located on an islet in West Lake. It was built during the Southern Tang Dynasty. It is one of the “Ten Scenic Spots of Yuzhang” in ancient times, named “Xu Pavilion and Misty Willow”。

9.4 解说"澹台墓"
Tantai Tomb

There are numerous celebrities in history of Nanchang among whom Tantai Zi was the earliest one. According to *Chronicle of Nanchang Historical Sites* written by Chen Hongxu in the Qing Dynasty, there stood both Tantai Zi Tomb (Tantai Zi Mu) and Tantai Zi Temple (Tantai Zi Ci) in Nanchang. The tablet inscription of Tantai Zi Tomb could compare favorably with *Preface to Pavilion of Prince Teng* written by Wang Bo, *Notes of Rebuilding Pavilion of Prince Teng* by Han Changli and *Records of Xu Ruzi Temple* by Zeng Gong.

The Complete Map of Nanchang City in 1926 marked explicitly that Tantai Zi Tomb covered a relatively large area, adjacent with Women and Children Hospital (today's Jiangxi Maternal and Child Health Hospital) in the east. During the period of " Cultural Revolution", however, its area was smaller than half a basketball court, squeezed by surrounding houses. The desolate tomb was overgrown with weeds, only with tombstone and two stone pillars left. It was located in the campus of Nanchang No. 2 Middle School, near the school canteen. Nowadays, at the former site of Tantai Zi Tomb was built teachers' apartments years ago, but on a vacant lot beside it there erected a large stone carved with "Tantai Mieming Cultural Square". At the corner of the square was lying a red strip stone, the foundation bed of the tomb.

Tantai Mieming ("Tantai" is a compound surname), respectfully called Tantai Zi ("zi" was a respectful address for a person of great virtue or learning in ancient China), was one of Confucius' 72 worthy disciples. It's said that he was neglected by Confucius because of his ugly appearance, so he traveled southward, giving lectures on the way.

Within the territory of Chu State at that time, Jiangxi was regarded as an uncivilized land by refined scholars in the Central Plains (today's middle and lower reaches of the Yellow River). Tantai Mieming gave lectures on Zhongling Mountain, disseminating Confucian thoughts. Followed by more than 300 disciples, he enjoyed a widely-spread fame in vassal states. Hearing of his story, Confucius felt ashamed, saying, "I'm wrong to judge Ziyu (Tantai Mieming's style name) by his appearance".

Tantai Zi's moralizing in Nanchang and his academic thoughts had an important influence on Neo-Confucianism in the Song Dynasty. For this reason, the people in Nanchang and even throughout Jiangxi Province regarded him with unprecedented reverence in the Song and Ming dynasties. Zhongling Mountain was renamed Qixian (meaning "inhabited with sages") Mountain; Zhongling County, Jiangxi Province was renamed Jinxian (meaning that "sages come here") County; one of city gates of Nanchang was renamed Jinxian Gate. In the Song and Ming dynasties, both officials, local or from the imperial court, and scholars paid a respectful visit to Tantai Zi Tomb, leaving a great amount of articles and poems. During the Emperor Gaozong reign in the Southern Song Dynasty, Cheng Dachang, the vice commissioner of transportation, had Tantai Temple built beside Tantai Zi's tombstone, with a horizontal plaque inscribed with "Youjiao Hall" ("You" means "friendly"; "Jiao" means "teaching") over the gate.

After Tantai Zi's death, tombs were built to commemorate him in his hometown and the places where he lived. It is said that there are Tantai tombs in another two places besides Nanchang: Fei County, Shandong Province and Kaifeng City, Henan Province respectively. According to investigation by historians, the genuine one is the tomb in Nanchang, since it was inscribed with "Tantai Ziyu's Tomb" by Gao Guo, the water transport commissioner in the Song Dynasty, rebuilt by the order of Fan Lai, a magistrate of Nanchang prefecture, erected a tombstone and inscribed with "Sage Tantai Ziyu's Tomb" by Wang Sixun, education commissioner in the Qing Dynasty. Tantai Tomb here was constantly visited and repaired before the 1960s.

一、内容提要

澹台灭明被尊称为澹台子，孔门七十二贤之一。据说澹台子容貌丑陋，因为孔子以貌取人，所以澹台子南下巡游讲学。澹台灭明在钟陵山上讲学，传播儒家思想。跟随他的弟子有三百余人，因此澹台子声名远播。澹台子在南昌的教化以及他的学术思想，对后来宋代的程朱理学发展产生了重要影响。在宋明时期，南昌人乃至江西人对澹台子的敬仰之情达到了顶峰。钟陵山改为栖贤山，钟陵县改名为进贤县，南昌一城门命名为进贤门。澹台子去世后，他的家乡以及他生活过的地方，都纷纷为之立墓祭祀。

二、翻译解析

（一）澹台

澹（Tán）台为复姓，应译成“Tantai”，而非“Tan Tai”。

（二）孔子听说了这件事，惭愧地说：“以貌取人，失之子羽。”

澹台灭明字“子羽”。“以貌取人，失之子羽”出自《仲尼弟子列传》，意思：单从相貌上判断人，对子羽的判断就错了，可译为“I'm wrong to judge Ziyu（Tantai Mieming' style name）by his appearance”。

（三）当时的江西还属于楚国，被中原的文人雅士称为蛮荒之地

中原又称华夏、中土、中州，本意为“天下至中的原野”，后演变为“洛阳至开封一带为中心的黄河中下游地区”。黄河中下游地区是华夏文明和中华文明的发祥地，是华夏民族的摇篮，被视为天下中心。“中原”一词已有较固定的译法“the Central Plains”，采用这一译法的同时，还可用括号加注“today's middle and lower reaches of the Yellow River”，整句话可译为“Within the territory of Chu State at that time，Jiangxi was regarded as an uncivilized land by refined scholars in the Central Plains（today's middle and lower reaches of the Yellow River）”。

9.5 解说“象山北路”
North Xiangshan Road

North Xiangshan Road (Xiangshan Bei Lu) was named in memory of Lu Jiuyuan, a philosopher, educator from Jinxi County, Fuzhou City, Jiangxi Province in the Southern Song Dynasty.

North Xiangshan Road starts from Zhongshan Road in the south and ends at Yangming Road in the north. It is 1,366 m long and 30 m wide. Before the Republic of China, there were three main streets in Nanchang City: "East Avenue" (Dong Dajie, namely, today's North Xiangshan Road), "Middle Avenue" (Zhong Dajie, namely, today's Victory Road), and "West Avenue" (Xi Dajie, namely today's Zigu Road). The three streets ran from south to north, and from east to west they were parallel to each other. As marked in the *The Complete Map of Nanchang City* in 1926, the "East Street" was segmented into 6 sections from north to south. They were respectively named Zuo Family Alley (Zuojia Xiang), Rear End of Zhangshuxia (Xia Zhangshuxia), Front End of Zhangshuxia (Shang Zhangshuxia), Horse King Temple Street (Mawang Miao Jie), Mozi Lane (Mozi Xiang) and Wuzi Memorial Archway (Wuzi Pai). In 1934, the entire road was widened and repaired, and the municipal government merged the above sections into one called "Xiangshan Road".

Lu Jiuyuan (1139-1193), with a courtesy name of Zijing and a literary name of Cunzhai, a politician and philosopher of the Southern Song Dynasty, and a representative figure of the "Lu-Wang Philosophy of Mind" (Lu Jiuyuan and Wang Yangming). Giving lectures at Xiangshan Academy, he was known as "Teacher Xiangshan".

In the 8th year of Emperor Xiaozong's reign of Qiandao in the Song Dynasty (1172), Lu Jiuyuan passed the final imperial examination and won the first three places. He first served as the chief secretary of Jing'an and then took the office of administrative official of the Imperial College. Impressed by the changes of Jingkang Incident, he visited warriors all over the country to discuss the restoration of the Song Dynasty. In the 13th year of Emperor Chunxi's reign (1186), he submitted strategies for governing the country to Emperor Xiaozong, and he was appointed as a general supervisor. However, Wang Xin, who was in charge of the imperial court affairs, refuted it and proposed a nominal post in Taizhou City. As a result, Lu Jiuyuan returned to his hometown and resided at Xiangshan Academy to give lectures. In the second year of Emperor Shaoxi's reign (1191), he was promoted to the officer in charge of Jingmen army and achieved great political achievements. In December of the third year of Emperor Shaoxi's reign (January 1193), Lu Jiuyuan passed away at the age of 54. In the 10th year of Jiading's reign (1217), he was posthumously awarded the title of "Wen'an".

Lu Jiuyuan was the founder of the "Philosophy of Mind" in the Song and Ming dynasties, and was as famous as Zhu Xi. He was the author of *Teacher Xiangshan's Completed Works*. Lu Jiuyuan advocated the theory of "coexistence of mind and reason", putting forward the ideas of "to find and represent one's conscience", "respecting one's nature in morality", "acting in a candid and upright manner", "fulfiling the education practice for self-cultivation and realization of life ideals", and so on. He also proposed, "my consciousness is the origin of the world and the existence of the world depends on my consciousness" and "if you want to engage in academic research, you should understand your original intention, instead of exploring the classical texts doggedly". His teachings inherited the ideas of Confucius and Mencius and enlightened Wang Yangming, so "Lu-Wang School" formed finally. "Lu-Wang Philosophy of Mind" has a significant impact not only on China, but also on the ideological and social reforms in Japan, South Korea, Singapore and other countries.

Although this road was known as "East Avenue", but in fact, it was not bustling at all before the Republic of China. Except for the section of "Wuzi

Memorial Archway" which was "a street for antique book stores", there were hardly any decent shops from south to north in East Avenue. According to records, the more famous bookstores included "Sweeping Leaf Mountain House (Sao Ye Shan Fang), "Dianshi Room" (Dianshi Zhai), "Hongwen", "Guangwen Bookstore" (Guangwen Shuju), "Wenhan Pavilion" (Wenhan Ge), "Penglai Pavilion" (Penglai Ge), and "Shiqu Pavilion" (Shiqu Ge), etc. "Sweeping Leaf Mountain House" among them was the leader. It specialized in sale of "ancient books" from the Song, Yuan, Ming and Qing dynasties. It was the best place for literati to "search for books" and "pick up economical books", with a constant stream of customers every day. The bookstore was named "Sweeping Leaf Mountain House" because it was the name of a very renowned publishing house with a long history of three to four hundred years. From the Ming and Qing dynasties to the Republic of China, it printed and published a large number of ancient books, ranking first nationwide in this trade. Due to its efforts, many versions of ancient books could be passed down to this day. It enjoyed a high reputation in the Chinese publishing industry, playing a certain role in preserving traditional books and Chinese classics.

According to *The Complete Map of Nanchang City* (1926 edition), the south end of Wuzi Memorial Archway extended southward, through Zhongshan Road, a new road was established. The new one was composed of sections named Wazijiao, Six-hole Well (Liuyan Jing), No. 1 Scholar's Mansion (Zhuangyuan Fu), Xie Family Lane (Xiejia Xiang) and Blessing Lane (Houfu Xiang). In 1950, this road was widened and renovated. Because it was connected with "Xiangshan Road" and became the main road running through the old urban area in the south-north direction, it was also named "Xiangshan Road", but it was only bounded by Zhongshan Road. The section to the south was called "South Xiangshan Road" and the section to the north was called "North Xiangshan Road", which have continued to this day.

一、内容提要

象山北路是为纪念南宋哲学家、教育家，江西临川金溪人陆九渊而命名的。陆九渊是南宋大臣、哲学家，“陆王心学”的代表人物。讲学于象山书院，人称“象山先生”。陆九渊为宋明两代“心学”的开山之祖，与朱熹齐名。陆九渊主张“心即理”之说、“发明本心”“尊德性”“大做一个人”“践履工夫”等，言“宇宙便是吾心，吾心即是宇宙”，“学苟知本，六经皆我注脚”。上承孔孟，下启王守仁，形成“陆王学派”，不仅对中国，也对日本、韩国、新加坡等国的思想和社会变革产生过重大影响。著有《象山先生全集》。

二、翻译解析

（一）宋孝宗乾道八年（1172 年），陆九渊进士及第，先任靖安主簿，迁国子正

靖安主簿：主簿是各级主官属下掌管文书的佐吏，大概相当于现在的秘书长，因此可译为“chief secretary”。

国子正：国子监学正。宋国子监置学正与学录，掌执行学规，考校训导。元除国子监外，礼部及行省、宣卫司任命的路、州、县学官亦称学正。因此，“国子正”可大致译为“administrative official of the Imperial College”

（二）有感于靖康之变，遍访勇士，商议恢复中原大略

靖康之变：又称靖康之乱、靖康之耻。是中国历史上的一次著名事件。靖康二年（1127 年）四月，金军攻破东京（今开封），俘虏了宋徽宗、宋钦宗父子及大量赵氏皇族、后宫妃嫔与贵卿、朝臣等三千余人，押解北上，导致北宋灭亡。“靖康之变”可译为“Jingkang Incident”。

中原大略：“中原”为汉族聚居地，为当时国之中心，此处指代宋朝的统治地位，“恢复中原大略”指反对金人，主张恢复宋朝的统治地位，可译为“restoration of the Song Dynasty”。

（三）“心即理”

心与理的关系，是共生关系。理在心中，心之所达，理随心至。可译为“coexistence of mind and reason”。

（四）“发明本心”

此处“发明”并非现代汉语中“发明创造”之意，而是古代用法，意为

“发现、彰明”。“发明本心”就是去发现、阐明自己的“本心”，具体可归结为三点：“存心”“养心”“求放心”。存心就是存善心，养心就是修养身心，求放心就是找回本心。因此，“发明本心”可译为“to find and represent one's conscience”，也可更详细地译为“to keep kind-hearted，self-cultivate and seek one's conscience”。

（五）“尊德性”

“尊崇天赋的道德本性”，可译为“to respect one's nature in morality”。

（六）“大做一个人”

“大大方方、堂堂正正地做人”，可译为“to act in a candid and upright manner”。

（七）“践履工夫”

“工夫”是以儒道释为主流的中国传统学派所共同强调的，是塑造理想人格、完善自身德性乃至实现人生理想所必须进行的，直接践行于身心等层面的教育实践活动。“践履”意为“践行、履行、实行”。因此，可简单处理为“to fulfil the education practice for self-cultivation and realization of life ideals”。

（八）“宇宙便是吾心，吾心即是宇宙”

“自己的意识就是世界的本原，世界随我的意识存在而存在”，可译为“my consciousness is the origin of the world and the existence of the world depends on my consciousness”。

（九）“学苟知本，六经皆我注脚”

“做学问时如果要探寻根本，有所收获，就不要拘泥于对古代经书的追根究底，应多挖掘本心”，可译为“if you want to engage in academic research，you should understand your original intention，instead of exploring the classical texts doggedly”。

9.6 解说“青云谱”

Qingyun Pu

Qingyun Pu was originally a Taoist temple. Its naming is related to Zhu Da，a famous artist. However，this place has a very long history of at least

2,500 years. It is said that here King Ling of the Zhou Dynasty "refined pills and thus became an immortal", Mei Fu, a great scholar in the Han Dynasty, lived in seclusion and Xu Xun of the Jin Dynasty held a Taoist rite. Since the Tang and Song dynasties, Taoist temples have gone through demolition and building repeatedly. This place is about ten miles away from Nanchang City. In ancient times it was very beautiful, with lush trees, starry ponds, small bridges and flowing water. In the late Qing Dynasty, someone once wrote: "When it comes to the places of interest in Nanchang, Qingyun Pu will be recommended first. Many people in the past liked to visit this place to enjoy the scenery and expand their minds".

Zhu Da, who styled himself as Bada Shanren, was a descendant of Prince Ning (the 17th son of Emperor Zhu Yuanzhang). He was born untimely, without enjoying the prestige of the royal family for a long time. In the 17th year of Emperor Chongzhen's reign (1644), the Ming Dynasty perished. Zhu Da was only 19 years old at that time. Later, at the age of 23, Zhu Da became a monk and at the age of 36, he came to the southern suburbs of Nanchang City to establish a Taoist temple called "Qingyun Pu" ("Qingyun" means "blue cloud"; the Chinese character of "pu" is "圃" which means "garden"). From then on, he became a Taoist. The name "Qingyun" was derived from the Taoist myth of "Lv Chunyang (Lü Dongbin) driving blue clouds to descend to the secular world". Zhu Da lived in seclusion here for more than 20 years. At the age of 62, he left and moved to places such as Beilan Temple (Beilan Si) and Wuge Thatched Cottage (Wuge Caotang) in the north of the city.

Qingyun Pu was later renamed, namely, the Chinese character "圃" (pu, meaning "garden") was changed into its homophone "谱" (pu, meaning "genealogy"), which indicates the name of "Qingyun" can be traced back according to a genealogy. For hundreds of years, Qingyun Pu has undergone repeated demolitions and constructions, and most of the buildings preserved by now were rebuilt in the late Qing Dynasty. In 1959, Qingyun Pu was transformed into the "Bada Shanren Memorial Hall". In 2009, Mei Lake

Scenic Area with Qingyun Pu as the core was completed. To the north is South Nanchang Avenue (Changnan Dadao), to the west is Jinsha Avenue (Jinsha Dadao), and to the east is Mei Village. Zhugu Bridge on Nanlian Road (Nanlian Lu). It covers an area of 3,200 mu (2,133,344 m^2) and has a total construction area of approximately 485,000 m^2. The entire scenic area is composed of seven major scenic spots: Chinese Ink Painting District, Cultural Expo District, Waterland Style District, District of Pine, Bamboo and Plum (three durable plants of winter), Agricultural Leisure District, Mei Village Sages District, and Comprehensive Entertainment District.

In 1928, the ancient city wall of Nanchang was demolished. The southern suburbs gradually developed. In 1925, the government of the Republic of China began to build the Nan (Nanchang City) Lian (Liantang County) Highway, which ran through Xu Family Lane (Xujia Fang), Xinxi Bridge (Xinxi Qiao), Sanjiadian and Zhugu Bridge (Zhugu Qiao). It was completed and opened to traffic on December 12, 1928.

In 1929,"Small Road" was built, intersecting vertically with Nanlian Road. In 1952, the road was renamed "Qingyun Pu Road" (Qingyun Pu Lu) due to the presence of Qingyun Pu by the roadside. It started from North Yingbin Avenue (Yingbin Bei Dadao) in the south and turned northward to Donglian Road (Donglian Lu), with a length of 1,800 meters and a width of 7 meters.

During the Republic of China, the area around Xinxi Bridge in Qingyuan Pu District was the first national aviation industrial base in history of China. In 1933, 290,000 migrant workers from various counties in the province gathered here to build the largest airport in the country at that time, and built an aircraft manufacturing factory which was jointly operated by China and Italy (i. e. the Second Airport of the Kuomintang Air Force).

After founding of People's Republic of China, Qingyun Pu became the first industrial development zone in Jiangxi Province. Here gathered a large number of large and medium-sized state-owned factories, such as Hongdu Machinery Factory, Nanchang General Machinery Factory, Nanchang Meat Processing Factory, Bayi Linen Textile Factory, Nanchang Canned Beer

Factory, Jiangdong Machine Tool Plant, Jiangxi Automobile Manufacturing Factory, Jiangxi Boiler Factory, Nanchang Cable Factory, Nanchang Vacuum Flask Factory, Jiangxi Pesticide Factory, Jiangxi Chemical and Petroleum Machinery Factory. Therefore, in August 1956, neighborhood offices of Sanjiadian and Xinxi Bridge were merged to establish Sanjiadian Town, which was directly under the jurisdiction of Nanchang City. On October 27, 1958, the town was upgraded to a district again and named Qingyun Pu District.

一、内容提要

青云谱得名与八大山人朱耷有关。该地曾是一座历史悠久的道院。据说，周灵王在此“炼丹成仙”、汉代的梅福在此隐居、晋朝的许逊在此开辟道场。朱耷是朱元璋第十七子宁王朱权的后裔。23 岁出家当和尚，36 岁来到此处，在原有道院基础上进行重建，并改名为“青云圃”。从此变成道人。起名“青云”，缘于“吕纯阳（吕洞宾）驾青云来降”的道家神话传说。青云圃后来改名为青云谱。

二、翻译解析

（一）青云圃后来改名为青云谱

该句看似简单，实则并不好译。如若直译为“Qingyun Pu was later renamed Qingyun Pu”，必会让读者费解。鉴于此，应通过增译法，将这种同音字替换解释清楚。此外，原文中并未提及“圃”改成“谱”的原因。通过查阅资料，获知这样的信息：清嘉庆二十年（1815 年），状元戴均元将“圃”改为“谱”，以示“青云”传谱，有牒可据，从此改称“青云谱”。翻译时若能补充这些原文中并未包含的信息，读者可能更易理解。因此，可将该句译为“Qingyun Pu was later renamed, namely, the Chinese character ‘圃’（pu, meaning ‘garden’） was changed into its homophone ‘谱’（pu, meaning ‘genealogy’）, which indicates the name of ‘Qingyun’ can be traced back according to a genealogy）”。

（二）整个景区由水墨丹青区、文化博览区、水乡风情区、岁寒三友区、农耕休闲区、梅村思贤区和综合娱苑区七大景区组成

“水墨丹青”是指“中国水墨画”，英文为“Chinese Ink Painting”；“岁寒三友”可译为“Pine，Bamboo and Plum（three durable plants of winter）”。整句话可译为“The entire scenic area is composed of seven major scenic spots：Chinese Ink Painting District，Cultural Expo District，Waterland Style District，District of Pine，Bamboo and Plum（three durable plants of winter），Agricultural Leisure District，Mei Village Sages District，and Comprehensive Entertainment District”。

9.7 解说“洗马池”
Xima Pond

For the indigenous people of Nanchang，Xima Pond（Xima Chi，“Xi” means “washing”；“Ma” means “horse”）is almost a symbol of old Nanchang City. In fact，however，no street was called Xima Pond or no one can point out its exact location. It's only roughly thought that it is an area surrounding the junction of Zhongshan Road（Zhongshan Lu）and Victory Road.

The origin of the name “Xima Pond” has never been clearly explained. *The Annals of Nanchang County*（the 8th year of Republic of China period）provides three explanations：the first is that Guanying，a famous General in the Han Dynasty，watered his horse here when he pacified rebellion in Yuzhang City（today's Nanchang）；the second is that Wei Jie，whose official title was “Xima”，was buried here；the third is a love story. One day，a boy saw seven pretty girls bathing in a pond，with their colorful dresses left on the bank. He played tricks on them by hiding one of the colorful dresses. The girls got dressed after bathing，turned to white cranes and flied away，except a girl who could not find her dress. She reached an agreement with the boy that she got married to him and he must return the dress to her three years later. When the day came, he did as agreed and then the fairy went away. From above, the pond is also called Fairy Bathing Pond.

Since Guanying watered his horse in so many places, why did only this place get this name? The tale about seven fairies is more unreliable. According to the historical research, the explanation about Wei Jie can be taken as reasonable conclusion.

"Taizi Xima", also "Xima" in short, was an official position in ancient China which was first set in the Han Dynasty, referring to an official accompanying the crown prince. It was a third-rank official mainly assisting and teaching the crown prince in handling state affairs. The famous official Wei Zheng was just "Taizi Xima". In fact, so-called "Xi" should be understood as "Xian" meaning "before" ("Xi" and "Xian" could be replaced reciprocally in ancient times), so "Xima", namely "Xianma", meant the pioneering official setting about before the crown prince's trip.

Wei Jie (286-312), whose style name was Shubao, came from Anyi County of Hedong City (today's Xia County, Shanxi Province). He was a metaphysicist and official, as well as one of the famous four handsome men in ancient China. His grandfather, Wei Guan, was the crown prince's grand tutor in the reign of Emperor Hui of the Jin Dynasty. His father, Wei Heng, was not only a high-ranking official but also a renowned calligraphist. Wei Jie's official position was "Xima". In the 6th year during Emperor Yongjia's reign (312) when he was 26 years old, Wei Jie was dead and buried in Nanchang.

There are different opinions about the four handsome men in ancient China, but anyway, Wei Jie was universally acknowledged as one of the four. This proved that he was incomparably handsome. The General Wang Ji, Wei Jie's uncle, was also very good-looking, elegant and attractive. However, he thought himself as extremely ugly, each time he saw Wei Jie. There is a Chinese idiom of "Kan Sha Wei Jie", an idiom which means Wei Jie was killed by people's frenzy watching. According to history books, so long as Wei Jie went out, the crowds of people squeezed to see him. He often felt distressed and depressed for it. It was written in *Wei Jie's Biography in Book of the Jin Dynasty*, "the people crowded to enjoy Wei Jie's good looks. Wei Jie died at the age of 26, in the 6th year during Emperor Yongjia's reign. People said that Wei Jie was killed by people's too much attention."

We should publicize the relationship between Xima Pond and Wei Jie. One of the ancient handsome men rested in peace here. Isn't it a wonderful tale in the history of Nanchang?

一、内容提要

洗马池的来历，自古以来就说不清楚。《南昌县志》（民国八年）有三说：①灌婴定豫章尝饮马于此，故名；②晋朝卫玠（卫洗马）之古迹；③尝有年少见美女七人，脱彩衣岸侧，浴于池中。年少戏藏其一，诸女浴毕就衣化白鹤去。独失衣女留随至年少家为夫妇。约以三年还其衣，飞去。故又名浴仙池。以史实考察，卫玠之说最为可靠，因为卫玠官至太子洗马，简称洗马，是太子的随从官员，所谓"洗"字，为"先"字的通假字。"洗马"实则"先马"，意为"太子出行之先导"。永嘉六年（312年），卫玠去世，时年二十六岁，葬于南昌。

二、翻译解析

（一）太子洗马

中国古代官职，是辅佐太子、教太子政事文理的官员，在太子出行前充当先导，可译为"an official assisting and accompanying the crown prince, and pioneering in the crown prince's trip"。

（二）看杀卫玠

《晋书·卫玠传》记载，卫玠每次出门，人们为了一睹他的姿容，挤得水泄不通。卫玠为此郁郁寡欢而早逝。可采用音译加解释的方法，将该成语译为"Kan Sha Wei Jie"，再在后面加注："an idiom which means Wei Jie was killed by people's frenzy watching"。

9.8 解说“中山路”
Zhongshan Road

There are “Zhongshan Roads” (Zhongshan Lu) in many cities throughout the country, most of which were built only to commemorate Mr. Sun Yat-sen, though he had not necessarily been to those cities or walked through those roads. However, Zhongshan Road in Nanchang may be the only exception.

Sun Yat-sen (1866-1925), whose autonym was Sun Wen and who styled himself as Yixian, was born in Cuiheng Village, Xiangshan County (today's Zhongshan City), Guangdong Province on November 12, 1866. After he passed away due to illness in Beijing, he was buried in Sun Yat-sen Mausoleum in Zijin Mountain in the east of Nanjing. Mr. Sun Yat-sen was a great forerunner of Chinese democratic revolution. It is his great historical feat that he led the Chinese people to overthrow the ruling of the Qing Dynasty and thus to abolish feudal monarchy lasting for over 2,000 years in China.

Invited by the Jiangxi governor Li Liejun, Sun Yat-sen came to Nanchang on October 25, 1912. The whole city was decorated with lanterns and streamers and the people were jubilant. During his stay of three days, he attended symposiums held by business circle, culture and art circle and other sectors of society, speaking freely of his revolution ideas and strategies of running a state.

The most important activity arranged for Mr. Sun Yat-sen was to inspect Division 1 and Division 2 newly established after the Revolution of 1911. Sun Yat-sen set out from the mobile barracks of high command on Hundred Flowers Islet (Baihua Zhou), riding on a chestnut horse. He reached the drill ground (today's Bayi Square) for military review, going via Street of Hundred Flowers Islet, Street of Lord Shi Ancestral Hall (Shigong Ci Jie),

Lord Xi Ancestral Hall (Xigong Ci), Three Bridges (Sandao Qiao), Yangzi Lane (Yangzi Xiang), Two Sages Temple (Ersheng Miao), Shunhua Gate Street (Shunhua Men Jie) and Shunhua Gate. On the way, the huge crowds of people lined the street to give a warm welcome. All of them were immersed in a great joy and excitement.

After the military parade, Sun Yat-sen delivered an ardent speech, saying, "Jiangxi is a glorious place where there have emerged numerous outstanding people, such as great heroes Wen Tianxiang and Xie Dieshan, virtuous scholars Ouyang Xiu and Huang Shangu. It is also a wonderful place with spectacular natural scenery, such as Five Old Men Peak of Mount Lu which represents Jiangxi people's backbone. Jiangxi people responded to the call of the Revolution of 1911 by participating in the revolution actively. It is my hope that Jiangxi armies should care for the ordinary people, following the spirit of the Revolution of 1911. Those armies who gain the people's support will prosper, while those who lose the people's support will perish. An army can be invincible only with the support of the ordinary people".

In 1928, Nanchang municipal government widened and renovated the road that Sun Yat-sen went through in the parade. To commemorate the historic event that Mr. Sun walked through this road, the government specially named it Zhongshan Road. On the way from east to west, there were previously several road names: Lord Xi Ancestral Temple, Lord Shi Ancestral Temple, Street of Hundred Flowers Islet, Street of Wan Family Ancestral Temple (Wanzi Ci Jie), East Street of Prefectural School (Fuxue Dong Jie), West Street of Prefectural School (Fuxue Xi Jie), Book Street (Shu Jie), and Jiaxu Lane (Jiaxu Fang), Wuba Guild (Wuba Gongsuo), etc.

一、内容提要

1912 年 10 月 25 日到 28 日，孙中山受江西都督李烈钧邀请来到南昌。孙中山骑着枣红骏马从百花洲行辕走出来，经过百花洲街、石公祠街、席公祠、三道桥、羊子巷、二圣庙、顺化门街，顺化门，来到大校场（今天的八一广场），检阅辛亥革命后江西新编的第一师和第二师。沿途百姓夹道欢迎，人山人海，激情洋溢，热血沸腾。1928 年，南昌市政府对这条路进行拓宽改造，为纪念孙中山亲自走过这条路，将此路特别命名为中山路。

二、翻译解析

（一）辛亥革命

专有名词，有固定译名："The Revolution of 1911"。

（二）江西是人杰地灵的好地方，历代以来有文天祥、谢叠山的英雄气节，有欧阳修、黄山谷的道德文章，江西的庐山五老峰代表江西人的骨气

这是孙中山先生在阅兵结束时的致辞。开头为主要观点，后面为举例说明。前面四个例子为英雄人物和德行高尚的文人，证明"人杰"；最后一个例子是巍峨壮丽的山峰，证明"地灵"，根据句意的层次性，可使用拆译法，将该句拆分为两个部分，前一部分译为"Jiangxi is a glorious place where there have emerged numerous outstanding people, such as great heros Wen Tianxiang and Xie Dieshan, and virtuous scholars Ouyang Xiu and Huang Shangu"。后一部分译为"It is also a wonderful place with spectacular natural scenery, such as Five Old Men Peak of Mount Lu which represents Jiangxi people's backbone"。

（三）得民者昌，失民者亡，军队得到老百姓的拥护就战无不胜"

这是孙中山先生致辞的最后一句话，可拆分为两部分。前一部分"得民者昌，失民者亡"属于无主句，根据英语的句子结构特点，翻译时应增补主语。根据上下文，主语应是"军队"，因此，可译为"Those armies who gain the people's support will prosper, while those who lose the people's support will perish"。后一部分可直译为"An army can be invincible only with the support of the ordinary people"。

10 老地名背后的宗族聚落文化

中国是一个宗族观念很强的社会，同姓宗亲往往以血缘关系为纽带，结成紧密的利益共同体，从而形成一个个以血缘关系为纽带，以姓氏冠名的聚居地，这些聚居地广泛分布于南昌古城的周边地区，比如戴家巷、李家巷、张家祠、万子祠、傅家坡、樊家陇、谢家村、张家山、赵家庄、熊家地、罗家湾、彭家头。此外，还有一些以当地官宦、商贾大户人家的姓氏命名的住宅，比如裘家厂、杨家厂、汤家园、毛家园、干家大屋、包家花园等。总之，此类地名反映了千百年来南昌宗族聚落、人口迁徙、屯田垦荒、家族兴衰的历史。

本章主要翻译以下六个地名及其背后的故事，探讨相关领域或表述的文化内涵及英译方法，包括古代官僚机构的英译、中华典籍的语义与语际翻译，以及宗亲观念、守丧礼仪等家族传统与英译。

10.1 解说“裘家厂” Qiu Family's Mansion

As marked in The Complete Map of Nanchang City (1926 edition), Qiu Family's Mansion (Qiujia Chang) connected with Yuzhang Back Street in the south and East Wanyi Lane (Dong Wanyi Xiang) in the north. According to *The Annals of Nanchang Place Names* (1992 edition), there were six parallel alleys, all of which connected with Yuzhang Back Street in the south and East Wanyi Lane in the north. They were called Qiu Family's Mansion Lane 1, 2, 3, 4, 5 and 6 respectively. In 1994, a large fire destroyed a large area of residential buildings surrounding Qiu Family's Mansion and Bamao Lane

(Bamao Xiang). After the establishment of the new residencial area, 6 alleys of Qiu Family's Mansion and 2 Bamao alleys were gone. Nowadays, there are roads without names, doors without number cards in this neighborhood.

Qiu Family's Mansion was named after the Qiu Family. The word "Chang" refers to "a high and spacious large house" ′, where there had been luxurious houses of the Qiu Family since the Ming Dynasty.

The Qiu Family in Nanchang originated from Sheng County, Zhejiang Province. During the Southern Song Dynasty, they moved to Lehua, Xinjian County, Jiangxi Province. During the Ming Dynasty, a branch of this family moved to Shuangjiang, Xinjian County (now Shuanggang Village, Baishui Lake Town, Economic Development Zone).

During the Qing Dynasty, a famous official named Qiu Yuexiu was a member of the Qiu Family in Shuanggang Village. He had served as a vice minister successively in Ministry of War, Ministry of Official Personnel Affairs, and Ministry of Revenue and Population, and as a minister in Ministry of Rites, Ministry of Punishments and Ministry of Works. According to the historical records, "Qiu Yuexiu had served as the leader of six ministries and worked part-time in the Grand Council". He also was the chief editor of *Complete Library in the Four Branches of Literature* (*Siku Quanshu*). Qiu Family's Mansion was a place where Qiu Yuexiu grew up during his teenage years. He was born in Beijing. When Qiu Yuexiu was four years old, his grandfather passed away. According to the system of rites, an official must leave his office and returned to his hometown for the funeral, he must be in mourning for three years in his hometown. Therefore, Qiu Yuexiu's father took him to return to Nanchang and stayed here for three years. At the age of ten, his father passed away in Beijing. He returned to Nanchang with his mother, Lady Wang. Later, he studied at Yuzhang Academy (now within the 18th Middle School of Nanchang). In the fourth year of the Qianlong reign (1739), he ranked seventh in the final imperial examination.

Emperor Qianlong inscribed the plaque "Ai Ri Tang" on Qiu Yuexiu's mansion in Nanchang, namely, Qiu Family's Mansion, inscribed birthday wish "Ba Xun Yan Qing" for his 80-year-old stepmother and inscribed birthday wish "Qi Zhi Lian Qi" for his 70-year-old mother. Such honors were very rare to a family. During his tenure as an official, Qiu Yuexiu returned to the old residence Qiu Family's Mansion twice for funeral and mourning, but he was recalled in advance by Emperor Qianlong due to emergent affairs each time.

Qiu Yuexiu had a passion for collecting books. He collected over 1,000 types of transcripts, unique copies and secret scripts, all of which were placed in Qiu Family's Mansion in Nanchang. Later, due to the chaos caused by the Taiping Heavenly Kingdom, these collections were scattered in the society. At that time, Xu Shaozhen, a military and political figure, searched and purchased over 800 types of them with heavy funds. During the Guangxu reign, Ke Fengshi, a native of Hubei Province, was appointed as Imperial Inspector of Jiangxi. He was very rich and fond of books. Finally, Xu Shaozhen had to transfer all of this collection of books to Ke Fengshi. During the period of the Republic of China, some Japanese ronins learned that this collection of books was at Ke Fengshi's home. They forcibly bought them with 200,000 yuan from Ke Fengshi and carried them to Japan.

There are many legends about Princess Qiu (Qiu Huanggu) in the folk of Nanchang. Qiu Huanggu was Qiu Yuexiu's wife, whose real name was Xiong Yueying. She was a member of the Xiong Family in Nanchang County. Her father was once the magistrate of Haifeng County, Guangdong Province. Qiu Yuexiu and Xiong Yueying were engaged from their childhood and got married in the 10th year of Emperor Yongzheng's reign (1732) when Qiu Yuexiu was 21 years old and Xiong Yueying was 17 years old. It is said that the Empress Dowager's beloved daughter died early, so she was very sad. Coincidentally, Xiong Yueying looked like the deceased princess very much, so she was adopted as a foster daughter and became a legitimate princess. The authenticity of the legend is difficult to verify, but the Princess Tomb does meet the specifications of royal tombs. Today, the Princess Tomb is still hidden deep in the mountains of Taiping Town, Nanchang City. Qiu Family

Islet (Qiujia Zhou), located in the middle of the Ganjiang River under the Bayi Bridge, was a private property granted to Princess Qiu by Emperor Qianlong.

In her later years, Princess Qiu lived in Qiu Family Mansion, bringing many interesting stories to this large house.

一、内容提要

裘家厂因裘氏家族而得名。"厂"字意为"高大宽敞的大房子"。裘曰修出生于京城，十岁时父在京病逝，随生母回南昌，就学于豫章书院，乾隆四年(1739)，殿试第七名进士，曾在兵、吏、户部任侍郎，礼、刑、工部任尚书。乾隆皇帝为裘家厂的裘曰修宅第题写"爱日堂"匾额，还为裘曰修继母题写"八旬衍庆"、为其生母题写"七秩连祺"，如此殊荣实属罕见。此外，民间还流传着裘曰修夫人裘皇姑的故事。裘皇姑本名熊月英，南昌县人，据说皇太后爱女早逝，忧伤不已。恰巧熊月英和其爱女十分相像，于是被收为义女，成为皇姑。皇姑墓位于湾里太平镇的山峦深处。

二、翻译解析

(一)(清代名臣裘曰修)曾在兵、吏、户部任侍郎，礼、刑、工部任尚书

该句出现二个官职和六个部门。"侍郎"相当于副部长、次长，可译为"vice minister"；"尚书"相当于部长，译为"minister"。

六部中的"兵部"掌管武官及兵籍、军械、军令等事务，可译为"Ministry of War"；"吏部"掌管全国官吏的任免、考核、升降、调动等事务，可译为"Ministry of Official Personnel Affairs"；"户部"掌管全国疆土、田地、户籍、赋税、俸饷及一切财政事宜，可译为"Ministry of Revenue and Population"；礼部掌管文教礼仪以及部分对外事务，可译为"Ministry of Rites"；"刑部"掌管全国的刑罚政令，可译为"Ministry of Punishments"；"工部"掌管营造工程事项，可译为"Ministry of Works"。

(二)史书记载："历领六部，在军机处行走。"

"行走"就是经常走动的官职，亦或不固定的官职。在清朝凡不是专设官

职，只是临时调动或者兼职的官员，都会在所兼职的机构或官职后加上“行走”二字，比如“上书房行走”是指在满清皇子皇孙上学读书的地方担任兼职或副手（供驱使）。“军机处”的常用译文是“Grand Council”。综上所述，这句话可译为“（Qiu Yuexiu）had served as the leader of six ministries and worked part-time in the Grand Council”。

（三）他出生于京城，四岁时因祖父丧，随父丁忧回南昌裘家厂三年

该句中“丁忧”二字容易被误看作裘曰修父亲的名字，从而出现严重失误。“丁忧”是中国封建社会传统的道德礼仪制度，指遭逢父母的丧事，也称“丁艰”。后多专指官员居丧。清代，官吏遭父母之丧时，须去职，在家服丧三年，谓之“丁忧守制”。另外与“丁忧守制”相对立的就是“夺情起复”，又称“夺情”。夺情是丁忧制度的延伸，意思是为国家夺去了孝亲之情，可不必去职，以素服办公，不参加吉礼。

综上，该句可译为“When Qiu Yuexiu was 4 years old，his grandfather passed away. According to the system of rites，an official must leave his office and returned to his hometown for the funeral，he must be in mourning for three years in his hometown”。

10.2 解说“杨家厂” Yang Family Mansion

There were rows of grand houses of wealthy families in different dynasties inside ancient city of Nanchang. These enviable large houses were called “Chang” in the Ming Dynasty and “Da Wu” in the Qing Dynasty respectively. Some houses well-known to the local people included “Yang Family Mansion”（Yangjia Chang），“Qiu Family's Mansion”（Qiujia Chang），“Zhang Family Mansion”（Zhangjia Chang），“Gan Family Mansion”（Ganjia Dawu）and “Bao Family Mansion”（Baojia Dawu），etc.

In the Qing Dynasty，Yang Family，one of the richest families locally，vanished completely，together with their mansion. A commercial street，Bird

Market, was formed there.

Originally it was the eunuchs' hobby in ancient times to raise and play with birds. Extremely bored and lonely, the eunuchs living in imperial palace amused themselves by raising birds. With the founding of the Qing Dynasty, the descendants of the Eight Banner Warriors entered Beijing in a large number. Living an affluent but idle life, they began to kill time by playing with birds. As a result, many Manchus carrying bird cages could be seen walking in the streets and lanes of Beijing. Gradually, it became an enviable fashion to strut in a street carrying an exquisite bird cage with a beautiful and rare bird in it.

The fashion of playing with bird in Beijing was also spread to Nanchang. Many people began to play with bird, regardless of their identity, status, wealth, appearance, etc. Some notes of the Qing Dynasty wrote that a person carrying a bird cage with a lark in it must be a civil official while a person with a wood thrush must be a military officer. The prevalence of raising bird can be seen from this. To this day, there is still a popular saying that "beggars raise wood thrush" spread in Nanchang, which satirized those vulgar people who were as poor as a church mouse pretended to be elegant. Yang Family Mansion was adjacent to Town God's Temple (Chenghuang Miao) in the east, against the back wall of offices of imperial inspector and provincial judge in the south, and linking with Middle Avenue (Zhong DaJie) in the west. Because of the favorable location, Yang Family Mansion was developed into a busy bird market by those merchants who seized this business opportunity.

During the flourishing period of the bird market, it extended to the eastern section of Backwall Road (Houqiang Lu). Yang Family Mansion was nothing short of a bird world where birds' twittering could be heard here and there. However, such common birds as sparrow, partridge, etc could not earn a place here. The people were only fond of the birds in pairs with pleasant sound and beautiful appearance or ability of imitating human being's talk, such as wood thrushes, larks, bramblings, canaries, mynas, parrots, etc.

The cage should be matched with rare and precious birds. The bird cages sold in the market were all exquisite artworks made of black bamboo, rosewood, sandalwood, gold, silver, ivory, etc and equipped with delicate hook and food box, etc. It was reported in China Culture Daily on October, 27, 2012 that the highest auction price of a refined bird cage has exceeded RMB 10,000,000.

With the perishing of the Qing Dynasty and turmoil of the society, the leisurely atmosphere of raising birds faded gradually and the bird market at the site of Yang Family Mansion also came to an end.

一、内容提要

在南昌古城里，历代都会有一些高官富商的大房子，整片的高门豪宅。在明代，人们称之为“厂”；在清代，称之为“大屋”。到了清代，曾经富甲一方的杨家烟消云散，曾经的杨家厂也灰飞烟灭，成为一条商业街——鸟市。养鸟、玩鸟，古时候本是皇宫里太监们的玩意。幽居皇宫的太监们，极其寂寞无聊，于是以养鸟逗鸟为乐。后来，满清入关，八旗子弟大量进京，既有富裕的生活、优越的地位，又无所事事，因此，也纷纷玩起鸟来。京城玩鸟的风气也传到了南昌。随着清朝的灭亡、社会的动乱，优雅悠闲的养鸟风气渐渐散去，杨家厂的鸟市也寿终正寝。

二、翻译解析

（一）八旗子弟

泛指八旗军的后代，又称旗人。由于世袭兵制，八旗子弟无须经营即可坐领清廷饷银米粮，因而成为提笼架鸟、种花弄草、养鸽子、斗蟋蟀等京城休闲娱乐的重要群体。八旗子弟特指八旗后代中游手好闲，贪图享乐的纨绔子弟。“八旗子弟”可译为“descendants of Eight Banners warriors”。

（二）南昌至今还流传一句俗话“告化子养画眉”，就是揶揄那些穷得一塌糊涂却又要装扮高雅的粗人

俗语“告化子养画眉”可以直译，因为后半句进行了解释，因此，整句话可译为“To this day, there is still a popular saying that ‘beggars raise wood thrush' spread in Nanchang, which satirized those vulgar people who were as poor as a church mouse pretended to be elegant"。

10.3 解说"干家大屋" Gan Family Mansion

Due to "Changchun Palace" (Changchun Dian), there was a lane named "Side of Imperial Palace" (Huangdian Ce); due to "Prefectural School" (Fuxue), there was a road named "Front of Prefectural School" (Fuxue Qian); due to Gan Family Mansion (Ganjia Dawu), there were four lanes named "Gan Family Mansion Lane" (Ganjia Dawu Xiang), "Front Lane of Gan Family" (Ganjia Qian Xiang), "Rear Lane of Gan Family" (Ganjia Hou Xiang) and "Gan Family Pond Lane" (Ganjia Tang Xiang) respectively. It can be seen that the Gan Family Mansion was once the magnificent and prestigious.

The Annals of Nanchang Place Names (1992 edition) recorded that Gan Family Mansion Lane started from Front Lane of Gan Family in the south and ended at Gan Family Pond Lane in the north, with multiple branching alleys. The main alley was 110 meters long and 1.9 meters wide. Front Lane of Gan Family, 500 meters long and 4.1 meters wide, started from Hitching Post (Ji Ma Zhuang) in the east and ended at South Xiangshan Road (Xiangshan Nan Lu) in the west. Rear Lane of Gan Family, 180 meters long and 2 meters wide, started from Hitching Post in the east and connected to Gan Family Pond Lane in the west. Gan Family Pond Lane started from Rear Lane of Gan Family in the east and ended at South Sea Temple Lane (Nanhai Xinggong Xiang) in the west, with a length of 126 meters and a width of 1.8 meters.

According to *The Chronicle of West Lake District* (Xihu Qu Zhi), the construction of the Gan Family Mansion was related to Qianlong's visit to Jiangnan, the regions south of the Yangtze River. In the 28th year of Emperor Qianlong's reign (1763), Qianlong traveled southwards to Jiangnan and reached Nanchang. At that time, Gan Conglian, who had retired and returned home, received Qianlong in Nanchang. Qianlong had a great time in Nanchang and he was satisfied with Gan Conglian's reception. After returning to Beijing, he allocated a huge amount of money to the Gan Family for building a large house.

Gan Conglian, also known as Gan Xizhou, was a native of Ganjiazui Village, Beixiang Town, Xingzi County. He was not only very clever but also passionate about reading poems and books, from a young age. At the age of 7, he was able to sit with Confucian scholars to discuss about the Four Books and Five Classics, so that the people were amazed by his learning and called him a prodigy. In the 13th year of the Qianlong reign (1748), he passed the final imperial examination. Later, he pacified turmoils in Gansu and Xinjiang. He was in charge of military affairs in Taiwan for many years. He also took the leading office in the military force in Ningxia, Gansu Province. Eventually he retired from his office and returned to his hometown. He served as an official for over thirty years. During his term of office, he was skilled in governance, loyal to the monarch and the people, promoting the beneficial and eliminating the harmful. Therefore, he enjoyed an excellent reputation and obtained great favor and trust from Emperor Qianlong.

According to the title deed for land then, the foundation of the mansion started from Hitching Post (Ji Ma Zhuang) in the east, reached Barrack Street (Yingfang Jie) in the west, started from Shan-Shaan Guild Hall (now Three holes Well Primary School) in the south, and ended at Ruzi Pavilion (Ruzi Ting) in the north. It covered an area of about 40,000 m^2, with six ponds and five houses.

The mansion was divided into six rows. There was a large plaque hanging above the hall of the first row. The plaque was inscribed with the words "Fuwei Hall" handwritten by Qianlong during his visit to Nanchang. The large house originally contained a large amount of cultural relics, but they were completely looted by the Japanese army after the Japanese occupied Nanchang in 1939.

The Gan Family even built their own drama stage and supported their own theatrical troupe named "Lingyun Troupe". Singing, dancing and drama were performed day and night, showing a prosperity of the whole family for a while. In addition, this family also had gardens for planting vegetables and flowers and private schools known as the "Sanjing Holy Academy" (Sanjing Sheng Shuyuan).

In his later years, Gan Conglian devoted himself to studying and wrote several manuscripts, including *Reading Essays* (*Dushu Suibi*), *Scholar Zhou's Identification of Falsehood* (*Zhouguan Kaoxin Lu*), and *Xixia Rivers Chronicle* (*Xixia Hequ Yaozhi*). He compiled all his political experiences and reading feelings into a book to enlighten the future generations.

There were many outstanding talents among the descendants of Gan Conglian, all of whom was born in the Gan Family Mansion. However, the historically significant building was mercilessly demolished after the 1980s, leaving no trace of it.

一、内容提要

《西湖区志》记载，干家大屋的建造和乾隆下江南有关。乾隆下江南，到南昌，接待乾隆的是已退休返家的干从濂。乾隆在南昌玩得很开心，对干从濂的接待很满意，于是返京后拨巨款建造干家府第。干从濂宦海三十余年，施政干练、忠君爱民、兴利除弊，留下了极佳的声名。晚年的干从濂不问世事潜心读书，著有《读易随笔》《周官考信录》《西夏河渠要志》等多部文稿，将自己一生从政经历及读书心得结集成册、泽被后人。在20世纪80年代以后，具有厚重历史意义的建筑"干家大屋"被无情地拆除。

二、翻译解析

（一）七岁时便能以"四书五经"与诸儒生坐而论道，人皆惊为神童

"四书五经"译为"the Four Books and Five Classics"。儒生译为"Confucius scholar"。"坐而论道"可直译为"sit with sb. to discuss about sth.”整句话译为“At the age of 7，he was able to sit with Confucian scholars to discuss about the Four Books and Five Classics，so that the people were amazed by his learning and called him a prodigy”。

（二）当年的地契记载：地基东起系马桩、西至营房街、南起山陕会馆（今三眼井小学）、北至孺子亭为四址界

“山陕会馆”为当年寓居南昌的山陕二省商人集资兴建的同乡会馆，是两省商贾联乡谊、祀神明的处所。陕西、山西两省在明清时代形成两大驰名天下的商帮，晋商与秦商。山陕商人的贸易活动，大大丰富了中国古代的商业文化。“山陕会馆”可译为“Shanxi-Shannxi Guild Hall”。“四址界”指某块土地四周的界限，即一宗地东南西北四个方位与相邻土地的交接界线。该句中，只要陈述清楚干家大屋四个方位的交接处，“四址界”这个词可省略不译。整句可译为“According to the title deed for land then，the foundation of the mansion started from Hitching Post（Ji Ma Zhuang）in the east，reached Barrack Street（Yingfang Jie）in the west，started from Shanxi-Shannxi Guild Hall（now Three-hole Well Primary School）in the south，and ended at Ruzi Pavilion（Ruzi Ting）in the north”。

（三）大屋分六进，第一进大厅上方悬挂大匾

该句中，“进”为名词。古民居内部分前后几排，一排称为一进，可译为“row”，整句话可译为“The mansion was divided into six rows. There was a large plaque hanging above the hall of the first row”。

10.4 解说“包家花园”
Bao Family Mansion

Bao Family Mansion（Baojia Huayuan）is not the name of a road，but the name of a district. As the name of a large district，it can be considered as a representative of the old place names of Nanchang during the period of the Republic of China.

Bao Family Mansion used to be a beautiful and unique garden，famous far and wide. Now, the garden has long disappeared without a trace, but as a place name, it still exists. Bao Family Mansion is an important transportation hub since it is located in the middle section of "Nanlian Road" which directly connects urban area of Nanchang City with Liantang Town, Nanchang County.

Bao Family Mansion was built in the early 1920s, and its owner was Bao Zhufeng, the richest man in Jiangxi at that time. The garden was like the gardens in Suzhou, Jiangsu Province, with elegant pavilions, winding galleries and carved railings, artificial hills built with Taihu Lake stones, and rippling lakes, lush trees and blooming flowers. The entire garden covered an area of over 13,333 m^2. It was designed for the members of the Bao Family to relax on holidays or live temporarily in hot days. After the completion of Bao Family Mansion, it was visited by a lot of prominent politicians and wealthy gentry and thus became a famous scenery in Nanchang for a time.

Bao Family Mansion was located in the southern suburbs of Nanchang urban area. The broad farmland around the garden belonged to the Bao Family, which was rented to nearby farmers for cultivation.

Bao Zhufeng, whose ancestral home was Nanfeng County, Jiling Baofang Village, Shishan Town, Nanfeng County, Jiangxi Province, was a descendant of Bao Zheng (also known as "Lord Bao") in Hefei City, Anhui Province. The descendants of Lord Bao in Jiangxi began to build their genealogy in 1204, and later revised the 1850 edition of *Branch Genealogy of the Bao Family in Jiling Village*. In 1896, Bao Jinpo, Bao Zhufeng and Bao Quansun, three descendants of Lord Bao, revised and completed *Genealogy of the Bao Family*, which recorded the inheritance of the descendants of the Bao Family from the Daoguang reign to Guangxu reign in the Qing Dynasty. Nowadays, the descendants of the Bao Family in Baofang, Nanfeng County still preserve the two above mentioned family trees.

From the genealogy records, it can be seen that the descendants of the Bao Family in Nanfeng County mainly established their families through cultivation and education. Since 1864, the Bao Family began to engage in business, extending to Shanghai in the east, Guangdong Province in the south, Sichuan Province in the west, and Xuzhou, Jiangsu Province, in the north. Their descendants developed various fields such as banking, salt industry, rice shops, and foil workshops. By 1896, the Bao Family was among the wealthy in Jiangxi.

According to the *Annals of Nanchang Financial Industry*, Bao Zhufeng opened a bank named "Fu Xing Long" (flourishing again) near the Guangrun Gate (Guangrun Men), Nanchang City. In March 1921, Jiangxi Bank was established, and Bao Zhufeng was appointed as the president of the bank. Jiangxi Bank once acted as an agent for the provincial treasury and issued paper currency.

During the reign of the Northern Warlords in Jiangxi, the government was faced with a series of severe problems, such as excessive taxes and levies, an empty national treasury and an extremely serious fiscal deficit. Jiangxi had a financial debt of over 34 million yuan. When the Northern Expedition was about to begin, the Northern Warlord Deng Ruzhuo ordered Jiangxi Bank to issue 13 million yuan of paper currency and stamp it with the letters "Fu", "Xing" and "Long" to raise military expenses. Due to the emptiness of the bank's treasury, Bao Zhufeng had to adopt a high interest rate of over 3 cents to collect deposits, in order to enrich the bank's capital for turnover. After the Northern Expedition army conquered Nanchang, the National government ordered the revocation of banknotes stamped with the letters "Fu", "Xing" and "Long", which immediately turned the notes into waste paper. Therefore, public anger was stirred up and became a famous "Jiangxi Notes Incident" in history. The entire financial industry in Jiangxi was strongly impacted, and wealthy Bao Zhufeng also suffered a devastating setback and could never recover from it.

Due to the sudden decline of the Bao Family, the Bao Family Mension was left unattended and eventually became barren and desolate.

The green mountains are still there, and the sun still rises and sets as usual. The garden has gone, but the place name still exists.

一、内容提要

包家花园的主人是当时江西首富包竺峰。包氏家族因善于经商，而跻身富豪之列。包竺峰在南昌广润门开办“复兴隆”银号，后来成立江西银行。北伐战争前夕，北洋军阀邓如琢为筹措军费，命令江西银行印发纸币 1,300 万元，并在纸币上加盖“复”“兴”“隆”字号。由于银行金库空虚，包竺峰不得不采取 3 分以上高利率收储存款，以充实银行资金帮助周转。北伐军攻克南昌后，国民政府勒令撤销江西银行发行的纸币，一时民愤激起，引发历史上著名的“江钞风波”。整个江西金融界受到强烈冲击，一代豪富包竺峰也因此一蹶不振，包家花园无人管理，最后荒芜凋敝。

二、翻译解析

（一）包家花园像苏州的园林，典雅的亭台楼阁、曲折的画廊雕栏，太湖石垒的假山、碧波荡漾的湖塘，树木丛生、百花争艳

该句由若干个简短的名词短语构成，翻译时，可使用介词“with ＋名词短语”的形式，整句译为“The garden was like the gardens in Suzhou, Jiangsu Province, with elegant pavilions, winding galleries and carved railings, artificial hills built with Taihu Lake stones, and rippling lakes, lush trees and blooming flowers”。

（二）青山依旧在，几度夕阳红

出自明朝杨慎的《临江仙·滚滚长江东逝水》，意思是“当年的青山（江山）依然存在，太阳依然日升日落”。这句诗表达了诗人对历史沧桑无常的感慨，此处是作者对包家花园从繁荣到凋零的唏嘘感叹。由于原文后一句是“花园不在，地名犹存”，可视为对前文的解释，读者能够清晰地领会作者的意图，因而整句话可直译为“The green mountains are still there, and the sun still rises and sets as usual”，无须再增译隐含的信息。

10.5 解说"万子祠"
Wan Family Ancestral Temple

In 1928, Nanchang municipal government widened and renovated a originally narrow road and then named it "Zhongshan Road". The middle section of this road was called "Wan Family Ancestral Temple" (Wanzi Ci) or "Street of Wan Family Ancestral Temple" (Wanzi Ci Jie), because there was an ancestral temple for sacrifice to Wanzi ("zi" is a suffix following a surname to show respect) located here. It was also the headquarter of ancestral temples of the Wan Family in Jiangxi Province. It was formerly at the site of today's Parkson Department Store.

As published in *The Ranking of Chinese Surnames* in 2015, the surname "Wan" ranked the 86th among a hundred family surnames nationwide, with a population of about 350,000, but ranked the 4th in Nanchang City, next to the surnames of Li, Xiong and Hu, with a population of 224,143 according to the statistics in 2015.

In Nanchang County, "Wan" ranks the 1st undoubtedly among all family surnames, followed by the surnames of Li, Liu, Xiong, Hu, Tu, Luo, Chen, Huang, Xu and Gong, etc successively.

The Surnames Annals of Nanchang County marked that there were mainly the following three origins of the surname Wan in Nanchang. The first was Wan Qingyun (a military governor) from Xiangfu County, Kaifu City, Henan Province, who lived in seclusion in Qingtai Temple in Nanchang after resignation and built a residential house in Baitangli Village, during the years of the Tianbao reign in the Tang Dynasty; the second was Wan Yaoyun who moved to Houtian Village, Youlan Town, Nanchang County from Jiaxing County, Zhejiang Province, during the Dazhong reign in the Tang Dynasty; the third was Wan Ji, the chief executive of Yizhou City, who moved to

Shanggao County, Yichun City, Jiangxi Province, during the Tianyou reign in the Tang Dynasty, and whose descendents moved to Shuilongxi Village, Wuyang Town and some other places to avoid disasters of war.

Before founding of Republic of China, there were ancestral temples of different surnames, such as the famous Luo Family Ancestral Temple (Luoshi Zongci) and Huang Family Ancestral Temple (Huangshi Zongci). They served as an ancestral temple for sacrifice to ancestors and as a place for communicating with and receiving clan relatives. Their establishment and daily operation mainly depended on donation by rich merchants and gentry among clan relatives.

According to historical research, the surname "Wan" was mainly originated from three branches: the surname "Ji" (including two subbranches from "Bi Wan" and from "Ruibo Wan"), the surname "Ying" and the surname "Mi". Due to scarcity of written records about Xia, Shang and Zhou dynasties, it's impossible to clarify the ancestors of these branches exactly. Therefore, all branches of Wan reached a consensus that they selected an ancient man of integrity and competence, recorded clearly in writing, as their common ancestor.

Wan Zhang was determined without controversy as the ancestor of all people whose surname was Wan. Wan Zhang, from Qi state during the Warring States Period, was the favorite disciple of Mencius, a Confucian master. He was also the first person in Wan Family who became well-known in history. Following Mencius in all his life, Wan Zhang was regarded highly by his master. In the 5th year of the Zhenghe reign in the Northern Song Dynasty (1115), the emperor conferred a nobility title of Lord Boxing to Wan Zhang and approved that his statue was placed in the west room of Mencius Temple to accept sacrifice.

As recorded in historical books, Mencius left the Qi State and returned to his hometown, Xue County of the Zou State (today's Pi County, Jiangsu Province). Short in food, he had to give lectures to support himself. Meanwhile, he sorted out some classic books such as the *Book of Poetry* and *the Book of History*, together with Wan Zhang and other disciples. They publicized Confucian thoughts and teachings and finally completed a famous book, titled *Mencius*, composed of seven chapters.

Confucius was called the Sage and Mencius called the Second Sage. Yan Hui and Zeng Zi were Confucius' most excellent disciples, while Wan Zhang was Mencius' most satisfactory disciple. Therefore, Wan Zhang really deserved to be chosen as the ancestor to whom the Wan Family gave sacrifice.

Wan Family Ancestral Temple in Nanchang was built first in the Song Dynasty and rebuilt in successive dynasties. It's a pity that this imposing building was ruined by Japanese bombers in the late 1930s.

一、内容提要

万子祠是一座祭祀万子的祠堂，也是江西万氏总祠堂。从夏商周以来，文字记载的史料匮乏之至，因此万姓各自的祖宗理不清，道不明。于是，找一个文字记载确凿、历史上德才兼备的古人作为大家共同的祖宗，成为共识。万章毋庸争辩地成为全国万姓祭祀的祖先。万章是战国时期的齐国人，是儒家集大成者孟子最得意的弟子，是最早扬名于历史的万姓先人，一生追随孟子，为孟子所喜爱。北宋政和五年（1115 年），皇帝封之为博兴伯，从祀于孟庙西庑。南昌的万子祠始建于宋代，经历代修葺，巍峨雄伟，毁于 20 世纪 30 年代末日本飞机的轰炸。

二、翻译解析

（一）据历代的考证，万姓的来源有四大支：姬姓，分毕万和芮伯万、瀛姓、芈姓

万姓主要有四大起源，一是源自春秋时期的毕万。其父为周文王姬昌的第十五子，受封于毕国，人称毕公高。毕公高的儿子毕万被封于魏地，建立魏国，后裔子孙便以祖先名为姓或以国为姓，分化出万姓和魏姓。二是源自周朝卿士姬良夫，在周成王姬宋继位后，其被赐封于芮地，建立芮国，人称芮伯，等爵位传至芮伯万这一代时，子孙便以祖先名为姓，形成现代万姓氏族的一

脉。三是源自瀛姓，四是源自芈姓，皆是子孙以祖先居邑之地为姓。该句可处理为“According to historical research，the surname ‘Wan’ was mainly originated from three branches：the surname ‘Ji’（including two subbranches from ‘Bi Wan’ and from ‘Ruibo Wan’），the surname ‘Ying’ and the surname ‘Mi’ ”。

（二）孟子去齐，绝粮于邹薛，退与万章之徒，序诗书，述仲尼之意，作孟子七篇

该句出自《纲鉴易知录》，讲述了孟子周游列国，宣扬儒家仁爱治国之道，希望各国采纳其主张，但未能成功。了解背景信息，句意便不难理解。该句可解释为“孟子离开齐国，回到家乡邹国薛地（今江苏邳县），但粮食断绝，生活困顿，于是在家乡讲学谋生，并与万章等弟子整理《诗经》《书经》，阐发孔子（仲尼为孔子的号）的思想学说，写成《孟子》一书，共七篇”，因此，可译为“Mencius left the Qi State and returned to his hometown，Xue County of the Zou State（today's Pi County，Jiangsu Province）. Short in food，he had to give lectures to support himself. Meanwhile，he sorted out some classic books such as *the Book of Poety* and *the Book of History*，together with Wan Zhang and other disciples. They publicized Confucian thoughts and teachings and finally completed a famous book，titled *Mencius*，composed of seven chapters”。

（三）孔子称为圣人，孟子称为亚圣

孔子是儒家学说的创立者，而儒家学说是中国影响最大的流派，也是中国古代的主流意识，因此，孔子被尊称为“圣人”。孟子因在继承和发扬儒家学说方面作出巨大的贡献而被尊称为“亚圣”。“圣人”可译为“Sage”或“Saint”，“亚圣”可译为“the Second Sage/Saint”。

10.6 解说“京家山”
Jing Family Mountain

In ancient times，the area outside Jinxian Gate was a burying ground scattered with numerous unmarked graves. Xu Ruzi, a Nanchang native famous for noble character, was buried here. There were also graveyards of two local celebrated families in this area. One graveyard was called Zhang Family Mountain and the other was called Jing Family Mountain.

A celebrity of the Zhang Family is Zhang Wei (1538-1605) from Xinjiang County in the Ming Dynasty, who took the positions of Principal of the Imperial Academy, Minister of Rituals, Grand Secretary of the Pavilion of the Imperial Library and Grand Guardian of the Crown Prince. Zhang Wei spent his old age in Nanchang, leaving many anecdotes and legends, so he was well known by Nanchang people.

A celebrity of the Jing Family is Jing Tang (1138-1200) from Nanchang in the Southern Song Dynasty, but he has been almost forgotten by Nanchang people for two reasons. One is that he lived too long time ago; another is that he took official positions far away from the hometown in all his life.

Clever and gifted extraordinarily, Jing Tang achieved a great success when he was young. He passed the final imperial examination when he was 19 years old (1157). He held the posts of registrar in Linchuan County first and then magistrate of Xingzi County. Because of his courage, learning and competence, he was soon recommended to serve in the imperial court. For his stout presenting strategies of running a state, he was appreciated by Emperor Xiaozong (the Southern Song Dynasty) who was just enthroned, and thus he was promoted to higher positions of Supervisory Censor, Assistant Department Director, etc.

When Jing Tang served as an envoy to Jin State, he successfully accomplished his mission, regardless of death. The King of Jin state heartfeltly praised him as a really loyal and upright official. The whole imperial court of the Southern Song Dynasty felt proud of him. The emperor was very pleased so as to promote him as assistant minister of the Ministry of Works.

In the 15th year of the Chunxi period (1188), 50-year-old Jing Tang was sent to Sichuan Province as the envoy in charge of local military affairs with a concurrent post of magistrate of Chengdu City. During his tenure, he took many effective measures in economy, politics, people's well-being and public security, etc, bringing a peaceful and affluent life to the ordinary people. Four years later, Jing Tang was summoned to the capital to act as Minister of Ministry of Punishment. Afterwards, he was promoted to higher posts such as assistant administrator (equivalent to chancellor) and right prime minister, etc. In January of the 6th year of the Qingyuan reign (1200), he was appointed as the left prime minister and guardian of the crown prince and granted a title of Duke of Yi State. In August of the same year, he died of disease, conferred a title of grand guardian of the crown prince and a posthumous title of Wenzhong (praising that the person is learned and loyal).

Before 1949, Jing Family Mountain was very desolate. Later some immigrants gathered here, so a small village called Jingshan Village was formed.

After 1949, the surroundings of Jing Family Mountain were developed rapidly. There emerged many medium and large-sized enterprises such as Jiangxi Mining Machinery Works, Nanchang Can and Beer Factory, Nanchang Thermos Flask Factory, Jiangxi Bayi Bast Fiber Spinning Factory and The First Jiangxi Construction Company, etc. Jingshan people's commune was founded in August 1959, and renamed to Jingshan Sub-district Office in 1961. According to *Chronicle of Qingyun Pu District* (2004 edition), the Jingshan Sub-district Office had a jurisdiction of 4.45 square kilometers, with a population of 51,840 and permanent households of 16,900.

一、内容提要

古时候的进贤门外，是南昌人的殡葬之地。这里有一些当地名门望族的家族墓地。京家的墓地也在这里，叫作京家山。京家的名人叫京镗，南宋南昌人，19岁考中进士。先在临川任主簿，后在星子任知县。由于有胆有识，精明能干，不久被举荐入朝。50岁时任四川安抚制置使兼成都府知府，兴利除弊、减免征敛、让利于民、惩治凶犯、加强治安，百姓安居乐业，地方清平富康。四年之后，京镗被召回京城任刑部尚书。后来升任右丞相。庆元六年(1200年)，改任少傅左丞相，封翼国公。

二、翻译解析

淳熙十五年（1188 年），京镗 50 岁。任四川安抚制置使兼成都府知府，兴利除弊、减免征敛、让利于民、惩治凶犯、加强治安，百姓安居乐业，地方清平富康。

“安抚制置使”为安抚使与制置使的合称，其官署为安抚制置使司。安抚使是巡视经过战争或受灾地区的一种临时性的地方军事长官，后渐成为各路负责军务治安的长官，以知州、知府兼任。制置使在北宋时为边疆地区临时性的军事统帅，南宋设置渐多，掌管本路诸州军事，多以安抚大使兼任。综上，安抚制置使可大致译为“the envoy in charge of local military affairs”。

该句集中反映了汉语的几个突出特点。众所周知，汉语喜用四字格和对偶句。该句包含“兴利除弊”“让利于民”两个四字格成语，包含“减免征敛”“惩治凶犯”“加强治安”三个四字格词组。这五个四字格结构均为动宾短语，意义明确，可采用直译法，处理成表并列关系的动宾短语，分别译为“promote the beneficial and abolish the harmful”“reduce and remit taxes”“benefit the ordinary people”“punish the criminals”“strengthen the public security”，由于汉英语言差异，翻译四字格结构时，语义传达是首要的，译文是否还能保持四个单词，是次要的，有时也很难做到。

该句还包含“百姓安居乐业”与“地方清平富康”两个对偶句，这两个句子均为“主谓结构”，如果按照原句的句子结构翻译，译文中会出现三个主语，整个句子结构便会显得松散。为使译文语言表达更为连贯、句子结构更为紧凑，可将主语统一为“京镗”。此外，五个四字格词语译文较长，可概括为“在经济、政治、民生和社会治安等方面采取了有效措施”，两个对偶句也可合并为“给百姓带来安定、富足的生活”。

综上，该句可概括性译为“In the 15th year of the Chunxi period (1188), 50-year-old Jing Tang was sent to Sichuan Province as the envoy in charge of local military affairs with a concurrent post of magistrate of Chengdu City. During his tenure, he took many effective measures in economy, politics, people's well-being and public security, etc, bringing a peaceful and affluent life to the ordinary people”。

11　老地名背后的地方商贸文化

商业经济与人们的生活息息相关，渗透到日常生活的方方面面，总会在城市的不同角落留下印记。南昌城内有一些手工业和商业的聚集地，因繁极一时而成为固定地名流传下来，比如米市街、嫁妆街、水果街、草鞋巷、羊子巷、冻米巷、猪仔巷、羊子巷、豆豉巷、豆芽巷、棉花市、萝卜市、打缆洲、煤炭坡、禾草街等，这些地名构成一幅人们生产生活的生动画卷，展现了南昌商业文化的发展演变过程。

本篇翻译以下六个地名及其背后的故事，探讨相关领域或表述的文化内涵及其英译技巧与策略，尤其是颜色词、数词的文化内涵与英译。

11.1　解说“豆芽巷”
Bean Sprout Alley

There were hundreds of old streets and alleys in Nanchang, some of which were named after goods or products dealt with or produced there. For instance, the street for selling rice is called “Rice Street” (Mishi Jie). Likewise, there were also streets named “Oil Street” (Youhang Jie), “Dowry Street” (Jiazhuang Jie) and “Fermented Soybean Alley” (Douchi Jie), etc.

Bean Sprout Alley (Douya Xiang), just as its name implies, was a lane where bean sprout was produced. In brief, production of bean sprout is a process of immersing soybeans in clear water to make them sprout. Among old places in Nanchang, Bean Sprout Alley was unique, historically significant and socially influencial. It was a longest lane with the largest number of people working in a single industry, with a long history and profound social influence. Therefore, "Bean Sprout Alley" was not just a name of a lane, but a name of a district.

According to *The Annals of Nanchang Place Names* (1992 edition), Bean Sprout Alley was 400 meters long and 3.5 meters wide, stretching from the back door of Jiangxi Paper Mill in the east to Fudayou Dyke in the west. In fact, Bean Sprout Alley was considered to extend eastward hundreds of meters, since the residents within the scope also cultivated bean sprout.

In the late Ming and early Qing dynasties, this place had been populated, owing to its convenience to take water from Ganjiang River and abundance of wasteland. The people dwelled alongside the dyke, living by cultivating bean sprout. Later, more and more immigrant people settled down here, and then were taught the methods of cultivating bean sprout by their warm-hearted neighbors. With the increase of newcomers, Bean Sprout Alley kept extending eastward.

Because of increase in the local inhabitants and immigration of foreign population, there were approximately 300 households engaging in business of bean sprout in Bean Sprout Alley in the initial post-liberation period. United, honest and accommodating, the residents lived in perfect harmony like a big family for hundreds of years. From various parts of the county, they had different surnames among which Wang, Wan, Xiao, and Wu were predominant. Wang Family was also called "Wang Family in Bean Sprout Alley, Yaoxi Town". It shows that Wang Family lived in the lane for long. According to *Pedigree of Wang Family in Bean Sprout Alley in Yaoxi Town of Nanchang*, Lord Ri Xing and his family always lived in the alley since his settlement here during Emperor Daoguang's reign of the Qing Dynasty. Up to now, this family has reproduced six generations of descendents and rooted here for over 200 years.

In the 1950s, the residents in Bean Sprout Alley were organized to establish "Nanchang Handicraft Industry Association of Dried Tofu and Bean

Sprout". Early morning every day, they sent bean sprout to food markets throughout the city by shoulder or handcart, regardless of extreme cold or heat, gale or rain. Nearly all old natives knew about Bean Sprout Alley.

Since China's reform and opening up, tremendous growth in China's economy enriched material supplies and thus improved people's livelihood remarkably. As a result, people's demand for bean sprout declined dramatically. From then on, bean sprout became not important any longer in people's life. The residents in Bean Sprout Alley had to bail themselves out of the crisis. Some of them devoted themselves into business circle and became successful entrepreneurs by seizing opportunities in reform and overcoming great difficulties.

Several years ago, Bean Sprout Alley was transformed into a wide road, taking on entirely new image. Considering Bean Sprout Alley as vulgar, the competent department renamed it "Dancing Phoenix Road" (Qifeng Lu) based on an expression "leaping dragon and dancing phoenix" from the *Preface to Pavilion of Prince Teng*.

As the Ministry of Civil Affairs stipulates that a place name shall be changed only with unanimous agreement of local people, the residents have been demanding to restore the old name "Bean Sprout Alley".

Carrying historical information of a city, place names can function as a basis for tracing back the history, so they cannot be altered rashly; otherwise, the clues about the historical evolution will be interrupted.

一、内容提要

豆芽巷在富大有堤附近。因临近赣江，取水方便，又是城郊，荒地很多，所以，在明末清初就有人在堤边居住，以种植豆芽为生。后来陆续有从外地迁到南昌来谋生的民众在此落户。左邻右舍都热情传授种植豆芽的技艺。豆芽巷也因此一直向东延伸。豆芽巷在解放初期大约有300多户，家家种植豆芽。豆芽巷的居民特别团结，民风淳朴，乐善好施。几百年来，情同一家，和睦相处。改革开放以后，经济发展，物资丰富，豆芽也就失去往日的辉煌，百姓对豆芽的需求一落千丈，豆芽巷的民众纷纷另谋出路。后来，豆芽巷拓宽改造，被改名为“起凤路”。

二、翻译解析

（一）发豆芽

发可理解为“培育”，译为“to cultivate bean sprout”。

（二）腾蛟起凤

出自《滕王阁序》，意思是宛如蛟龙腾跃、凤凰起舞，形容人才众多，各显其能，此处“leap”和“dance”两个动词可呈现原文基本信息，可译为“leaping dragon and dancing phoenix”。

（三）地名是后人追溯历史的依据，轻易改变，就割断了历史发展的脉络

英语惯用被动语态，而汉语多用主动语态。这句话后半部分省略了主语“地名”，且隐含被动语态，翻译时，可采用英语被动结构。此外，汉语少用连接词，逻辑关系隐藏在字里行间，翻译时，应适当增补表示逻辑关系的连接词，这句话可译为“place names can function as a basis for tracing back the history, so they cannot be altered rashly; otherwise, the clues about the historical evolution will be interrupted”。

11.2 解说“嫁妆街”
Dowry Street

The “Dowry Street” (Jiazhuang Jie) in Nanchang was once very famous and bustling. As recorded in *The Annals of Nanchang Place Names* (1992 edition), it started from South Yuanming Road in the east and ended at South Xiangshan Road in the west, with a length of 145 meters and a width of 9 meters.

According to *The Annals of Nanchang County* in the 33rd year of the Guangxu reign of the Qing Dynasty (1907), Dowry Street was so named because the shops in the street mainly carried on the business of dowry.

Since the ancient times, Dowry Street had been operating dowries until the 1980s. In the memory of the Nanchang natives, Dowry Street at that time was exactly a street specializing in dowry furniture.

Approaching Dowry Street, one could smell a strong aroma of camphor wood. The shops on both sides of the street were very humble, all of which were one-story dwarf houses, with patches of black earthen tiles on the roofs. The columns and beams of some houses had already tilted, giving us a feeling of being precarious.

Dowry furniture were exhibited in the front of every shop, even extended to the middle of the street. Various sizes of camphor wood boxes, wooden basins, closestools, wardrobes, hanging wardrobes, dressing tables, and so on. No cloud peddling could be heard here. Customers meandered through the stores, constantly selecting commodities satisfactory to them and bargaining with the boss.

All furniture was made using traditional craftsmanship, namely, by tenon joints instead of a single iron nail. The eight corners of the camphor wood box were wrapped in copper sheets, which made the box sturdy and aesthetically pleasing. The wooden basins were painted red, so that they looked very opulent. Even a closestool was painted red in the body and painted golden at the edges, exceptionally beautiful and luxurious. From today's perspective, every piece of furniture can be taken as an exquisite handicraft.

The families who purchased dowry furniture in Dowry Street were all affluent and influential. Well made and decorated, the furniture here was expensive. Ordinary people usually invited a carpenter to make furniture at home, or go to buy furniture from some carpenter shops in small streets or alleys.

In ancient times, many handicraft shops usually adopted the layout of shop in the front and workshop in the rear. The same was true for the shops on Dowry Street. The front was the stores for sales, and the rear was the workshops for production. Each store in Dowry Street was relatively large-scaled, often with several skilled craftsmen and painters, as well as several apprentices. Deep inside the store was the place for their daily life.

Today's Dowry Street is not the same as before, and there is no longer the production and sales of dowry furniture. Some of the dowry furniture sold here may have already become antiques for people to collect.

一、内容提要

清朝光绪三十三年（1907 年）《南昌县志》记载，嫁妆街因街道店铺主要经营嫁妆而得名。家家店铺的门前都摆满嫁妆家具，一直摆到街道中央，有各种大小规格的樟木箱、木盆、马桶、五斗橱、挂衣橱、梳妆台等。所有家具都采用传统制作工艺，全部采用榫头结合，不用一枚铁钉。用今天的眼光来看，每一件家具都是精妙绝伦的工艺品。现在的嫁妆街，今非昔比，嫁妆街曾经的嫁妆家具，或许有的早已成为人们收藏的古董。

二、翻译解析

（一）榫（sǔn）头

中国传统建筑、家具及其他器械以木构架结构为主要结构方式，凸出部分叫榫（或叫榫头）；凹进部分叫卯（或叫榫眼、榫槽）。榫头的英文可用单词“tenon”。

（二）古代的手工业，基本上都是前店后坊，嫁妆街的店铺也是如此

“前店后坊”是一种传统店铺运作模式。指前面临街的当店铺，后面更大的空间当作坊。该句可译为“In ancient times, many handicraft shops usually adopted the layout of shop in the front and workshop in the rear. The same was true for the shops on Dowry Street”。

11.3 解说“煤炭坡”

Coal Slope

There were 7 city gates, 9 islets and 18 slopes in Nanchang City. Coal

Slope (Meitan Po) was one of them. Coal Slope was located on the bank of Fuhe River, approximately at the Middle Fuhe Road (Fuhe Zhong Lu) between Zhongshan Bridge and Ruzi Bridge. It was a wharf for unloading coal and a market for trading coal. In this region there was a street 75 meters long and 2.1 meters wide, which stretched out from Riverside Street (Hebian Jie) in the south to Jiulang Alley (Jiulang Xiang) in the north. It was called Coal Slope Street during the reign of Emperor Qianlong in the Qing Dynasty and renamed to Coal Street during the reign of Emperor Guangxu in the same Dynasty (as recorded in 1992 version of *The Annals of Nanchang Place Names*).

Before the Qing Dynasty, every household in Nanchang City made meals by burning firewood. No coal was carried here until the early Qing Dynasty. From then on, coal gradually became the main fuel. Before the 1980s, nearly each local household possessed two furnaces: briquette stove and firewood stove.

The coal industry in Nanchang was mainly dominated by three factions of Pingxiang, Fengcheng and Nanchang. Pingxiang Faction and Fengcheng Faction controlled the coal sources while Nanchang Faction (also called wharf faction) controlled the coal markets. In the 30th year of Emperor Guangxu's reign in the Qing Dynasty (1904), a Coal Industry Guild was founded formally.

In 1947, there were 3 coal wholesalers and 44 coal stores in Nanchang. In 1952, the government halted transportation and sales of private coal enterprises and put them under centralized management of specified departments. These private enterprises established public-private partnership Guangda Coal Store and Dafu Coal Store in 1956; Jiangxi Fuel Wholesale Department was founded in 1957; Nanchang Fuel Management Department was founded in 1959, under the control of Nanchang Municipal Bureau of Commerce; Nanchang Fuel Company was established in 1961; Nanchang Agricultural Materials Company was merged to establish Means of Production Company in 1968; Nanchang Coal and Petroleum Company was founded in

1971 and Nanchang Coal company in 1985.

Huazhong Briquette Factory, the first machine-made briquette factory, was founded in 1946. In 1950, Nanchang Briquette Factory was built up at the intersection of South Erqi Road (Erqi Nan Lu) and The Second Traffic Road (Di'er Jiaotong Lu), by the joint investment of Department of Agriculture of Jiangxi Province (RMB 150,000) and Nanchang Authority of Cooperative Affairs (RMB 350,000). The Second Briquette Factory of Nanchang was set up on No. 37 Sheshan Road (Sheshan Lu) on July 1, 1963. The Third Briquette Factory of Nanchang was set up on No. 2 Curled-up Dragon Road (Panlong Lu) of Wanli District on March 1, 1971.

In October 1978, the preparatory group of Nanchang liquefied petroleum gas project carried from Anqing oil refinery a batch of bottled liquefied petroleum gas, which marked a start of Nanchang's advancement towards new energy.

According to *The Annals of Nanchang City* (1986-2004), the urban gas supply began to develop rapidly since the middle of the 1980s. By 2004, there had been 24 reserve stations of liquefied petroleum gas in the whole city, with a total storage of 3,298 tons. Among them, reserve stations for self-supply reached 14, with a storage of 1,053 tons and reserve stations for operation totalled 10, with a storage of 2,245 tons and with a rate of gasification of 87. 7 percent.

Nowadays, modern cookers such as induction cooker, microwave oven and optical wave oven have been widely used, taking the place of traditional stoves sending out open flames and thick smoke. Nowadays, the bustling Coal Slope has vanished, without a trace.

一、内容提要

煤炭坡在抚河岸边，曾经是卸煤炭的码头，也是买卖煤炭的市场。《南昌市地名志》（1992 年版）记载，清朝乾隆年间叫煤炭坡街，光绪年间叫煤炭街。清朝以前，南昌城里家家户户都是烧木柴，直到清朝初年煤炭才运进南昌城，渐渐地成为主要的燃料。当年南昌的煤炭行业有3个帮派，萍乡帮、丰城帮控制煤源，南昌帮掌握市场。光绪三十年（1904）正式成立煤炭同业公会。1952年，政府停止私营煤炭商业运销业务，对私营企业实行归口管理。

二、翻译解析

七门九洲十八坡，其中有个煤炭坡

“七门九洲十八坡”是描述旧时南昌地形图的一句老话。七门指进贤门、惠民门、章江门等七座城门；旧时南昌水系发达，水上多小岛，有潮王洲、新洲、大洲、黄泥洲、黄牛洲、打缆洲、杨家洲、新填洲、里洲共九个洲；十八坡是旧时南昌市区街道依地势高低不平而形成的，处于高地的称“坡”，包括傅家坡、凤凰坡、槐树坡等。由于南昌的七门九洲十八坡有据可查，数字“七”“九”“十八”可作为确数来翻译。可将该句译为“There were 7 city gates，9 islets and 18 slopes in Nanchang City. Coal Slope（Meitan Po）was one of them”。

但应注意的是，有时汉语中的数词并非确数概念，而是表示数量多或少，翻译时常用形容词或副词表达。数字“一”和“二”常指太少，比如“略知一二”可译为“to know a little about...”；“一毛不拔”可译为“very stingy/as mean as a miser”；“一尘不染”可译为“free from dust/spotlessly clean”。数字“十”“百”“千”，常指很多，如“一五一十”可译为“in full details”；“百折不回”可译为“pushing forward despite repeated frustrations”；“千言万语”可译为“innumerable words”。

“三”以及“三”的倍数也可以表示很多。清代学者王中就在《述学释三九》中指出，“凡一二不能尽者，则约之以三以见其多；三之不能尽者，则约之以九以见其极多”，比如“望君三思”可译为“Please think twice/over”；“九死一生”可译为“survive all perils”；“军书十二卷，卷卷有爷名”可译为“The roster consists of many muster rolls，and every roll has father's name on it”；又如“三十六家花酒店，七十二座管弦楼”“三十六”和“七十二”都有“极多”的意味，可用形容词“countless”来表达这一蕴义，可译为“the countless taverns and music halls”。

11.4 解说“新余仓”
Xinyu Warehouse

Before the period of the Republic of China, there was a distance between the three gates of Huimin, Guangrun and Zhangjiang, and the bank of Fuhe River and Ganjiang River. It became the largest commodity market and logistics center in Jiangxi, since waterway transport was the major transport mode in ancient times and Nanchang City was the political, economical, commercial and cultural center of Jiangxi.

Along the bank of Ganjiang River, there were dozens of warehouses, mainly granary and salt warehouse. After collapse of the Republic of China, they vanished gradually, only with several road names left, such as "Xinyu Warehouse".

As shown in *The Annals of Nanchang Place Names* (1992 Edition), Xinyu Warehouse was 76 meters long and 1.3 meters wide, running from Coal Street in the north to Riverside Street in the south. During the reign of Emperor Guangxu in the Qing Dynasty, the people from Xinyu built granaries and established an association of townsmen here.

"新余", the Chinese name of Xinyu was originally "新渝". Yuanhe River, originated from Wugong Mountain, flowed through counties of Luxi, Yichun, Fenyi and Xinyu, and finally infused into Ganjiang River inside Zhangshu City. The section of Yuanhe River within territory of Xinyu was always called Yu Water ("渝水" in Chinese) from the ancient times, so there is still a district called "Yu Water District". In the 2nd year of Emperor Baoding's reign of Wu States in the Three Kingdoms of the Eastern Han Dynasty (267), the court segmented a part out of Yichun County and made it a new county named Xinyu County ("新渝县" in Chinese; "Xin" means "new", "Yu" refers to "Yu Water")

It is said that the Chinese word "新渝" was miswritten as "新喻" during Emperor Tianbao's reign in the Tang Dynasty (742). The clerical error might be made in the report submitted by the prefectural government or in the official approval given by the court. In feudal society, what an emperor said could not be unsaid and the document issued by the imperial court could not be altered. Therefore, the erroneous information spread continuously so that the name "新喻" (Xinyu) was used for over 1,000 years.

During the period of the Second Revolution Civil War (1927-1937), some revolutionary bases were established under the leadership of the Communist Party of China. One of them was Xinyu ("新喻" in Chinese) County Soviet Government founded in Shangmuyuan Village, Liangshan Town in May 1930 which governed East District, West District and South District. In March 1932, the two Soviet areas of Xinyu County and Xiajiang County were merged into one called XinXia County. Xinyu was divided into four districts of Shuikou, Fengcheng, Donglu and Yaosi. In October 1934, the Chinese Workers' and Peasants' Red Army started Long March, which led to complete loss of all soviet areas.

On July 14, 1949, Xinyu County was liberated and incorporated into Yuanzhou prefecture. The commissioner's office was set in Yuanzhou (today's Yichun City). In 1953, the prefectures of Yuanzhou and Nanchang were combined into one called Nanchang Prefecture and the commissioner's office was set in Nanchang City. As a result, Xinyu County was incorporated into Nanchang Prefecture.

In May 1957, the State Council declared that "新喻" was renamed into "新余". The new name "新余" has been adopted until now, but it reveals little about the historical origin of this city.

In the early 1990s, urban renewal was carried out in the area near Guangrun Gate for 5 consecutive years. As a result, many old place names were no longer in existence, including Xinyu Warehouse.

一、内容提要

民国以前，惠民门、广润门以及章江门之外的赣江岸边是江西最大的商品市场和物流中心，这里有几十座仓库，主要是粮仓和盐仓。清朝光绪年间，有新余人在此建立粮仓，新余同乡会也建在这里。民国以后，这些仓库渐渐消失了，其中也包括“新余仓”。新余原本叫作新渝。东汉时期，朝廷从宜春县范围内分割出一部分，新成立一县，因为袁河在这一段自古以来叫“渝水”，所以称之为新渝县。后来又讹误为“新喻”，1957 年国务院将“新喻”改名为“新余”。

二、翻译解析

（一）封建社会的皇帝是金口玉牙，朝廷的发文也是不可更改，于是以讹传讹，错误的“新喻”叫了 1,000 多年

该句中，“皇帝是金口玉牙”并非实指，而是喻指黄帝说出的话是不得更改的，所谓“一言既出，驷马难追”。因此，不能按字面意思翻译，应传达出其隐含义，整句话可表述为“In feudal society，what an emperor said could not be unsaid and the document issued by the imperial court could not be altered. Therefore，the erroneous information spread continuously so that the name“新喻”（Xinyu）was used for over 1,000 years”。

（二）专员公署

简称“专署”，是我国省、自治区人民政府在专区设立的派出机关，代表省、自治区人民政府督促、检查、指导所辖县、市人民政府的工作，并办理上级人民政府主管部门交办的事项。综上，该机构可译为“commissioner's office”。

11.5 解说"棉花市"
Cotton Market

There were two Zhushi Streets (Zhushi Jie) inside Nanchang City: Jewelry Street and Pig Street (both pronunciate "Zhushi Jie" in Chinese). Immediately, we can tell from the names that they were streets for selling jewelry and pigs respectively. There was also a street called "Cotton Market" (Mianhua Shi), but we cannot understand it simply as a street to sell cotton according to its name.

In Nanchang City, "Cotton Market" was the only one street which could be called "Market". Before the Qing Dynasty, Cotton Market was really a place where cotton was sold. After the period of Republic of China, however, the area surrounding Cotton Market and Daizi Lane (Daizi Xiang) became a market and trading center of cotton yarn, cotton cloth and cotton products in Jiangxi Province.

Ancient China was a society of self-sufficient peasant economy where men farmed and women weaved. In the Qing Dynasty, the textile industry was prevalent in the rural areas around Nanchang City, especially in the villages of Liantang, Wanshe, Shatan, etc. In the 4th year of the Republic of China period (1915), Hecheng textile company inside the city was closed down. Many workers from Dengbu Village, Nanchang County returned to their hometown to set up their spinning workshops. In consequence, Dengbu Village became the cotton spinning center of Nanchang County soon. In the 26th year of the period, Jiangxi Administrative Office of Industry and Business prepared to establish a handwork spinning cooperative society and appointed Dengbu Village as a demonstration plot of Jiangxi Province. In the 37th year of the period, there emerged eight cooperative society of spinning producers in Xiaolan Town alone, including Zhongmen, Dinggang, Liutang and Zhongmo, etc.

By indigenous methods, the cotton cloth produced in Dengbu was dyed into various colors, such as deep green, purple, yellow, blue black, etc. The dark blue cloth of about 43 cm width was best-selling among the various types of cloth from Dengbu. Such cloth shops as Wang De Shun, Yong Tai Xiang, Heng Yuan Ren, Li Xin Xiang and Fu Ju Xiang specially purchased cotton cloth from Dengbu, affixed to their own labels on it and finally sold it to other places. Due to the cooperation between the merchants from Daizi Lane of Cotton Market and the workshops from Dengbu, the production bases were gradually developed and expanded to other counties such as Xinjian and Gao'an, etc. They witnessed prosperity in production and marketing of cotton cloth, and enjoyed a great publicity far and wide.

In the late 1940s, Dengbu Village produced 17 varieties of cloth including plaid, poplin, Khaki, calico, etc. After founding of the People's Republic of China, with the rapid development of state-operated industry and commerce and full implementation of state-planned economy policy, textile industry operated in rural areas such as Dengbu faded away from the stage of history and thus Daizi Lane of Cotton Market lost its yesterday's prosperity.

In 1986, Cotton Market with a history of hundreds of years was renamed "Cotton Lane" (Mianhua Xiang) and then "Cotton Street" (Mianhua Jie).

一、内容提要

清朝以前，棉花市是卖棉花的地方。民国之后，棉花市、带子巷一带成为买卖棉纱、棉布、棉制品的市场，江西棉纱棉布棉制品交易中心。古时候的中国，是男耕女织，自给自足的小农经济社会。延续至清末，南昌周边农村的纺织业非常普遍。邓埠是南昌县棉纺织中心，南昌城里的王德顺、永泰祥、恒源仁、立新祥、福聚祥等布号，专门收购邓埠的棉布，贴上自己的商标，广销外地。设立在棉花市带子巷的商家和邓埠的作坊联手经营，生产基地逐渐发展壮大，产销两旺，名声远播。

二、翻译解析

（一）民国三十七年，仅小蓝地区就有众门、定岗、柳塘、中墨、沥山、蓝溪、西山、东房8个纺织生产合作社

小蓝原为南昌县下辖的一个乡。民国时期，小蓝乡邓埠村是南昌县的棉纺织中心。如今提到“小蓝”，南昌人通常指国家级经济技术开发区——小蓝经济技术开发区（成立于2002年）。由于该句中，时间状语为民国三十七年，因此，不能将其译为“Nanchang Xiaolan Economic and Technological Development Zone”，而应译为“Xiaolan Town”。生产合作社是小生产者为共同发展生产自愿联合组成的集体经济组织，一般集中在个体农业、手工业领域。根据其含义，可译为“cooperative society of producers”，纺织生产合作社可译为“cooperative society of spinning producers”。

（二）邓埠的棉布经过土法染色，有杉绿、紫、黄、元青等花色品种，其中以幅宽1.3尺的童子青最为畅销

汉语中，颜色词的表达非常丰富，英文中很难找到完全对应的词，只能采取一般化处理，舍弃汉语中的一些内涵或意蕴，求得大致的对应。比如“杉绿”是一种茂密丛林般的深邃绿色，富含一种与深青色相似的古典气息。大致译为“deep green”。“元青”是在深蓝色的基础上加黑色染料，所出的颜色接近黑色，但依然会有蓝色的底子。在古代中国的色彩体系中，“青”是指黑色、蓝色或者介于黑色和蓝色之间的色调，古人将黑色和蓝色看作相似的颜色，因此用同一个词“青”来表示。元是指最初、本源的意思，因此将黑色称为元青，就是将黑色视为最原始、最本质的颜色。综上，“元青”大致对应“蓝黑色”，可译为“blue black”。“童子青”大概指古代中国神话传说中仙童所穿衣服的颜色，一般为深青色，偏蓝，可大致译为“dark blue”。整句话可译为“By indigenous methods，the cotton cloth produced in Dengbu was dyed into various colors，such as deep green，purple，yellow，blue black，etc. The dark blue cloth of about 43 cm width was best-selling among the various types of cloth from Dengbu”。

11.6 解说“打缆洲”
Rope-knitting Islet

There were some islets called “Nine Islets” by the local people, in the middle of the riverway of Ganjiang River and Fuhe River flowing at the west of the ancient Nanchang City. Luoyuan from She County, Anhui Province in the Song Dynasty once said in his *Annals of Xin'an*, “Anhui merchants transported tea, raw lacquer, paper and timber to Jiangxi for sale”. It shows that Anhui merchants have carried on business of tea, paper, and timber, etc in Jiangxi Province for a long time. Before the 1980s, Fuhe River was far wider than now. There were bamboo rafts and log rafts floating densely on the river surface which ranged from Jiangxi Dockyard (today's Jiangxi Provincial Museum and Nanchang Library) in the north to Sima Temple in the south. Since the Song Dynasty, the area had been the distribution center of moso bamboo and timber in the province. The large number of moso bamboos and timbers were drifted here from different places of Jiangxi, along Ganjiang River and Fuhe River, and then shipped to Yangtze River via Poyang Lake and finally sold in the cities of Nanjing, Shanghai, etc.

About 70 percent of Jiangxi area was covered by mountains, 20 percent by rivers and lakes, and 10 percent by farmland, so Jiangxi was abundant in bamboo and timber resources. With the rapid development of industry and commerce and city construction, a large quantity of moso bamboos and timbers were sold to other cities. Since the Ming Dynasty, many immigrant farmers from other places set up shanties and settled down on Rope-knitting Islet (Dalan Zhou) opposite the waterway of Fuhe River, living on knitting bamboo ropes, bundling rafts or rafting.

Bamboo raft or log raft must be bundled merely by bamboo rope, because it was matchable with steel wire rope in strength and resistant to water steeping. By contrast, hemp rope or coir rope was easier to break after immersed in water for long time. Among the immigrant laborers on Rope-knitting Islet, some specially worked on knitting bamboo ropes. "Knitting ropes" was called "Dalan" by Nanchang people, so this islet was called "Rope-knitting Islet". To knit bamboo ropes, the laborers needed to set up a wooden support more than 10 meters high. There were over 10 wooden supports like it on the islet at that time, demonstrating flourishing of this industry at that time. The craftsmen cut moso bamboos into narrow, long and thin bamboo strips and then twisted them into bamboo ropes by winch. The craftsmen said that bamboo ropes could be made thin or thick at will.

Rafting refers to drifting bamboo or log rafts with the flow from the upper reach of Ganjiang River and Fuhe River. Bamboo or log rafts, generally 10 to 20 meters wide and 70 to 80 meters long, were made by bundling together moso bamboos or logs chopped down from mountains. It usually took 20 to 30 days to complete the whole journey. The laborers lived in a simple hut on the rafts which looked like islets floating on the river from a distance.

The water of the upper reach was so shallow that only those one-layer bamboo or log rafts could go smoothly. When the rafts reached Rope-knitting Islet, all of them needed bundling again. The bamboos or logs were overlaid layer by layer orderly to build new rafts which could reach more than three meters in height. With the popularizing of streamers after founding of the Republic of China, they were often used to pull bamboo or log rafts to other places along Ganjiang River, Poyang Lake and Yangtze River. Seen from a distance, these rafts were just like trains driving on the river.

The residents on Rope-knitting Islet built houses along the riverbank. Gradually, there formed a path over 500 meters long, running from south to north. It was called "Rope-knitting Islet" firstly, and then renamed "Rope-knitting Islet Road" (Dalan Zhou Lu) by Place Name Office of Nanchang City in 1986.

一、内容提要

二十世纪八十年代以前，南昌古城西侧的抚河，远比现在要宽阔得多，其中一段河面上布满竹排和木排。从宋朝以来，这里就是江西省毛竹木材的集散地。江西大量的毛竹木材都是沿着赣江抚河漂流到这里，再运送到鄱阳湖进入长江，销售到南京上海等地。明朝开始从外地跑到南昌谋生的农民纷纷在抚河河道对面的打缆洲上搭个茅棚定居下来，以打竹缆绳、扎排、撑排为生。打缆洲的民工有一部分就是专门从事编制竹缆工作的，南昌人把“编制缆绳”叫作“打缆”，这个小洲就被称作“打缆洲”。

二、翻译解析

江西本来就是“七山两水一分地”，竹木资源非常丰富

“七山两水一分地”指的是一个地区的地理环境和地理条件，说明该地区山地多，即山地面积占总面积的70%，水面积占20%，耕地面积只占10%。因此，可译为“About 70 percent of Jiangxi area was covered by mountains, 20 percent by rivers and lakes, and 10 percent by farmland, so Jiangxi was abundant in bamboo and timber resources”。当然，结合后半句“竹木资源非常丰富”的语境，可知本句重在强调江西是个多山的省份，因此，可用形容词“mountainous”修饰“province”，译成“As a mountainous province, Jiangxi was rich in bamboo and timber resources”，虽然缺失了“水”和“地”的信息，但对整句话的意思并无影响。

12 老地名背后的革命斗争故事

“八一南昌起义”打响了武装反抗国民党反动派的第一枪，揭开了中国共产党独立领导武装斗争和创建革命军队的序幕。南昌也因此被誉为“英雄城”“军旗升起的地方”，在中国革命斗争史上留下了光辉灿烂的一页。南昌城经历了惨烈的抗日战争和国内革命战争，这段革命斗争史也留下了一些具有纪念意义的老地名，比如重光里是一条为纪念抗日战争胜利而命名的小巷；国货路是为体现南昌人民“抵制日货”的抗日爱国精神而特别修建的道路；交通路则见证了蒋介石政府“步步为营、节节设防”，围剿工农红军的恶劣行径。

本篇主要翻译以下六个地名及其背后的故事，探讨相关领域或表述的英译技巧与策略，尤其是历史事件的命名特点及其英译、颜色词“红”的文化内涵与英译，以及时政题材的数字简化结构的英译。

12.1 解说“八一桥”

Bayi Bridge

Nanchang City is a historic and cultural city, also a modern hero city. In our country there are many cities that have been named historic and cultural cities, but Nanchang City is the only city that deserves the title of Hero City. Nanchang is the birthplace of the Chinese People's Liberation Army and the place where the army flag was raised. Therefore, “Bayi” (August 1st, the birthday of our army) is the most sacred and resounding name for Nanchang.

Bayi Bridge (Bayi Qiao) witnessed the glorious process of Nanchang going from the Republic of China to the People's Republic of China. Bayi Bridge is also a place name in Nanchang, referring to the area near the east end of Bayi Bridge. Bayi Bridge, originally called Zhongzheng Bridge, was constructed in 1934 and completed in 1936, becoming the first bridge over the Ganjiang River in the history. On the day of its opening to traffic, the crowds of people who came to watch the bridge stretched for miles, with thunderous cheers. The bridge was 1,178.55 meters long, with a 41.55-meter-long approach bridge at the east bank, and with approach bridges on both sides of total length of 147.67 meters. Each pier was a reinforced concrete structure. The main bridge has 28 apertures each of which spanned 35.33 meters. The bridge deck was 9.67 meters wide, with a 6-meter-wide bus lane and a 1.33-meter-wide sidewalk on each side. The bus lane had a load capacity of 10 tons, but the bridge deck was made of wooden boards. According to some elderly people, there were wide gaps between the wooden boards on the bridge. As a result, when walking on the bridge, the people could see the waves in the river, which was truly breathtaking. When a truck passed by occasionally, they could even feel the shaking of their bodies, which was truly terrifying.

In March 1939, the Japanese army was stationed opposite the river, attempting to attack and occupy Nanchang. Faced with the attack of Japanese tanks and vehicles, the Kuomintang defending troops hurriedly blew up the Zhongzheng Bridge at 11:20 on March 26. Unexpectedly, the Japanese army forcibly crossed the Ganjiang River from the towns of Changbei, Niuxing, and Shengmi, and captured Nanchang City late the next night, causing it vain to bomb out Zhongzheng Bridge.

After the Japanese army occupied Nanchang, they repaired Zhongzheng Bridge. Ten years later, Zhongzheng Bridge was bombed again. In May, 1949, the Fourth Corps of the Second Field Army of the Chinese People's Liberation Army directly marched towards Nanchang City along the Zhejiang-Jiangxi Railway. The Kuomintang blew up Zhongzheng Bridge, in order to prevent the People's Liberation Army from crossing the river and entering the city. The People's Liberation Army detoured to Xiebu Town in the east of the city, and after a fierce battle, the Kuomintang army suffered a crushing defeat and fled in all directions. After founding of the People's Repubic of China, Zhongzheng Bridge was renamed as Bayi Bridge. In November, 1955, the provincial government decided to rebuild the bridge on the original basis. The workers reinforced the pier foundations, replaced some steel beams, and transformed wooden bridge deck into asphalt pavement.

The current Bayi Bridge was the new one built at the location of 50 meters upstream away from the original bridge in 1995, and completed in 1997. The new bridge was designed as a reinforced concrete prestressed cable-stayed bridge with double single towers, double cable planes, a shape like a fan, and a dense cable system. The project consists of three parts: the main bridge, approach bridge, and approach road. The entire bridge is about 6 kilometers long, with a total investment of RMB 660 million. The four circles of the approach bridge resemble dancing butterflies, and within them stand the models of four ancient buildings—Xunyang Tower (Xunyang Lou), Yugu Terrace (Yugu Tai), Peony Pavilion (Mudan Ting), and Dragon Ball Pavilion (Longzhu Ge), which reflect Jiangxi history and culture.

There are giant sculptures of two majestic cast bronze lions at the west end of the bridge. There are giant sculptures of a white cat and a black cat at the east end of the bridge, which are unique architectural landmarks around the world, symbolizing Comrade Deng Xiaoping's famous saying "a cat, whether white or black, is a good cat, as long as it can catch mice".

The Ganjiang River, the mother river of Jiangxi, flows along the ancient city of Nanchang. Bayi Bridge is the first river-crossing bridge on the Ganjiang River, connecting the two banks of the river and turning the deep chasm into a thoroughfare. Since the beginning of the new century, the urban construction of Nanchang has developed towards a great goal of "building the city at the two banks of the Ganjiang River and building two urban areas in the north and in the south of the city".

When we overlook the whole city from the bridgehead, we can see that the old urban area has taken on a new look, and the new modern urban area is developing rapidly, full of vitality. New landmarks in Nanchang, such as Greenland Twin Towers (Lvdi Shuangzi Ta), Ferris Wheel (Motian Lun), and Autumn Water Square (Qiushui Guangchang), have sprung up in front of us. Endless stream of vehicles and glowing lights on Middle Ganjiang Avenue (Ganjiang Zhong Dadao) seem to be narrating silently the modernity and prosperity of this new city.

一、内容提要

八一桥原名叫中正桥。1934 年动工，1936 年建成，是赣江历史上第一座桥梁。1939 年国民党守军为阻止日军攻城，遂将中正桥炸断。日军占领南昌之后，修复了中正桥。1949 年 5 月，国民党军队再次炸断中正桥，阻止解放军跨江进城，但以惨败告终。1949 年后，中正桥更名为八一大桥。1955 年 11 月，省政府决定以原桥为基础进行改建、加固。现在的八一桥是 1997 年竣工的新八一大桥。大桥西岸的桥头巨型雕塑是铸铜双狮，威武雄壮。大桥东头的巨型雕塑白猫和黑猫，象征着邓小平同志“不管白猫黑猫，只要逮着老鼠就是好猫”的名言。

二、翻译解析

（一）南昌是中国人民解放军的诞生地，是军旗升起的地方，所以，八一是南昌最神圣最响亮的命名

1927 年 8 月 1 日的南昌起义是中国共产党直接领导的具有全局意义的一次武装斗争。它打响了武装反抗国民党反动派的第一枪，宣告了中国共产党把中国革命进行到底的坚定立场。1933 年，中华苏维埃共和国临时中央政府将八月一日定为中国工农红军成立纪念日。中华人民共和国成立后，此纪念日改称为中国人民解放军建军节（Army Day）。“八一”二字也成为中国人民解放军军旗和军徽的主要标志。南昌作为人民军队的诞生地，有不少以“八一”命名的地名，比如八一广场、八一桥、八一大道、八一公园。由于“八一”二字已深入人心，因此，使用音译法“Bayi”，而非直接译成“August 1st”。同时，便于读者理解其由来，还需简单加注，适当补充背景信息。

综上，该句前半部分采用直译法，译为“Nanchang is the birthplace of the Chinese People's Liberation Army and the place where the army flag was raised”。后半部分采用音译加注，译为“Therefore，‘Bayi’（August 1st，the birthday of our army）is the most sacred and resounding name for Nanchang”。

（二）新大桥设计为双独塔双索面扇形密索体系钢筋混凝土预应力斜拉桥

该句的主干为“新大桥设计为斜拉桥”，可先将该主干译出。斜拉桥前面包含“双独塔”“双索面”“扇形”“密索体系”“钢筋混凝土”以及“预应力”共六个定语，为避免表达单一，可同时采用多种定语形式，比如形容词或分词作前置定语，介宾短语作后置定语，因此，该句可译为“The new bridge was designed as a reinforced concrete prestressed cable-stayed bridge with double single towers，double cable planes，a shape like a fan，and a dense cable system”。

（三）引桥的四个圆圈似蝴蝶飞舞，圈内矗立着体现江西历史文化的浔阳楼、郁孤台、牡丹亭、龙珠阁四个楼台亭阁

浔阳楼为中国江南十大名楼之一，位于江西省九江市区的九华门外的长江之滨，浔阳为九江的古称。浔阳楼可采用音译法，译为“Xunyang Tower”。郁孤台位于赣州城区西北部贺兰山顶，辛弃疾、苏轼、文天祥等诗人在此留下许多脍炙人口的诗句。郁孤台也可采用音译法，译为“Yugu Terrace”。牡丹亭位于赣州大余县城东北古南安府后花园中。明万历十九年（1591），戏剧家汤显祖曾游南安府后花园。牡丹亭可采用直译法，译为“Peony Pavilion”。龙珠阁位于景德镇市市区的东门头，是古代景德镇为皇家烧制瓷器的工厂遗址。龙珠阁可直译为“Dragon Ball Pavilion”。

综上，整句译为“The four circles of the approach bridge resemble dancing butterflies，and within them stand the models of four ancient buildings—Xunyang Tower（Xunyang Lou），Yugu Terrace（Yugu Tai），Peony Pavilion（Mudan Ting），and Dragon Ball Pavilion（Longzhu Ge），which reflect Jiangxi history and culture”。

12.2 解说"重光里"
Reglowing Lane

There was a small alley named Reglowing Lane (Chongguang Li) in Nanchang City to commemorate the victory of the War of Resistance Against Japanese Agression. "Chongguang" in Chinese refers to reglowing literally. The invasion of Japanese aggressors caused the loss of China's territory, involving the Chinese people into an endless darkness. After eight years of brave resistance, the Chinese people gained victory in the Anti-Japanese War, saving the country from danger, as if they finally saw the dawn after a long night. The whole country would be rebuilt and the sun and the moon would send out brilliant light again. "Li" is the ancient name of the alley. According to *The Annals of Nanchang Place Names* (1992 edition), Reglowing Lane started from Dieshan Road in the south and ended at Xinjian Backwall Road in the north, with a length of 85 meters and a width of 2 meters. The alley was originally named Horse Lane (Ma Xiang), because during the Ming and Qing dynasties, the county government of Xinjian County was located here. To the west of the county government was a horse stable. Adjacent to the stable, the alley was named Horse Lane.

After the July 7th Incident in 1937, the Japanese invaders invaded southwards all the way. The Battle of Nanchang began on March 17, 1939, and ended on March 27. The Japanese army crossed the Ganjiang River with two divisions under the cover of artillery fire and poison gas, captured Nanchang. According to *The History of the Republic of China*, this battle resulted in casualties of Chinese soldiers up to 106,523 and Japanese soldiers only totalling 13,000. According to the Japanese announcement, there were 24,000 bodies from Chinese troops left and 8,600 Chinese soldiers captured, while about 500 Japanese soldiers died and 1,700 were injured.

The Nanchang Municipal Government retreated along with the Jiangxi Provincial Government and then declared to dissolve, as ordered. Kuomintang Jiangxi Provincial Government relocated to Ji'an City and Taihe County successively. On April 15, Nanchang Public Security Maintenance Association supported by the Japanese army was established, consisting of Maintenance Associations of Nanxiang, Beixiang, Tide King Islet (Chaowang Zhou) and Xiashan. According to the *Survey Report on the Losses during the Anti-Japanese War in Jiangxi Province*, during the eight years of the Anti-Japanese War, 33,205 houses were destroyed in the urban areas of Nanchang City, accounting for 73.4% of the total number of 45,214 houses before the war.

On August 15, 1945, Japan unconditionally surrendered to the Allied Powers. September 3 was the date of the victory of the Chinese People's War of Resistance Against Japanese Aggression, and Nanchang people celebrated for three days. At noon on that day, 101 saluting guns were fired in Nanchang. At 19: 00 p. m., the sirens of the whole city hooted for 10 minutes.

At 10 a. m. on the morning of September 14, Nanchang Advance Command Office of Kuomintang Government's Ninth War Zone held a signing ceremony for Japan's surrender (in the Nanchang region) at the former Central Bank (formerly known as the Japanese Gendarmerie during the occupation and now the Jiangxi Provincial Banking Regulatory Bureau). On behalf of the Chinese side and the Japanese side, respectively, Lu Daoyuan, the commander of the 58th corps of Kuomintang army, and Kasahara Yukio, a lieutenant general of Japanese aggression army, signed the surrender letter, confirming that all 70,000 officers and soldiers of the Japanese troops in Nanchang and Jiujiang handed over their arms and surrendered to the troops led by Xue Yue, the commander of the ninth theater command.

In order to commemorate the victory of the Anti-Japanese War, Nanchang Advance Command Office and the receiving group of the provincial and municipal governments decided to build an Anti-Japanese Victory Monument at the east end of Zhongzheng Bridge (today's Bayi Bridge). The workers demolished the fortress built by the Japanese army at the bridgehead and used its bricks and stones to build a monument. The monument was painted with cement, looking simple and dignified. Its base was a symbolic tank. It had a long triangular shape, with two large characters "Sheng Li" (Victory) written in red paint on each side. The monument was 8.8 meters high. At the beginning of 1949, the monument was demolished due to the construction of the square at the end of Bayi Bridge.

In the late September, the provincial and municipal government agencies, schools, and newspapers offices that had previously moved away from Nanchang were gradually returned to Nanchang. In July 1946, the population of Nanchang urban area was 199,165, including 111,187 males and 87,578 females, according to the demographic statistics.

To commemorate the victory of the Anti-Japanese War, relevant departments of the municipal government renamed Horse Lane to Reglowing Lane (Chongguang Li). In the 1990s, a fire broke out in the residential area of Goddess of Mercy Temple (Dashi Yuan), resulting in a large-scale renovation and construction of the urban area. With the completion of the new residential area of Goddess of Mercy Temple, some old place names disappeared, such as Reglowing Lane and Xinjian Backwall Road, Xie Family Dyke (Xiejia Tang), and West Wanyi Lane.

一、内容提要

重光里原名为马巷，因明清时期新建县的县衙设在此处，县衙西侧建有马房，小巷紧邻马房，因而得名马巷。"七七事变"后，日寇一路南侵，攻占南昌。1945 年 8 月 15 日，日本无条件投降。为纪念抗战胜利，市政府有关部门把"马巷"更名为"重光里"。所谓"重光"，即日寇入侵，国土沦丧，八年抗战，挽救危亡，漫漫长夜，终见晨曦，河山再造，日月重光。所谓"里"，古代里巷之称。20 世纪 90 年代，大士院居民区发生火灾，导致城区大面积改造建设，重光里也随之消失。

二、翻译解析

（一）七七事变

也称“卢沟桥事变”。1937年7月7日，日本制造卢沟桥事变，发动全面侵华战争，此后，全国拉开了抗日战争的序幕。作为重大历史事件，七七事变已成为专有名词，早有通用译名，为“the July 7th Incident”或者“Marco Polo Bridge Incident”。

（二）南昌保卫战

南昌保卫战是一次大规模的抗日战争行动。1938年7月，日寇侵陷九江后，企图攻占南昌，切断浙赣铁路和东南各省与大后方的联络线，打击集中在这地区国民党的大量主力部队，并作为长沙会战前的外围战。南昌保卫战于1939年3月17日，以日军强渡修水并继续突破前沿阵地为开端。国民革命军激烈应战，但最终伤亡惨重。3月27日南昌沦陷。该历史事件较为通用的译名为“Battle of Nanchang”。

（三）58军军长鲁道源和笠原幸雄分别代表中方和日方在降书上签字，确定南昌、九江间的全部日军7万人向薛岳部缴械投降

该句涉及鲁道源、笠原幸雄和薛岳三个人名。根据“名从主人”的原则，一般采用音译法。为了便于读者了解背景信息，还需在人名后面补充人物的身份信息。查阅资料可知，1945年8月18日，蒋介石任命第九战区司令长官薛岳为南昌、九江地区受降主官，而薛岳将军又任命其麾下第五十八军军长鲁道源和新编第三军军长杨宏光分别担任南昌和九江地区受降官，而在上述两地担任日军投降代表的则是日军第十一军司令官、陆军中将笠原幸雄。根据以上背景信息，可在这三个人名的拼音后面，增加三个同位语，进行补充说明。此外，“战区”可译为“theater of operations”或“theater command”。综上，整句话可译为“On behalf of the Chinese side and the Japanese side, respectively, Lu Daoyuan, <u>the commander of the 58th corps of Kuomintang army</u>, and Kasahara Yukio, <u>a lieutenant general of Japanese aggression army</u>, signed the surrender letter, confirming that all 70,000 officers and soldiers of the Japanese troops in Nanchang and Jiujiang handed over their arms and surrendered to the troops led by Xue Yue, <u>the commander</u>

of the ninth theater command”。

12.3 解说“国货路” China-made Goods Road

China-made Goods Road (Guohuo Lu) in Nanchang recorded an extraordinary history of boycotting Japanese goods nationwide which lasted from outbreak of the May Fourth Movement to victorious end of Anti-Japanese War.

After the outbreak of the May Fourth Movement, patriotic students instantly put their priority on the boycott of Japanese goods, shouting a slogan “boycotting Japanese goods to save China from perishing”. In the afternoon of May 5, Chaoyang Institute initiated resistance of Japanese goods. In the evening of May 7, the student union of Beijing Higher Normal School proposed establishing a joint committee of all circles in Beijing to disseminate the idea of boycotting Japanese goods. Then, on May 9, the students of Tsinghua University held a commemoration of national humiliation in their gymnasium and burned Japanese goods collected at campus on the playground.

The outburst of the September 18th Incident in 1931 pushed anti-Japanese emotion to a unprecedented level so that the boycott movement of Japanese products swept every corner of China overwhelmingly. According to *Nanchang Government Annals*, the schools in Nanchang established their speech squads in late September 1931 to uncover aggression crimes of Japanese imperialists. Thousands of local people from all walks of life attended the assembly for resisting Japanese aggressors and saving China. The students from primary and middle schools organized Japanese goods inspection teams, publicizing the idea of boycotting Japanese goods in streets and lanes. In January 1932, Nanchang Association for Resisting Japanese Imperialists and Saving the Nation carried out inspection and registration of Japanese products. The people made a solemn oath to the blue sky and bright sun, to their ancestors' tombs, and to their beloved motherland that they would never use Japanese goods in their lifetime, and that, in case of any breach of their oath, they would be punished by the heaven or put to death by others.

At the very beginning of Anti-Japanese War, Nanchang Yong'an Soap Factory, a very small-scaled factory, relocated to Ji'an City. It suddenly rose to fame, with its sales rocketing, because it named the soap they produced "conscience", indicating a conscientious Chinese should use soaps with "conscience" brand. Later on, the factory became a leading enterprise in Jiangxi's soap industry, namely, the predecessor of Jiangxi Oil Chemical Factory.

In 1934, Nanchang municipal government specially had a "China-made Goods Road" built to demonstrate Nanchang people's patriotism of "boycotting Japanese goods and purchasing domestic goods".

China-made Goods Road extended southwards from Six-hole Well (Liuyan Jing) to Zhongshan Road, via Ant Lane (Mayi Xiang) and Gao Bridge (Gao Qiao). It was reported in the *Daily News of Republic of China* published on January 15, 1935 that the completed China-made Goods Road then was 496 meters long and 15 meters wide. Alongside the road there were new two-storied shops which blended European and Chinese architectural styles, with a prominent characteristics of Republic of China.

After the victory of Anti-Japanese War, the municipal government renamed China-made Goods Road into Yuanming Road for an unknown reason.

After the reform and opening up, Yuanming Road went straight through Zhongshan Road, expanded Huang Family Lane (Huangjia Xiang) and extended to Jiande Taoist Temple (Jiande Guan). Thus, the southern and northern sides of Zhongshan Road were respectively called South Yuanming Road and North Yuanming Road.

Exceedingly prosperous in the early 1980s, Yuanming Road was called "miniature Hongkong". Later on, it was reconstructed in a large scale. With the springing up of skyscrapers such as "West Lake Commercial Building" and

"West Lake Shoe Town", there has been no any trace left of China-made Goods Road with style of Republic of China. Even the only few remaining buildings experienced great changes in their appearance. Nowadays countless people walk on this busy road, but how many of them know that it was China-made Goods Road specially built to boycott Japanese goods?

一、内容提要

南昌的地名"国货路"记载了南昌人民抵制日货的历史。"九一八"事变爆发后，反日情绪空前高涨，抵制日货运动犹如排山倒海席卷九州。据《南昌市政府志》记载：1931 年 9 月下旬，南昌各校组织演讲队，揭露控诉日本帝国主义的侵略罪行；南昌各界群众数万人举行抗日救国示威大会；全市中小学生深入街巷宣传抵制日货，组织日货检查队。1934 年，南昌市政府为了体现南昌人民"抵制日货，购买国货"的爱国精神，特别修建了"国货路"。

二、翻译解析

（一）九一八事变

九一八事变是 1931 年 9 月 18 日日本驻中国东北地区的关东军突袭沈阳，以武力侵占东北的事件，它是日本帝国主义企图以武力征服中国的开端，也揭开了第二次世界大战东方战场的序幕。作为重大历史事件，一般已形成广为接受和传播的译文，只需查询并使用该译文，无须另行翻译。经查询，译文为"the September 18th Incident"。

值得注意的是，一些历史事件往往以发生时间命名，主要包括两种形式：一种是以月日命名，但省略"月""日"两字，仅采用数字组合，比如五四运动、八一起义、七七事变、一二·九运动等，翻译时，按"月＋日＋名词"的结构表达，"日"通常采用序数词，因此，分别译为"the May 4th Movement" "the August 1st Uprising" "the July 7th Incident"以及"the December 9th Movement"。另一种是采用干支纪年法命名，比如甲午战争、辛丑条约、辛亥革命、戊戌变法（百日维新）、庚子赔款等。翻译此类历史事件时，一般采用"名词＋介词＋年份"或"名词＋（年份）"的结构，比如甲午战争译为"the

Sino-Japanese War in 1894”或“the Sino-Japanese War of 1894-1895”，辛丑条约译为“the Peace Protocol of 1901”，辛亥革命译为“the Revolution of 1911”，戊戌变法译为“the Reform Movement of 1898”或“the Hundred Days Reform（1898）”，庚子赔款译为“the Boxer Indemnities（1900）”。除还原年份法外，偶尔也可采用音译法处理此类历史事件，比如“癸卯学制”可译为“Kui-Mao Educational System”。

（二）人们发出誓言：“对着青天白日，对着我们的祖国，对着我们祖先的陵墓，我们发出庄严宣誓，只要我们活着，就永不使用日货。如果违反誓言，老天可以惩罚我们，别人可以处死我们！”

九一八事变后，国人反日情绪空前高涨，全国上下掀起一场抵制日货的运动。该句为全国爱国者发出的抵制日货的誓言，表明国人的骨气和满腔爱国热血。“青天白日”通常指大白天，比如“这伙歹徒竟然在青天白日下干坏事”，译为“Unexpectedly these gangsters are doing evil things in the daylight”。但此处，青天白日可完全按照字面来理解，即“青天”（blue sky）和“白日（bright sun）”。汉语中有个成语“指天誓日”，即对着天空，对着太阳发誓，表示意志坚决，或对人表示忠诚。该句中“对着青天白日发誓”与“指天誓日”几乎等同。此外，由于原句为直接引语，句子主干的谓语部分为动宾结构“发出誓言”，引语里面又有“发出庄严宣誓”，翻译时为避免重复，可将直接引语处理为间接引语，译为“The people made a solemn oath to the blue sky and bright sun，to their ancestors' tombs，and to their beloved motherland that they would never use Japanese goods in their lifetime，and that，in case of any breach of their oath，they would be punished by the heaven or put to death by others”。

12.4 解说“交通路”
Traffic Road

There were five roads named “Traffic Road”（Jiaotong Lu）in Nanchang which ran in east-west direction. They were built in the 1930s when the

Kuomintang government encircled and suppressed Chinese Workers' and Peasants' Red Army. Nowadays it's often said, "to be rich, the people need to build roads first". However, these rough gravel roads were built to connect with suburban forts for the sake of warfare defense.

In October 1930, Chiang Kai-shek carried out "forts policy" and the strategy of "consolidating and fortifying step by step", according to his German counselor's suggestion. To encircle and suppress the Red Army, over 3,000 forts were built in the territory of Jiangxi Province, including five ones in eastern and western suburbs of Nanchang City.

The forts were built mainly with bricks and timbers dismantled from the city walls and Examination Hall respectively in 1928. They were square in shape, with about 0.66-meter-thick walls, shooting holes for machine guns in every wall, and breast walls and lookout pavilions on the top. They were strongly fortified by ditches, hanging bridges, dense abatis, barracks, and depot of weapon and ammunition. Besides, they were stationed with guardian army day and night. Therefore, it can be said that they were impregnable.

The top middle of a fort was inscribed with the characters "Safety Fort" by Lu Diping, the chairman of the Kuomintang provincial government; on the upper right corner was the date of inscription (the 22nd year of the Republic of China); on the lower left corner was the person of inscription (Lu Diping, who styled himself as Yong'an).

The First Safety Fort, a three-storey Class A fort, was located at the junction of today's Construction Road (Jianshe Lu) and Jinggangshan Avenue (Jinggangshan Dadao). It controlled the only thoroughfare between Liantang town and the urban area. The road connecting it was called the First Traffic Road, renamed Construction Road in 1966, the First Traffic Road in 1973, and Construction Road again in 1986.

The Second Safety Fort, a two-storey Class B fort, was located at the junction of today's Liberation Road (Jiefang Lu) and Hongdu Avenue (Hongdu Dadao), adjacent to Dragon King Temple (Longwang Miao). It defended the only passage from the urban area of Nanchang to the eastern suburb, including Luo Family Fair (Luojia Ji), Youlan Town and Jingkou Town. The road linking it was called the Second Traffic Road. Since Chinese People's Liberation Army entered Nanchang through this road to liberate it, it was renamed Liberation Road in 1966. It was called again Second Traffic Road in 1973 and renamed East Liberation Road again in 1986.

The Third Safety Fort was situated to the east of Nanchang Railway Station, near today's the Eighth Railroad Community and Pengzigang Village. Located in wilderness, it was a small-scaled Class C fort, with only two storeys. The road connecting it was called the Third Traffic Road. Because of its adjacency to Nanchang Railway Station, the road was renamed Friendship Road (Youyi Lu) in 1966, the Third Traffic Road again in 1973, and Luoyang Road in 1986.

The Fourth Safety Fort was located at the junction of today's West Beijing Road and Middle Hongdu Avenue, near Peng Family Bridge. It was a Class B fort, controlling the only passage from the urban area to the rural area near Xie Family Village. The road connecting it was called the Fourth Traffic Road, renamed People Avenue (Renmin Dadao) in 1966, the Fourth Traffic Road again in 1973, and West Beijing Road in 1986.

The Fifth Safety Fort, a Class B fort, was located at the intersection of today's West Nanjing Road and Middle Hongdu Avenue. The road connecting it was called the Fifth Traffic Road. After China's adopting the reform and opening-up policy, it was widened and named West Nanjing Road in 1986.

There was an earthen wall connecting all safety forts. The wall ranged from the bank of Fuhe River in the south of city to the bank of Ganjiang River near Family Li Village in the north of city. In fact, it was a city wall defending Nanchang. It was about 6 meters high and surrounded by a moat. The five forts were actually the city gates connecting the earthen wall, which were defended by Kuomintang army, military police and local groups day and night. In May 28th, 1939, the Japanese army occupied Nanchang. Afterwards, Safety Forts and the earthen wall were all demolished.

一、内容提要

南昌曾有5条命名为“交通路”的道路。20世纪30年代初，蒋介石接受德国顾问的建议，实行“碉堡政策”“步步为营、节节设防”策略，为围剿工农红军，在江西全省修造3,000多座碉堡，当时南昌城的城东城南近郊也建造了5个碉堡，提名为“平安堡”，把守市区通往各郊县的要道。为连通城郊的5个碉堡，国民党政府修建了5条砂石路面的简易公路，分别命名为第一、二、三、四、五交通路。1939年日军占领南昌之后，“平安堡”全部被拆除。

二、翻译解析

（一）工农红军

工农红军简称“红军”，是中国土地革命战争时期，中国共产党领导的人民军队，是中国人民解放军的前身。作为专有名词，已有较固定的译法，全称译为“Workers' and Peasants' Red Army”，简称“Red Army”。值得注意的是，中英颜色词属于文化意象词，既有共性，又有差异。在不同的文化语境下，人们对同一个颜色词可能会产生不同的心理反应和语义联想。即便在同一个文化语境下，不同的语言语境也会产生不同的含义。翻译时应根据语言语境和文化语境采取不同的策略。

在西方文化中，“red”让人联想到“流血”“暴力”“战争”“危险”等。在中华文化中，尤其是自马列主义的火种在中国传播以来，红色在政治上便与“革命”“社会主义”等词紧密相连，红色成为无产阶级革命的象征。从这个意义上看，“红”和“red”并不完全对应，但为了保留源语的文化意象，有时可采取归化法，将“红”直译为“red”，比如将“红军”译为“Red Army”；将“红色文化”译为“Red Culture”；将“红色政权”译为“Red Political Power”；将“红色基因”译为“Red Gene”；将“五星红旗”译为“the Five-Starred Red Flag”。此外，更为常见的是根据“红”的内涵进行意译，比如“又红又专”译为“to be revolutionary and professional”；将“一颗红心”译为“a heart loyal to the cause of proletarian revolution”。

（二）碉堡四周是壕沟、吊桥和密集的鹿砦，以及营房和武器弹药库

该句中，“鹿砦（zhài）”是指用伐倒树木构成、形似鹿角的筑城障碍物，通常设置在森林边缘、林间道路和有行道树的道路上。设置时可用有刺铁丝、手榴弹和地雷予以强化。根据词义，该词可译为“abatis”。“吊桥”可译为“hanging /suspension bridge”，整句可译为“They were strongly fortified by ditches, hanging bridges, dense abatis, barracks, and depot of weapon and ammunition”。

12.5 解说“民德路”
Minde Road

Minde Road (Minde Lu) is a main street going through old Nanchang City in east-west direction. As written in *Annals of Nanchang Place Names* (1992 edition), it extended from Bayi Avenue in the east to North Yanjiang Road, with a total length of 2,200 meters and width ranging from 15 to 20 meters. It was once thought that this road got its name for the Three Principles of the People (Nationalism, Democracy and the People's Livelihood) and the people's mores (Minde). In fact, the name was related with Zhu Peide.

Zhu Peide (1888-1937), also Zhu Yizhi, came from Lufeng County, Yunnan Province. Zhu Peide and Zhu De were collectively called “Two Models of Zhu” (because they had the same surname “Zhu”), while studying in Yunnan Military Academy. Zhu Peide went through the National Protection War and Constitutional Protection Movement, following firmly Mr. Sun Yat-sen. As the commander of the 3rd army corps, he also participated in Northern Expedition and achieved outstanding feats. He was firstly appointed as the chairman of Jiangxi Province and then as a committee member in charge of administrative affairs of Nanjing Central Military Academy of the national revolutionary army and as the chief inspector of the military training inspection department of the national government. Zhu Peide became one of the earliest first-class generals in the national revolutionary army, together with Feng Yuxiang, Yan Xishan, He Yingqin, Li Zongren and Zhang Xueliang, etc.

Zhu Peide was a lenient person who was also called "contemporary Yuan Shao (a famous warlord of the Eastern Han Dynasty)". When Chiang Kai-shek expelled the members of the Communist Party of China and revolutionaries in attempt to destroy the first Kuomingtang-Communist Party cooperation, Zhu Peide sent them away in a courteous manner, saying "I welcome those willing to stay and see off those willing to leave. I will never make any trouble for my friends and companions". He specially arranged vehicles to send them to Wuhan City, Hubei Province, and gave each of them travelling expenses and 3-month board expenses. In 1927 when Chiang Kai-shek launched April 12 Counterrevolutionary Coup, many members of the Communist Party of China were massacred, so that a terrifying atmosphere was formed. Regardless of such an enormous risk, Zhu Peide invited the communists Zhu De and Guo Moruo to Nanchang, appointing Zhu De as the director of Nanchang Public Security Bureau, general counsellor of the 5th Front Army and the head of the Officer Training Corps of the 3rd army troop. Although nominally affiliated to the 3rd army troop of the National Revolutionary Army, the Officer Training Corps was actually under the leadership of central military commission of CPC and Jiangxi provincial party committee. It was an important base for cultivating military talents. More than 100 among the cadets were communists who played an important role in Nanchang Uprising and the succeeding revolutionary wars. Guo Moruo wrote a famous article denouncing Chiang Kai-shek which attracted public attention nationwide. During the last 10 days of July, 1927 when Nanchang Uprising was approaching, Zhu Peide perceived that the members of CPC such as Zhu De, He Long and Ye Ting might take important actions. He pretended to ask Chiang Kai-shek for sick leave and then went to Lushan Mountain for rehabilitation. He placed important military and political affairs at Zhu De's disposal, which created a favorable condition for launching of Nanchang Uprising in an objective sense.

While Zhu Peide was the chairman of Jiangxi Province, the road in front of the provincial government (the former municipal government of Nanchang) was being widened and repaired. That was a curving road of different width. There were place names along the road from the east to west. They were respectively Backstreet of Examination Hall (Gongyuan Bei), Street of Selecting Talents for the Country (Wei Guo Qiu Xian Jie), No. 1 Scholar Bridge (Zhuangyuan Qiao), Three-loyalty Temple (Sanyi Ci), Wind God Temple (Fengshen Miao, today's Nanchang Hongdu Hospital of TCM), Mozi Lane Bystreet (Mozi Xiang Hengjie), Academy Front Street (Xueyuan QianJie, today's No. 3 Middle School of Nanchang), Surveillance Commission Front Street (Niesi QianJie, today's No. 1 Hospital of Nanchang), East Outer Gate (Dong Yuanmen) and West Outer Gate (Xi Yuanmen). After completion of the road, it was named "Peide Road" by the municipal government.

In December 1931 when Xiong Shihui from Yazuilong Village of Anyi County succeeded the post of chairman of Jiangxi Province, Nanchang municipal government renamed "Peide Road" into "Minde Road". Luckily, it was not renamed as "Shihui Road", otherwise, it might have been renamed for several times up to now.

一、内容提要

民德路得名与朱培德有关。朱培德追随孙中山先生，战功卓著。蒋介石破坏第一次国共合作，全面清洗共产党员和革命志士时，朱培德礼送共产党人。蒋介石发动四一二反革命政变后，朱培德冒险把朱德迎到南昌，任命朱德为第三军军官教导团团长。教导团培养的数百名共产党员在南昌起义及以后历次革命战争中发挥了重要作用。南昌起义前夕，朱培德故意告假疗养，将南昌军政要务交由朱德处理，客观上为南昌起义创造了有利条件。朱培德任江西省主席期间，省政府门口道路拓宽修整。之后该路被命名为培德路，后来改为“民德路”。

二、翻译解析

（一）三民主义

“三民主义”指民族、民权、民生，属于专有名词，译为“Three Principles of the People”，为使译文意思表达更清晰，可用括号加注三民主义的具体内容“Nationalism，Democracy and the People's Livelihood”。中国时政话语一个突出特点是喜用数字简化结构，凝练地表达内涵丰富的政策、方针或精神，比如中国共产党夺取新民主主义革命胜利的“三大法宝”，中国共产党在长期的革命斗争中形成的“三大优良作风”，革命战争时期人民军队形成的“三大纪律、八项注意”等。此类表达方式主要采用以下翻译方法：

直译加注法：采用“数字＋名词/动词的复数＋括号注解”的结构，既保留原文的数字化结构，又译出内涵，比如“三大法宝”是指统一战线、武装斗争、党的建设，可译为“three magic weapons（the united front，armed struggle and Party building）”；“三大优良作风”是指理论联系实际、密切联系群众、批评与自我批评，可译为“three excellent work styles（integrating theory with practice，closely contacting with the masses，criticism and self criticism）”。如果原文为“数字＋不可数名词/形容词/副词”，可在数字后面加上表示范畴的词，比如“sphere/pronged/point”等，或加上定性的词，比如“strategy/plan/initiative/framework/theory/measure”等，比如“四个自信”可译为“Four-sphere Confidence”；“四个全面”可译为“Four-pronged Comprehensive Strategy”。

概括法：如果采用直译加注的方法，会导致译文过长，则可进行概括化处理，译出核心特质，比如“三大纪律”（一切行动听指挥，不拿群众一针一线，一切缴获要归公）、“八项注意”（说话和气，买卖公平，借东西要还，损坏东西要赔，不打人骂人，不损坏庄稼，不调戏妇女，不虐待俘虏）可采取上述直译加注的方法，先译为“Three Rules of Discipline and the Eight points for Attention of the Chinese People's Liberation Army”，再补充说明具体的内容。该种译法会使译文偏长。如果译文篇幅有限的情况下，也可采取简化处理，将其概括为“strict rules and disciplines for the Chinese People's Liberation Army”。

解释法：在具体的语境中，在不影响理解的前提下，仅解释内涵，比如“四个自信”除采用直译加注法外，也可直接解释为“the confidence in the path, theory, system and culture of socialism with Chinese characterics”，该方法本质上是第一种方法的加注部分，译文会比第一种方法更简短。

（二）东辕门、西辕门

辕门指古时军营的门或地方高级官署的外门，译为“outer gate of military camp or government office in ancient time”，由于地名不应过长，因此，可取其核心，译为“Outer Gate”，东辕门可译为“East Outer Gate”；西辕门译为“West Outer Gate”。

（三）任命朱德为南昌市公安局局长、第五方面军总参议、第三军军官教导团团长

该句涉及的职务名称基本可直译，整句可译为“Zhu Peide appointed Zhu De as the director of Nanchang Public Security Bureau, general counsellor of the 5th Front Army and the head of the Officer Training Corps of the 3rd army troop”。

12.6 解说“爱国路”
Patriotism Road

Patriotism Road (Aiguo Lu), 1,120 meters long and 6 meters wide, extends from the section of Yangming Road under Bayi Bridge to the north end of Erjing Road (the south gate of Binjiang Hotel). At this road is Jiangxi Provincial People's Hospital located.

Before 1949, Patriotism Road was called Inspiration Road (Lizhi Lu) due to Nanchang branch of the famous Inspiration Society (Lizhi She) established here.

In January 1929, Chiang Kai-shek set up an organization similar to a military club, called Inspiration Society of Alumni Association of Huangpu Military Academy (Inspiration Society for short) in Nanchang City, by following the practice of Japanese and American armies. He took the office of president of the society. The orgnization was established mainly for the soldiers from Huangpu Military Academy, aiming to inspire their revolutionary spirit and cultivate them into "model soldiers" and "the most loyal KMT members and the bravest adherents with firm conviction in Three Principles of the People (Principles of Nationalism, Democracy, and the People's Livelihood)". With an original intention to turn Inspiration Society into a place to rectify army ethos, Chiang Kai-shek wrote a motto of "improving yourselves before helping others; reforming yourselves before joining revolution" for the members. Meanwhile, he formulated 10 commandments, namely, the members shall not be avaricious for money, afraid of death, ostentatious, cocky and lazy, and they shall not visit prostitutes, gamble, smoke, drink, borrow money and tell a lie. He required all members to abide by the commandments above. Anyone who intended to join the society must fill in an application form first and then became a probationary member, and finally became a formal member after approval of the president. Before 1949, there were more than 15,000 staff and members totally in Inspiration Society.

In many cities of China were established its branches. Nanjing headquarters, Nanchang branch and Chengdu branch are the most famous for their palatial architectures.

Nanchang branch of Inspiration Society (No. 1 building of Binjiang Hotel nowadays) was established in 1934. It is a typical architecture mixed with Chinese and Western elements. It looks like an ancient Chinese palace from its exterior, but its interior structure is a western-style building, demonstrating an architectural style in the 1930s. With black bricks and grey tiles, overhanging eaves and tilting wing angles, carved beams, painted rafters, drum-shaped bearing stones and stone steps, the whole building appears exceptionally grand and magnificent. Its impressive appearance is also embodied in its elegant antechamber, grand auditorium, woody winding corridor and glittering pendant lamp, etc.

In the early days of the Nanchang branch, Chiang Kai-shek and his wife

Soong May-ling initiated the New Life Movement in Nanchang first, so they lived here for a period of time. Later, Chiang Ching-kuo also lived here for a while after returning from the Soviet Union. After 1949, the site of Nanching branch became an important part of Binjiang Hotel under Jiangxi Provincial Committee of the CPC, which received such state leaders as Mao Zedong and Zhou Enlai.

The Inspiration Society mainly functioned as a place for receiving senior officials from foreign armies and governments, and as Chiang Kai-shek's inner court. During the period of Liberation War, it mainly undertook the task of receiving American advisory groups and other diplomatic corps.

The site of the Inspiration Society was just within a scenic spot that Nanchang municipal government strengthened its effort to build. At the north of Yangming Road was the first villa district in China's cities. The roads of Yijing, Erjing, Sanjing interlaced vertically with the roads of Yiwei, Erwei, Sanwei, Siwei and Wuwei, which adequately demonstrates a scientific concept of modern city construction. To the north of the villa area was a riverside of Ganjiang River, known as "Dragon-like Sand in the Sunset", one of the famous "Ten Scenic Spots of Nanchang". Here the government built a very beautiful park with flowers blooming every season, verdant arbors, flowing stream beneath a small bridge and green lawn like a carpet. The park was originally named "Dragon-like Sand Park", and later renamed as "North City Park". After 1949, the sites of Inspiration Society and the park were incorporated into the business place of Binjiang Hotel of Jiangxi Provincial Committee of the CPC.

The name of Inspiration Road was used until 1966 when "the Great Cultural Revolution" broke out. In the context of class struggle against imperialism, revisionism and feudalism, Inspiration Road, Huanqiu Street and Beitance Bypass were combined into one which was renamed as Patriotism Road.

Today's Patriotism Road has been lengthened eastwards, through Sanjing Road and a residential community called Jingwei Fudi.

一、内容提要

爱国路，1949年前叫励志路，因著名的励志社坐落于此而得名。励志社于1934年为蒋介石所创建，以黄埔军人为培养对象。蒋介石亲任社长，希望将励志社变成一个能端正军中风气的场所。南昌励志社是一座典型的中西合璧式建筑，外观是古代宫殿，内部结构是西式楼房，充分显示二十世纪三十年代的建筑风格。1949年后，南昌励志社旧址作为江西省委滨江招待所的重要组成部分，接待了毛泽东、周恩来等国家领导人。"文化大革命"期间，在反帝反修反封建的阶级斗争浪潮下，励志路和环丘街、北坛侧路合并，改名叫爱国路。

二、翻译解析

（一）蒋介石特地为社员制定了一句格言："立人立己，革命革心"，并颁布了十条戒律：一不贪财，二不怕死，三不招摇，四不骄傲，五不偷懒，六不嫖赌，七不吸烟，八不饮酒，九不借钱，十不说谎，要求所有社员一体遵行

该句话包含两层意思，一是制定格言，二是颁布戒律，因此，可拆分为两句话来翻译。"立人立己"意为"帮助、激励他人之前，先从自身做起，自立自强"；"革命革心"意为"投身革命前，要先改正思想上的错误，进行自我精神改造"。按照句意，第一句话可译为"Chiang Kai-shek wrote a motto of 'improving yourselves before helping others; reforming yourselves before joining revolution' for the members"。第二句话为"十不准"戒律，可采用英语中"shall not do..."这一禁令句型，前五条戒律可使用系表结构，后五条可使用动词或动词短语，译为"Meanwhile, he formulated 10 commandments, namely, the members shall not be avaricious for money, afraid of death, ostentatious, cocky and lazy, and they shall not visit prostitutes, gamble, smoke, drink, borrow money and tell a lie"。

（二）青砖灰瓦、飞檐翘角、雕梁画栋、抱鼓石阶，整座建筑被装点得格外恢宏

南昌励志社为中西合璧式建筑，该句为中式建筑特色的描述。句中，前面

四个四字格短语与最后的分句含有隐性因果关系，可使用介词短语“with＋形容词＋名词”充当原因状语，“整座建筑被装点得格外恢宏”充当句子主干。“飞檐翘角”指屋角的檐部向上翘起，呈飞举之势，常用在亭、台、楼、阁、宫殿、庙宇等建筑的屋顶转角处，四角翘伸，形如飞鸟展翅。它是中国古建筑的特色标识，不仅有遮风避雨的实际作用，也是中华美学的独特展现。根据建筑形态，可译为“overhanging eaves and tilting wing angles”。“抱鼓石阶”指抱鼓石和石头台阶。抱鼓石为门枕石的一种，是放置于寺庙、宫殿、桥梁、山门、牌坊等建筑的门槛、头尾两旁之圆形石雕，可以稳固门面、装饰建筑。在中华传统文化中，住宅前的抱鼓石是礼制建筑等级的符号象征，也是“非贵即富”的门第符号。综上，整句话可译为“With black bricks and grey tiles, overhanging eaves and tilting wing angles, carved beams, painted rafters, drum-shaped bearing stones and stone steps, the whole building appears exceptionally grand and magnificent”。

（三）别墅区的北面濒临辽阔的赣江，是闻名遐迩的豫章十景之一的“龙沙夕照”

豫章十景译为“Ten Scenic Spots of Nanchang”。“龙沙夕照”是明清时期入选为“豫章十景”的。“龙沙”指南昌城北的赣江之滨，江畔是一片晶莹的白沙滩。夕阳西下，落日的余晖映衬沙洲，使沙洲宛如一条金龙。由此，可将“龙沙夕照”译为“Dragon-like Sand in the Sunset”，整句话可译为“To the north of the villa area was a riverside of Ganjiang River, known as ‘Dragon-like Sand in the Sunset’, one of the famous “Ten Scenic Spots of Nanchang”。

13 老地名背后的其他历史文化故事

本章的九个地名包含社会生活的方方面面。滕王阁为名扬四海的古建筑，是南昌历史文化的标志之一。南浦和蓼洲则为滕王阁附近地名，风景秀美，与滕王阁相映生辉。右营街是南昌古代军事活动留下的印记。筷子巷见证了“江西填湖广”这段人口外迁的历史。养济院为古代南昌的社会福利机构。贤士湖原名“蚬子湖”，是地名雅化的典型代表。清洁堂原名“清节堂”，为古代收容贞洁烈女之所。瞭望巷在清朝时期发挥了重要的消防预警作用。

本章主要翻译以下九个地名及其背后的故事，探讨相关领域或表述的英译技巧与策略，尤其是古典诗词的文化内涵和英译、谐音双关的文化内涵和英译，汉语叠词的结构类型和英译，以及古代军事组织、编制和功能及其英译。

13.1 解说“滕王阁” Pavilion of Prince Teng

Pavilion of Prince Teng (Tengwang Ge) is so famous that some people who may not know about Nanchang City must have heard of “Pavilion of Prince Teng”, which is the top three famous buildings in Jiangnan (the regions in the south of the Yangtze River). *A Preface to Pavilion of Prince Teng* has made Pavilion of Prince Teng renowned all over the country.

Nanchang has two major landmarks. The August 1st Uprising Headquarters (formerly Jiangxi Grand Hotel) is a symbol of Nanchang's red culture; Pavilion of Prince Teng is a symbol of Nanchang's historical and cultural heritage. Pavilion of Prince Teng was first built in the 4th year of

Yonghui period (namely, the reign of Emperor Gaozong, Li Zhi) of the Tang Dynasty (653), named after Li Yuanying, the younger brother of Emperor Taizong Li Shimin.

During Zhenguan period (the reign of Emperor Taizong) of the Tang Dynasty, Li Yuanying, the 22nd son of Emperor Gaozu, Li Yuan, and the younger brother of Emperor Taizong, Li Shimin, was granted a fief—Tengzhou, Shandong Province, hence he obtained the title of "Teng Wang" (Prince Teng). Later, Prince Teng, Li Yuanying, was transferred to the position of Governor of Hongzhou in Jiangnan (today's Nanchang, Jiangxi). Li Yuanying was extravagant and lewd, with misconduct and no political achievements. However, he was proficient in singing and dancing, skilled in drawing butterflies, with great artistic talent. In order to enjoy singing and dancing, Li Yuanying built the Pavilion of Prince Teng on the bank of the Ganjiang River. Therefore, Wang Bo wrote, "The lofty Pavilion of Prince Teng was built on the riverbank. Forever were gone the cheerful banquets with singing and dancing performances, together with the magnificent carriages decorated with tinkling jade pendants and birds-carved bells". There was an ancient folk song of Nanchang: "Longevity Palace is a holy place for us to pray for wealth, while Pavilion of Prince Teng is a good place to pray for fortune". From above, it can be seen that Pavilion of Prince Teng holds a sacred position in the minds of the people, and it has been highly valued and protected throughout history.

Since ancient times, high-ranking officials and literati have often gathered here for banquets to welcome and see off guests. After the founding emperor of the Ming Dynasty, Zhu Yuanzhang, won a great victory over Chen Youliang (a leader of the peasant uprising in the late Yuan Dynasty) in the Battle of Poyang Lake, he also held a banquet here, drinking wine for fun, writing poetry and lyrics, and enjoying the beautiful scenery that "the sunset clouds fly together with solitary birds, and the autumn water melts into the blue sky".

Pavilion of Prince Teng went through the Song, Yuan, Ming, and Qing dynasties after its completion in the Tang Dynasty. It was renovated 28 times and there were also many changes in architectural regulations. In the second year of Daguan period (1108) of the Song Dynasty, Pavilion of Prince Teng collapsed due to disrepair for a long time. Fan Tan, the attendant minister, had it rebuilt, expanding it based on the scale in the Tang Dynasty. Two pavilions named "Ya Jiang" (pressing the river) and "Yicui" (ladling green liquid out), were added to the north and south of the main pavilion. Gradually formed a group of buildings with pavilions as the main body. Its magnificent and imposing appearance has remained for thousands of years, which makes it become one of the most famous ancient pavilion buildings in China and even in the world.

In October 1926, it was destroyed by a military disaster. At that time, Nanchang City was held by the Beiyang Warlord forces, and the Northern Expeditionary Army was about to attack Nanchang. Because the Pavilion of Prince Teng was located toweringly outside the city walls, Deng Ruzhuo, the Jiangxi military inspector, was worried that it would be occupied by the Northern Expedition Army and used by them as a commanding height for city siege. Therefore, he ordered the spraying of kerosene and sulfur to set fire. As a result, the fire continued to burn for three days and three nights, resulting in destroy of most of the folk houses outside the city in the fire.

In 1942, the provincial government planned to rebuild Pavilion of Prince Teng, in light of its incomparable importance to Nanchang City. Mr. Liang Sicheng, a master of ancient architecture, along with his disciple Mo Zongjiang, drew eight "*Sketches for Reconstruction Plan of Pavilion of Prince Teng*" based on the royal court painting "Pavilion of Prince Teng" of the Song Dynasty, collected in the "Tianlai Pavilion".

In the 1980s, it was a time when everything was waiting to be revitalized and updated. The reconstruction of Pavilion of Prince Teng has begun. However, due to geographical changes, the original site can no longer reproduce the past spectacular scene, so it had to move northwest hundreds of meters. Pavilion of Prince Teng was rebuilt based on the *Draft Plan for the*

Reconstruction of Pavilion of Prince Teng and referring to *Building Specifications* (*Yingzao Fashi*) written by Li Mingzhong, a famous architect in the Northern Song Dynasty. New pavilion reproduces the magnificent appearance of the Song Dynasty pavilions and represents the highest achievement in artistic modeling.

On October 1, 1983, the foundation laying ceremony of Pavilion of Prince Teng was held, and on October 22, 1985, its construction officially began. On October 8, 1989, the 29th reconstruction of Pavilion of Prince Teng was successfully completed. The main building has a net height of 57.5 meters and a construction area of 13,000 square meters. In 2010, the Pavilion of Prince Teng Scenic Area launched a northward expansion project which included about 5.8 acres of the entire Yangzi River area into Pavilion of Prince Teng Scenic Area. The northward expansion project continues to adopt the architectural style of the Song Dynasty, reflecting "the style in the Tang Dynasty and the charm in the Song Dynasty". On October 29, 2018, Tengwangge Tourist Area was officially conferred on a title of national 5A level tourist attractions in new 5A level tourist attraction award ceremony held by the Ministry of Culture and Tourism in Beijing. In 2020, Pavilion of Prince Teng Scenic Area once again launched its southward expansion project, with a total investment of 399 million yuan.

Pavilion of Prince Teng will be closely connected with Nanchang history, functioning as a bridge between the past and the future of Nanchang City, which can be summarized in an ancient couplet.

Revitalization and demolishment of Pavilion of Prince Teng always affect people's feelings. We watch the sunset clouds, lonely birds, autumn water and blue sky, feeling how lucky to see the lakes and mountains here safe and sound; the past and the present of Pavilion of Prince Teng seemingly integrate into an instant. We ask the gifted scholar sightseeing on the river and the prince holding banquets in the pavilion, "what is the scenery of the Pavilion of Prince Teng like nowadays compared to those days?"

一、内容提要

滕王阁始建于唐朝永徽四年，因唐太宗李世民之弟李元婴始建而得名。李元婴曾被封于山东滕州，故为滕王。后来，滕王李元婴调任江南洪州（南昌）任都督。他骄奢淫逸，毫无政绩可言，但精通歌舞，善画蝴蝶，很有艺术才情。为了歌舞享乐，李元婴在赣江之滨建造滕王阁。滕王阁建成后历经宋、元、明、清，多次兴废，先后修葺达28次，建筑规制也多有变化。二十世纪二十年代滕王阁毁于兵灾。八十年代，百废待兴，政府依据古建筑大师梁思成先生绘制的《重建滕王阁计划草图》，参照宋代李明仲的《营造法式》，重建滕王阁，后来又多次对其进行扩建改造。

二、翻译解析

（一）滕王阁

滕王阁有众多英译名，许渊冲教授译为“Prince Teng's Pavilion”，罗经国教授译为“King Teng's Tower”，滕王阁管理处官网显示滕王阁英译名为“Tengwang Tower”，国外知名在线词典和百科全书网站（https：//www.thefreedictionary.com/）对应滕王阁的词条为“Pavilion of Prince Teng”。中国日报（*China Daily*）关于滕王阁的英文词条（按使用频率递减的顺序排列）有“Pavilion of Prince Teng”“Prince Teng Pavilion”“Tengwang Tower”，由于本书主要从文化传播的角度翻译地名，所遵循的基本原则是尽量保留地名的文化因子，让英语读者能够见名知义，因此，综合考量后，本书采用“Pavilion of Prince Teng”的英译名。

（二）滕王高阁临江渚，佩玉鸣鸾罢歌舞

该句出自王勃《滕王阁诗》。该诗附于《滕王阁序》之后，与《滕王阁序》双璧同辉，相得益彰。整首诗为“滕王高阁临江渚，佩玉鸣鸾罢歌舞。画栋朝飞南浦云，珠帘暮卷西山雨。闲云潭影日悠悠，物换星移几度秋。阁中帝子今何在？槛外长江空自流”。

众所周知，我国古诗词语言凝练、内涵丰富、意境优美。针对古诗词翻译，许渊冲教授提出著名的“音美”“形美”“意美”的“三美原则”，也成为译者孜孜以求的最高境界。然而，由于英汉语言文化的差异，要达到古诗词英译的“三美”标准，需要在得失之间艰难取舍。

前半句“滕王高阁临江渚”意思是“巍然高耸的滕王阁屹立于江渚之滨”。“佩玉鸣鸾罢歌舞”短短 7 个字，却有着丰富的内涵。意思是“当年滕王挂着琳琅玉佩，坐着銮铃马车，来到阁上，举行歌舞宴饮的盛况已不复存在”，译文若要完整传达内涵，则难以如原文般简洁。此外，原文前后部分对仗工整，音韵和谐。好的翻译应兼顾意义与形式，但两者无法兼顾时，往往舍弃形式，保留意义。笔者经过斟酌，将该句译为“The lofty Pavilion of Prince Teng stands on the bank of the river. The cheerful banquets filled with singing and dancing, tinkling of jade pendants, and ringing of birds-carved bells were gone forever”。译文基本传达原文信息，“river”和“forever”大致保留原文“渚”和“舞”押尾韵的效果。

另外，在此提供几个不同英译版本供赏析。汉学家亨利·哈特（Henry·Hart）的散体诗译文：“The high pavilion. Of the king of Teng. Stands on the riverbank. The lofty King Teng's Tower overlooks the river. The tinkle. Of jade ornaments. The songs of birds. The strains of music. And the rhythm of the dance. Are hushed forever”。译文传达了“高阁”“佩玉”和“罢歌舞”等关键信息，但“鸣鸾”理解成“鸟鸣”略显不妥。其意应指“刻有鸾鸟形状的铃铛”。

罗经国教授译文为“The lofty King Teng's Tower overlooks the river. The jade pendants tinkle, and the carriage bells jingle. The banquet's over, the guests are leaving, and the singing and the dancing have stopped”。笔者认为，罗译用词巧妙，比如“overlook”生动再现滕王阁居高临远之势。“tinkle”和“jingle”更是在音形义三方面高度和谐。

（三）落霞与孤鹜齐飞，秋水共长天一色

该句出自《滕王阁序》，意为“落日映射下的彩霞与孤鸟一齐飞翔；秋天的江水和辽阔的天空连成一片，浑然一色”，写尽了滕王阁周边的秋日暮色之美。由于该句前后两个部分在句式结构和句意上并不复杂，基本可采取直译法，可译为“The sunset clouds fly together with solitary bird, and the autumn water melts into the blue sky”。

许渊冲教授在译诗方面以押韵见长。他将该句译为“The rainbow clouds

with lonely bird together fly; The autumn water blends with the endless blue sky"，不仅传达出原文信息，而且别具匠心，调整语序，将“fly”放在句尾，与“sky”构成押韵效果，使译文富有音韵美。

罗经国教授将该句译为“A solitary wild duck flies alongside the multicolored sunset clouds, and the autumn water is merged with the boundless sky into one hue”，笔触细腻，注重细节，运用“solitary”“wild”“multicolored”“boundless”四个形容词，生动再现“彩霞与孤鹜相映增辉”以及“水天相接”的绝美意境。

（四）兴废总关情，看落霞孤鹜，秋水长天，幸此地湖山无恙；古今才一瞬，问江上才人，阁中帝子，比当年风景何如？

以上为滕王阁楹联，出自晚清政治家刘坤一之手。上联“兴废总关情，看落霞孤鹜，秋水长天，幸此地湖山无恙”以楼阁几度兴废而湖山今古无恙抒发对世事兴衰的感慨。“兴废”意为“盛衰”，“关情”意为“关心，牵动情怀”。“落霞孤鹜”“秋水长天”化用王勃的《滕王阁序》中名句“落霞与孤鹜齐飞，秋水共长天一色”，指眼前美好的景色，历经数代，风景依然，谁不为湖山无恙而庆幸。根据句意，上联译为“Revitalization and demolishment of Pavilion of Prince Teng always affect people's feelings. We watch the sunset clouds, lonely birds, autumn water and blue sky, feeling how lucky to see the lakes and mountains here safe and sound”。

下联“古今才一瞬，问江上才人，阁中帝子，比当年风景何如？”由物及人，对古今一瞬，世事沧桑的诘问，有吊古伤今之意，一“幸”一“比”，伤感中却有激越高亢之情。“江上才人”暗指王勃，王勃当年因写《滕王阁序》而被誉为江上才人，“阁中帝子”出自王勃诗句“阁中帝子今何在，槛外长江空自流”，指当年建阁的滕王李元婴。根据句意，下联译为“The past and the present of Pavilion of Prince Teng seemingly integrate into an instant. We ask the gifted scholar sightseeing on the river and the prince holding banquets in the pavilion, "what is the scenery of the Pavilion of Prince Teng like nowadays compared to those days?"”。

13.2 解说"南浦"
Southern Riverside

Southern Riverside (Nan Pu) is very common where there is a river. Southern Riverside of Nanchang enjoyed a reputation for nearly a millennium, because Wangbo, a famous poet in the Tang Dynasty, wrote amazing lines "In the morning painted pillars fly into the soft clouds over Southern Riverside. In the evening bead curtains flutter with the misty rain from West Mount".

Southern Riverside of Nanchang was located at the east bank of Fuhe River and at the south side of Huimin Gate. Today, here is Fuhe Park. A memorial archway in front of it was caved with the characters "Flying Clouds over Southern Riverside", which may be an evidence of the location of the past Southern Riverside.

The ancient people travelled faraway generally by waterway. Over two thousand years ago, the great poet Quyuan wrote a sentence about a farewell with a beauty at Southern Riverside in his *River God in Songs of Chu*. Jiangyan, who exhausted his talent in writing *Farewell Poem*, lamented that "I am so distressed at parting from you at the Southern Riverside". As a result, all Southern Riversides throughout the country became heartbreaking parting places. Bai Juyi, wrote the lines "we bid a desolate farewell by the Southern Riverside. West wind blows a faint coolness in the autumn. Go straight, without turning round. Otherwise, we will be heartbroken once again" in his *Farewell by Southern Riverside* (Nan Pu Bie).

Parting makes us feel sad, drear and lonely. In ancient poems about farewell, Southern Riverside and pavilion often appeared together. For instance, Li Bai and Liu Yong, the great poets in the Tang and Song dynasties, mentioned pavilion in their poems. Therefore, there was definitely a Southern Riverside pavilion at every Southern Riverside. Chen Hongxu, a scholar in the late Ming Dynasty and early Qing Dynasty, said in his book titled *The Chronicle of Nanchang Historical Sites*, "Southern Riverside Pavilion recorded in *The Chronicle of Yuzhang* was located at the berth outside Qiaobu Gate (namely Guangrun Gate later)". It could be judged from above that Southern Riverside Pavilion mentioned in 1500 by Lei Cizong, the author of *The Chronicle of Yuzhang*, was possibly located at the entrance of today's Ruzi Bridge.

In ancient times, Fuhe River was wide enough for many boats to fleet side by side on it until the early stage of the last century. *The Complete Map of Nanchang City* (1926 version) clearly marked a few wharfs by this section of Fuhe River, including the wharfs of Leping, Ruichang and Fengxin, etc. Some senior citizens may remember that the water of Fuhe River close to Southern Riverside was clean, clear, flowing slowly. There were some stone steps for convenience of washing. Therefore, the wharf by Southern Riverside was a good place for housewives to wash clothes. The sound of women's beating clothes with wooden clubs, like pleasant percussion music, could be heard from time to time. It was an old custom that people used a wooden club to beat clothes in washing to squeeze dirty water out of them.

For hundreds of years, Southern Riverside Pavilion went though repeated ruin and restoring, so its site might have changed. However, Southern Riverside Pavilion and Flying Clouds over Southern Riverside remained to be one of ten famous scenic spots of Nanchang. Many officials, scholars and other influential people couldn't help expressing their sentimental emotions when they enjoyed views here. For example, Wen Tianxiang (a patriotic poet in the Southern Song Dynasty) wrote a poem titled *Stepping on Southern Riverside Pavilion*, expressing his dismal mood due to unfulfilled ambition.

一、内容提要

南浦，南面的水边。南昌的南浦，抚河东岸，惠民门南侧。古人云游远行大多走水路，所谓浪迹天涯。在诗人的笔下，千条江河的南浦成了伤心离别之地。有南浦的地方必有南浦亭。陈弘绪在其《江城名迹记》中说道："《豫章记》南浦亭在桥步门外，往来舣舟之所。"古时候，南浦滨临的抚河非常宽，河面百舸争流。千百年来南浦上的南浦亭，随着沧桑岁月而屡废屡兴，但是，南浦亭以及南浦飞云一直是豫章十景之一。达官显要、文人墨客无不在这里饱览风光之胜，畅抒感怀之情。

二、翻译解析

（一）画栋朝飞南浦云，珠帘暮卷西山雨

以上诗句出自王勃《滕王阁诗》。该句意为"滕王阁的画栋飞入清晨的南浦轻云中，滕王阁的珠帘卷入傍晚的西山烟雨中"，既写出了滕王阁的绰约风姿，又描述了滕王阁的落寞，寄情于景，情景交融。根据句意，该句可译为"In the morning painted pillars fly into the soft clouds over Southern Riverside. In the evening bead curtains flutter with the misty rain from West Mount"。

该句也可解释为"南浦轻云早晨掠过滕王阁的画栋，西山烟雨傍晚卷起滕王阁的珠帘"。北京大学罗经国教授的《滕王阁诗》英译本被奉为永不褪色的经典之作。他将该句译为："In the morn the rosy clouds from the southern shore flit across the painted pillars. In the eve the rain in the western mountains are drawn in by the red curtains"。译文用词优美，在句式结构上尽可能保留了原文对仗工整的特点，唯一值得商榷之处是将"珠帘"译成"red curtains"（朱帘）。

（二）南浦凄凄别，西风袅袅秋。一看肠一断，好去莫回头

此诗词出自唐代诗人白居易创作的一首五言绝句《南浦别》。诗人以细腻的笔触刻画了送别过程中的传情细节，用凄凉的景色表达出依依惜别的深情。整首诗可译为"We bid a desolate farewell by the Southern Riverside. West wind blows a faint coolness in the autumn. Go straight，without turning round. Otherwise，we will be heartbroken once again"。

此外，提供译界泰斗许渊冲先生的英文版供赏析："By Southern Riverside we bid dreary goodbye. Autumn seems desolate to hear the west wind sigh. My heart would break each time you look back to the shore. Go on before and don't turn your head any more!"

最后，值得注意的是，诗中运用了“凄凄”“袅袅”两个叠词。叠词是指相同的词、词素或者音节重叠使用。叠词因具有强烈的节奏感、韵律感而广泛运用于古诗词中。叠词英译时，需要尽可能地保持原语言的特点及表达效果。常见方法归纳如下：

（1）根据叠词语义，采用名词（复数）、形容词、副词等进行意译，比如“人生代代无穷已”译为“Many generations have come and passed away”；又如“思悠悠，恨悠悠，恨到归时方始休”译为“My thought stretches endlessly. My grief wretches endlessly. So thus until my husband comes to me”。

（2）采用“evey/each＋名词”形式，比如“倚遍江南寺寺楼”译为“I leaned against the pillars of every monastery in Jiangnan”；又如“苦恨年年压金线，为他人作嫁衣裳”译为“Each year she embroiders gowns with golden thread，for the wedding of the rich girls”。

（3）采用“名词＋in/on/by/after/to＋名词”形式，比如“无边落木萧萧下，不尽长江滚滚来”译为“The boundless forest shed its leaves shower by shower. The endless River rolls its waves hour after hour”。又如“岁岁金河复玉关，朝朝马策与刀环”译为“Year in year out in the border areas I travel round. Day after day swords and horses are in my sight”。

（4）采用“and”引导的并列结构，通常连接一对同义词或近义词。比如“车辚辚，马萧萧”译为“Chariots rumble and roll，horses whinny and neigh”。又如“纤纤擢素手，札札弄机杼”译为“Slim and soft are her tender hands，Click and clack sounds the loom that stands”。

（5）采用重复法，叠词叠译，比如“庭院深深深几许”译为“Deep，deep the courtyard where he is，so deep”。又如“青青河畔草，郁郁园中柳”译为“Green，green，the grass by the river-bank. Thick，thick，the willow trees in the garden”。

综上，译者在翻译古诗词中的叠词时，首先应准确理解叠词内涵，再尽可能地采用意译、改译等方法进行二次创作，从而保留诗歌的韵律美。

13.3 解说"蓼洲"
Smartweed Islet

The Fuhe River flowed through the west of the ancient Nanchang City and converged with Ganjiang River. The poem sentence "the islets inhabited by cranes and wild ducks reaches the acme in twisting and winding characteristics possessed by the islands" written by Wangbo in his *Preface to Pavilion of Prince Teng* described the landscape of Fuhe River he enjoyed when climbing on the Pavilion of Prince Teng. The Fuhe River flowing through Nanchang City divided into branches in many places where many islets and beaches formed, such as New Islet (Xin Zhou), Large Islet (Da Zhou), Yellow Mud Islet (Huangni Zhou), Smartweed Islet (Liao Zhou), Rope-knitting Islet (Dalan Zhou) and Ox Islet (Huangniu Zhou), etc. Among these islets, Smartweed Islet was the closest to the city wall, only with a narrow moat between them.

According to *The Annals of Nanchang County* (the edition of the 9th year of the reign of Emperor Tongzhi in the Qing Dynasty), Smartweed Islet was located between Guangrun Gate and Huimin Gate, about 100 steps away from the southwest of the city. Overgrown with smartweed, the islet was named "Smartweed Islet". The flowers of smartweed, purple, very long like ear of rice, can bloom for 7 to 8 months. We can imagine that Smartweed Islet was definitely beautiful like a purple ocean of flowers.

In the late Ming Dynasty and early Qing Dynasty, this place gradually flourished. According to *The Annals of Nanchang County* of the 59th year of Emperor Qianlong's reign in the Qing Dynasty (1794), there was a Main Street of Smartweed Islet (Liao Zhou Dajie) running from south to north on Smartweed Islet.

As shown in the map of Nanchang in 1926, the southmost end of Smartweed Islet was called Smartweed Islet End (Liaozhou Tou); Junzhi

Primary School was located at the west of Smartweed Islet End. A branch of Fuhe River to the east of the Main Street of Smartweed Islet flowed from Smartweed Islet End to the north end of Smartweed Islet. There were three bridges over the branch. The bridge in the south connected Coal Alley and Smartweed Islet End. The bridge in the middle led to Huimin Gate across the moat, so it was called "Tong Hui Bridge" ("Tong" means "leading to"; "Hui" refers to Huiming Gate). The bridge in the north was called "Outer Shuiguan Bridge" (Wai Shui Guan Qiao). The branch of Fuhe River flowed into Ganjiang River, through the moat, culvert of the city wall, Shuiguan Bridge, Chen Family Bridge (Chenjia Qiao), Leaping Dragon Bridge (Yuelong Qiao), West Lake, East Lake, South Lake, North Lake, Yuzhang Moat, Distinguished Person Lake (Xianshi Hu), Green Mountain Lake (Qingshan Hu) and Aixi Lake.

Besides the main street, there were many intersecting alleys on Smartweed Islet, such as Li Family Alley (Lijia Xiang), Water Gap Alley (Shuikou Xiang), Tiny waxberry Alley (Xiao Yangmei Xiang), Large waxberry Alley (Da Yangmei Xiang), Youcheng Alley (Youcheng Xiang), Gentleman Alley (Junzi Xiang), Miaoji Taoist Temple (Miaoji Guan), Yuanjue Temple, Dragon King Temple Street and Outer Shuiguan Bridge, etc.

At the west bank of Smartweed Islet were located two time-honored temples—Miaoji Taoist Temple in the south and Yuanjue Temple in the west. There were the wharfs of Yuning, Guixi, Fengjing and Ruichang distributed successively from south to north along the west bank.

To the west of Smartweed Islet was the broad Fuhe River with limpid water and blue ripples. Log rafts drifting from the upper reach were gathered together here. The workers living by bundling rafts piled up the log rafts to a height of 7 to 8 layers and then bundled them together with bamboo ropes. The old and experienced workers drove the log rafts with long bamboo spars to the cities like Nanjing and Shanghai, via Ganjiang River and Polang Lake.

Opposite the wide river was Rope-knitting Islet on which most of residents made a living by knitting bamboo ropes, bundling or driving log rafts.

In the second half of 1928, all of the ancient walls in Nanchang were removed. The wall base was built into a ring road. The moat was filled and leveled up. As a result, Smartweed Islet was not an islet any longer, but a piece of land connecting with the urban area of the city. Before long, the branch of Fuhe River flowing at the side of Smartweed Islet was also silt up. Since then, the four lakes in the east, south, west and north of Nanchang City were not a vast interconnected water area any longer. Subsequently, the people could not enjoy the beautiful scenery of four lakes as a whole, such as flickering reflection of clouds and stars on the water surface of four lakes, described in *the Night Moon on East Lake* written by Hu Yan, a distinguished scholar and politician from Nanchang in the Ming Dynasty.

The Main Street of Smartweed Islet in the Qing Dynasty was called Center Street of Smartweed Islet during the period of the Republic of China and renamed to Smartweed Islet Street after 1949.

一、内容提要

抚河绕着南昌古城的西边流过，和赣江交汇，其间支流很多，因此形成很多的洲和滩。其中的蓼洲距离城墙最近，只隔着一条窄窄的护城壕。洲上曾经遍长蓼草，因而得名“蓼洲”。蓼洲最南端叫蓼洲头。明末清初，蓼洲逐渐繁荣。乾隆五十九年的《南昌县志》记载：蓼洲之上，从南到北有“蓼洲大街”。1928 年开始，南昌古城墙全部拆除，城墙基修成环城路。护城壕全部填平，于是蓼洲和城区连成一片，再也不是“在河之洲”了。

二、翻译解析

（一）鹤汀凫渚，穷岛屿之萦回

该句出自唐代王勃的《滕王阁序》。凫（fú）指野鸭，汀（tīng）指水边平地，渚（zhǔ）指水中小洲。汀、渚为近义词，可合并翻译。整句理解为“白鹤和野鸭停息的小洲，极尽岛屿的迂曲回环之势”，可译为“the islets inhabited by cranes and wild ducks reaches the acme in twisting and winding characteristics possessed by the islands”。

（二）从抚河上游漂流下来的木排在这里集中，扎排工把一层一层的木排叠起来，足足有七八层，再用缆绳绑扎

该句在语言方面平铺直叙，与全书当中频繁出现的文言文、诗歌相比，理解和翻译的难度明显更低，但译者若能进一步挖掘背景信息，则对旧时人们生产生活的场景有更清晰的认识，翻译起来更容易在脑海中形成一种画面感。

在交通落后的年代，放排是竹子、木材从砍伐地运输出去的重要方式。竹排、木排形式分单层、多层，因水的深浅而异。由于抚河上游水浅，竹排、木排一般只有一层。到了南昌城外的蓼洲，即进入深水区，所有的排集中停靠在此处，重新扎过，一层一层垒叠后的竹排、木排有时高达丈余。

该句包含两层含义，一是上游下来的木排停靠在蓼洲码头；二是扎排工把木排层叠并绑扎好。因此可分为两个句子来翻译，可译为“Log rafts drifting from the upper reach were gathered together here. The workers living by bundling rafts piled up the log rafts to a height of 7 to 8 layers and then bundled them together with bamboo ropes”。

13.4 解说“右营街”
Right Battalion Street

According to *The Annals of Nanchang Place Names*（1992 Edition），Right Battalion Street（Youying Jie）was 420 meters long and 12 meters wide，running from Huanhu Road in the east to North Xiangshan Road（Xiangshan Bei Lu）.

Before founding of the Republic of China，urban area of Nanchang was divided into two parts（Nanchang County and Xinjian County）by Dieshan Road. During Emperor Qianlong's reign in the Qing Dynasty，Jiangxi Imperial Inspector governed two Fubiao Battalions（“Fubiao Ying”，namely，the army directly controlled by Imperial Inspector in the Ming and Qing dynasties）. Left

Fubiao Battalion was stationed in Nanchang County. As recorded in *The Annals of Nanchang County*, its station, called "Zhongxie Fu", was located at the north of Wuzi Memorial Archway (today's Nanchang Ophthalmic Hospital and an area in the north); Right Fubiao Battalion was stationed in Xinjian County. Right Battalion Street was so called because of its adjacency with the station of Right Fubiao Battalion. In the south of Right Battalion Street there was a vertically intersecting alley named "Arrow Way Alley" (Jiandao Xiang), not more than 4 meters wide, which connected with Dieshan Road. It can be affirmed from the name that the alley was a place for soldiers to practise archery.

As shown in *The Annals of Jiangxi Military Affairs*, there were 354 soldiers in Left Fubiao Battalion and 358 in Right Fubiao Battalion, in the 21th year of the reign of Emperor Daoguang in the Qing Dynasty (in 1841); there were 150 soldiers in Left Fubiao Battalion and in Right Fubiao Battalion respectively, in the 28th year of Emperor Guangxu's reign in the Qing Dynasty (in 1841).

The armies in the Qing Dynasty was mainly divided into two systems of Eight Banners Army and Green Banner Army. Eight Banners Army consisted of capital camp and garrison. The army in the capital camp included bodyguard troop safeguarding the emperor, and other troops defending the capital, such as cavalry battalion, vanguard battalion, imperial guards battalion, infantry battalion, etc. Garrison was the armies stationed in the vital places throughout the country.

Green Banner Army was composed of soldiers of Han nationality. Before Qing armies entered Shanhai Pass, the Han army among them used green banner, so they were also called "Green Banner Army" or "Green Barrack Army". Afterwards, the surrendering soldiers in the Ming Dynasty and the newly recruited Han people were arranged into Green Banner Army. It mainly included infantry consisting of fighting soldiers and defense soldiers, and included cavalry and navy.

The organizational system of Green Banner Army was established at four levels—Biao, Xie, Ying and Xun. Biao, the highest level of the military organizations, was divided into Dubiao (governed by Governor-general), Fubiao (governed by Imperial Inspector), Tibiao (governed by Provincial Commander-in-chief), Zhenbiao (governed by Regional Commander), Junbiao (governed by General of Eight Banners Garrison), Hebiao (governed by Viceroy of River Conservation) and Caobiao (governed by Viceroy of Water Transport).

Tidu (provincial commander-in-chief) was the highest rank of military officer in a province, followed by Zongbing (Regional Commander) and Fujiang (Assistant General) successively. The army commanded by Fujiang was called "Xie"; the army by Canjiang (the highest rank officer in charge of Ying), Youji (mid-rank officer), Dusi (mid-rank officer) and Shoubei (garrison officer) was "Ying"; the army by Qianzong (Gate Defense Commandants) and Bazong (Gate Defense Commandants, whose rank is lower than Qianzong) was "Xun".

Generally speaking, Left Fubiao Battalion had a higher level than Right Fubiao Battalion. The commander of Left Fubiao Battalion was usually Fujiang (the station was called "Zhong Xie Fu"); the commander of Right Fubiao Battalion is Canjiang and Youji.

The main task of Green Banner Army was defending the local area, so the soldiers were mainly recruited from the local people.

Once a person was enlisted in the army, he must live in barrack, together with his family members. His whole family would be registered into the soldier roll. The soldier roll was in the direct charge of Ministry of War. The provisions and funds for troops were in the charge of Ministry of Revenue and Population. Therefore, the soldiers were actually controlled completely by the central government. The civil and military governors of every province must work out a registration list according to the number of soldiers and present it to Ministry of War for verification. If the father or the elder brother in a family were soldiers, the sons or the younger brothers were candidate soldiers who would substitute their deceased father or elder brother. The system that the people lived by soldiering generation by generation was also called hereditary soldier system.

Green Banner Army was also responsible for escorting (including escorting military supplies, prisoners, money and grain), defending, arresting, inspection, anti-smuggling, etc. Because of frequent occurrence of extortion, plundering, bullying, committing crimes and jobbery by soldiers, the ordinary people thought poorly of soldiers, saying that "a upright and cultivated man will not join the army, as a good iron will not be made into nails".

一、内容提要

清朝乾隆年间，江西巡抚统辖抚标两营。其中抚标左营驻南昌县境；抚标右营驻新建县境，右营街因南临抚标右营驻地而得名。清朝军队主要分八旗和绿营两个系统。绿营的建制分标、协、营、汛级。标是军事组织的最高级别，又分为督标（总督管辖）、抚标（巡抚管辖）、提标（提督管辖）、镇标（总兵管辖）、军标（八旗驻防将军管辖）、河标（河道总督管辖）、漕标（漕运总督管辖）。一般而言，抚标左营的级别更高，其统领常常是副将，因此其驻地叫"中协府"。抚标右营的级别更低，其统领常常是参将、游击等。

二、翻译解析

（一）八旗又分京营和驻防两部分，京营中侍卫皇帝的称为亲军，其他守卫京师的有骁骑营、前锋营、护军营、步兵营、健锐营、火器营、虎枪营、善扑营等

护军营是清代禁卫军，掌守紫禁城内顺贞门等十二处宫门的门禁以及导引、扈从等事，译为"palace gate guard battalion"。健锐营又称健锐云梯营，擅长云梯攻城，是清八旗禁卫军中的特种部队，可译为"scaling ladder battalion"。火器营是清代专门操演火器的军队，专职制造炮弹、枪药和各种战斗所需的火器，平时也演习弓箭、枪炮技术，担负京师的警戒任务，可译为"firearms battalion"。虎枪营负责扈从围猎，凡皇帝行围则随从前导，遇虎列枪以备，得旨即射击，或追踪或寻山，得虎具奏以献，可译为"hunting guard battalion”。善扑营为清廷内卫部队，演习摔跤、射箭、骑马等技艺的军营，大致译为“skills training battalion”。

根据句意，该句可拆分为两个部分，第一个部分译为“Eight Banners Army consisted of capital camp and garrison”；第二个部分译为“The army in the capital camp included bodyguard troop safeguarding the emperor, and other troops defending the capital, such as cavalry battalion, vanguard battalion, palace gate guard battalion, infantry battalion, scaling ladder battalion, firearms battalion, hunting guard battalion, skills training battalion, etc.”。

（二）提督是一省的最高武官，其下是总兵。总兵之下是副将，副将所统率的军队叫协；参将、游击、都司、守备所统率的军队叫营；千总、把总所统率的军队叫汛

该句翻译难度较大，涉及“提督”“总兵”“副将”“参将”“游击”等九个古代军职。众所周知，古代军职多为文化空缺词，在英文中很难找到或者无法找到对应词。因此，一般采用解释性翻译。首先要追溯历史，对所处朝代的军事制度有所了解，才能着手翻译。

通过查阅资料，了解到清朝绿营系沿袭明朝，分省建置，其主要任务是镇戍地方。清朝统治者将全国划分为十一个战略军事区，每区下辖一至数省，区的最高军事长官为总督，不设总督的区，则由兼领提督的巡抚为最高长官；省的最高军事长官为提督或兼领提督的巡抚；省下为镇，镇的长官是总兵；镇下分协，协的长官为副将；协下设营，营的长官为参将、游击、都司、守备；营下设汛，汛的长官为千总、把总、外委千总、外委把总。

综上，可遵循“名从主人”的原则，用汉语拼音表达这些军职，再使用括号加注，将“提督”译为“Tidu（provincial commander-in-chief）”；“总兵”译为“Zongbing（Regional Commander）”；“副将”译为“Fujiang（Assistant General）”；“参将”译为“Canjiang（the highest rank officer in charge of battalion）”；“游记”译为“Youji（mid-rank officer）”；“都司”译为“Dusi（mid-rank officer）”；“守备”译为“Shoubei（garrison officer）”；“千总”译为“Qianzong（Gate Defense Commandants）；“把总”译为“Bazong（Gate Defense Commandants, whose rank is lower than Qianzong）”。

综上，整段话可译为“Tidu（provincial commander-in-chief）was the

highest rank of military officer in a province, followed by Zongbing (Regional Commander) and Fujiang (Assistant General) successively. The army commanded by Fujiang was called "Xie"; the army by Canjiang (the highest rank officer in charge of battalion), Youji (mid-rank officer), Dusi (mid-rank officer) and Shoubei (garrison officer) was "Ying"; the army by Qianzong (Gate Defense Commandants) and Bazong (Gate Defense Commandants, whose rank is lower than Qianzong) was "Xun"。

13.5 解说"筷子巷"
Chopstick Lane

According to *The Annals of Nanchang Place Names* (1992 edition), "Chopstick Lane (Kuaizi Xiang) extended from South Xiangshan Road in the east to Shang Tangcheng Street (Shang Tangcheng Jie) in the west, with the length of 412 meters and width of 2.5 meters". Because of the transformation project of the shantytowns in South Xiangshan Road in Xihu district, Chopstick Lane has been razed to the ground.

There are three opinions about the origin of the lane's name. The first is that the lane was long and narrow, just like a chopstick. Really it was a very narrow road. Its end close to Shang Tangcheng Street was even narrower than that close to South Xiangshan Road. The second is about people's wish for a newly-married couple to give birth to a baby boy as soon as possible. In Chinese, the word "chopstick" ("筷子", Kuaizi) is homophonic to the phrase "giving birth to a son very soon" ("快子", Kuaizi). The third is that many rich merchants in the lane hoped that their posterity could pass imperial examinations smoothly so as to wear purple robe as early as possible. Since purple robe is a symbol of official costume, wearing purple robe represents that someone has obtained an official position. The word "chopstick" is also homophonic to the phrase "putting on purple robe very soon" ("快紫",

Kuaizi).

Before 1935, the western section of Ruzi Road (the section from South Xiangshan Road to Chuanshan Road) was not a road, but a branch of Fuhe River. The clear water of the river could flow into Ganjiang River, through West Lake, East Lake, South Lake and North Lake, Distinguished Person Lake, Green Mountain Lake (Qingshan Hu) and Aixi Lake successively.

There were three bridges—Shuiguan Bridge, Chen Family Bridge, Leaping Dragon Bridge (also called Gaoshi Bridge) over the Fuhe River branch, connecting the south and north banks. Chopstick Lane was located at the south bank. The folk houses were built along the river bank. Because of the beautiful scenery and an old saying that wealth was easy to gather at a place near water, Chopstick Lane was always inhabited principally by wealthy people. Many luxurious mansions in the Ming and Qing dynasties were preserved until the 1950s and 1960s. Here once lived the family of Bao Zhufeng, the richest man in Jiangxi Province in the early years of Republic of China. Bao Family Mansion was often in small talk of the ordinary people and very well-known far and near.

In recent years, there are often some people from the provinces of Hubei, Hunan, Anhui, etc. who come to Chopstick Lane for tracing the roots of their family. It is clearly shown in their family trees that their ancestors emigrated from Jiangxi Province in the early Ming Dynasty. Chopstick Lane in Nanchang city was just the last stop before emigration to other provinces. *Chinese Migrant History* written by Professor Ge Jianxiong, the most authoritative history book about ancient migrants, incorporated Chopstick Lane in Nanchang City into the ten transit areas for migration in ancient China.

In the late Yuan Dynasty, foreign invasion and continuous war caused sparse population and deserted farmland in the provinces of Hubei, Hunan and Anhui, etc. After Zhu Yuanzhang founded the Ming Dynasty, he issued an order that part of Jiangxi people emigrated to these provinces. Such an emigration movement is the famous "Emigration from Jiangxi to Hubei and Hunan" in history. According to the historical data and statistics in Chinese

Migrant History, there were 1,800,000 immigrants to Hubei Province in the early Ming Dynasty, among which 1,300,000 people came from Jiangxi. As is shown in existing family trees in Hubei and Hunan provinces, about 60 or 70 percent of the population are the descendents of Jiangxi immigrants. Therefore, some natives in these two provinces still claim themselves as descendents of Jiangxi people until now. In addition, some history books recorded that "Nanchang is the ancestral home of many families living in the Chu State (mainly including provinces of Hunan and Hubei) ".

Most of the immigrants to Hubei and Hunan provinces at that time came from four cities of Nanchang, Ji'an, Jiujiang and Raozhou (today's Poyang County). The government established a special migrant regulatory agency in Chopstick Lane, so the lane became a gathering place for batches of emigrants. Even in some migrant family trees there are some record about Chopstick Lane as the last stop in Jiangxi Province.

As time flies, the emigrants have left Jiangxi hometown for more than 600 years, but their offspring never forget Chopstick Lane because it is their hometown in dreams.

Although Chopstick Lane has been removed, it is our hope that a memorial hall of Xiangxi emigrant can be built at the site, because Chopstick Lane is associated with the nostalgia of generations of Jiangxi emigrants.

一、内容提要

筷子巷的得名，有三种说法。一是小巷长而窄，形似筷子。二是希望早生贵子、快生贵子，是以“快子”谐音叫“筷子”。三是小巷住户多为富商土豪，希望子孙科举高中、快着紫袍，于是把“快紫”叫作“筷子”。《中国移民史》特别提到，南昌的筷子巷为中国古代十大移民集散地之一。明朝初年，朱元璋下令从江西移民到湖北、湖南、安徽等地，即历史上著名的“江西填湖广”，而此次大规模移民，最后一站就是筷子巷。当年官府还在筷子巷设立了移民专门管理机构。

二、翻译解析

（一）小巷住户多为富商土豪，希望子孙科举高中、快着紫袍，于是把“快紫”叫作“筷子”

关于筷子巷的由来，三种说法中有两种都是利用汉语的谐音。第二种说法是“筷子”与“快子”谐音，第三种说法是“筷子”与“快紫”谐音。中国人有使用谐音来辟邪、求吉的传统。这或许是先民强烈的不安全感促使他们去寻求一些“祥瑞”来获得心理安慰，并在后来漫长而艰难的求生岁月中，出于趋利避害的本能，在祈福、求子、辟邪、祛病等方面，形成利用谐音来表达某种愿望的风俗习惯。

然而，由于英汉语言、语音系统的差异，汉语中的谐音几乎无法移植到英语中，且其中蕴含的深意也不为英美读者所领悟，因此，翻译时，需要使用增译法，补充隐含信息，让读者了解谐音的奥妙所在。此句中，需要增补的信息主要是“紫袍”的象征意义以及穿上紫袍意味着什么。综上所述，此句可译为“The third is that many rich merchants in the lane hoped that their posterity could pass imperial examinations smoothly so as to wear purple robe as early as possible. Since purple robe is a symbol of official costume, wearing purple robe represents that someone has obtained an official position. The word ‘chopstick’ is also homophonic to the phrase ‘putting on purple robe very soon’（‘快紫’，Kuaizi）”。画线部分即为增补信息。

（二）这就是历史上著名的“江西填湖广”

“江西填湖广”是指江西人大规模移民迁徙到湖南、湖北。它本身是一个完整的句子，但在该句中，为形容词“著名”的中心词，因此，翻译时宜将其处理为名词化短语，使用动词“emigrate”的名词形式“emigration”，因此，整句话可译为“Such an emigration movement is the famous ‘emigration from Jiangxi to Hubei and Hunan’ in history”。

（三）所以直到现在，不少湖南、湖北人都声称自己是“江西后人”，史书因此记载“居楚之家，多豫章籍”

“江西后人”可译为“descendents of Jiangxi people”。“楚”指荆楚之地，包括湖南、湖北全境以及重庆、安徽等省份的部分地区。“豫章”为南昌故称。

当前“江西填湖广”迁出的江西人中，很大部分来自南昌各县区，此外，还有吉安、九江和鄱阳县。这就不难理解“居楚之家，多豫章籍”的由来了。该句可译为“Nanchang is the ancestral home of many families living in the Chu State（mainly including provinces of Hunan and Hubei）”。

13.6 解说“养济院”
Welfare House

Since ancient times, the district near Shengjin Pagoda outside Jinxian Gate had been a slum. Those refugees who came to this city from other parts of the country to seek their living built sheds here to settle down. Their sheds connected with each other and extended to the entrance of the south gate. In contrast with the rich who lived a lavish life inside the city, the poor here led an extremely miserable life, suffering from hunger and cold. During Emperor Guangxu's reign（1871-1908）in the Qing Dynasty, therefore, a charity institution called “Welfare House”（Yangji Yuan）was set up here to adopt beggars and those who had no kin and could not support themselves.

Due to existence of Welfare House, a narrow lane in the east of Shengjin Pagoda was named “Welfare House” first and then in 1987 renamed “Welfare House Lane”. With renovation of Shengjin Pagoda scenic spot in 2000, Welfare House Lane was demolished. *The Annals of Nanchang Place Names*（1992 edition）recorded that the past Welfare House started at the Fourth Plastic Factory in the south and ended at Bakou Lane in the north, connecting with Shengjin Pagoda Street in the middle, with total length of 230 meters and width of 2. 5 meters.

In ancient society, governmental and non-governmental organizations took a variety of relief measures, but by the Yuan Dynasty, Welfare Houses were built nationwide. In the 8th year of Zhiyuan period of the Yuan Dynasty（1271）, the ruler issued an order that a poor house should be set up in every place to adopt those who could not support themselves. The poor houses would be allocated food and firewood. By the 19th year of the same era (1282), there was a welfare house established in every county, in the charge of the justice commission.

The governments in the Ming Dynasty continued to adopt the welfare system which was established in the Yuan Dynasty. In the first year during the Yuanshun period of the Ming Dynasty (1457), Emperor Yingzong issued an imperial edict that a welfare house should be set up in every county. The welfare houses should provide adoptees with two meals each day (all utensils, firewood and vegetables, etc were supplied by the governments). They should also be responsible for medical treatment if adoptees were sick and for coffin burial if they were dead.

The welfare houses were funded and managed by the governments, with a quota of adoption. The quota for Welfare House of Nanchang County was 210, far more than that in other counties. For instance, the quota for a poor house was merely 128 in each county of Huai'an Prefecture, Jiangsu Province, and the quota was only 72 in each county of Haining Prefecture, Zhejiang Province. The poor houses distributed the poor and the helpless provisions, generally 1 litre of rice or 0.5 gram of silver for a person each day. In some areas, the poor houses also provided adoptees with cloth, clothes and firewood, etc to keep them warm. In some other areas, however, the grain ration was far below average, so that the adoptees often lived in hunger. After Emperor Qianlong ascended the throne, he issued decree to stipulate a liter of food ration for everyone each day. The local government should be responsible for supervision to poor houses. Every year, the county magistrates were required to verify the adoption number in the local welfare house and then worked out rosters separately according to two categories—the adoption number within quota and the number beyond quota. The rosters should include specific information such as the adoptees' age, difficulty type, appearance features, and native places, etc. In addition, the rosters should also be enclosed with stamped evidentiary documents when they were submitted to the superior governments. Any change in the registration number, due to death of illness or new adoption, or for other reasons, should be reported anytime. It was strictly prohibited to receive fraudulently or withhold food rations. The officials of the superior governments should go to the almshouses and check the adoption number according to the roster. Once they found any cheating or violation of the regulations, they would punish the involved officials.

Welfare House in Nanchang was renamed "Rest Home" in the first year during the Republic of China period (1912), and then "Demonstration Home for the Aged under Jiangxi Social Affairs Bureau" in the 35th year during the same period (1946). After 1949, Nanchang municipal government set up a variety of charities to adopt beggars, the handicapped, aged people, children, etc in succession.

一、内容提要

全国建立养济院是从元代开始。明代继承元代的养济院制度，每县均须设养济院一所，养济院由官府出资并管理。各地收养人数均有限额。南昌也有养济院，在进贤门外、绳金塔下。此处自古以来就是贫民区，离乡背井从远方来南昌谋生的难民都聚集于此，建起茅棚。因此，清朝光绪年间政府在这里办了一所收养鳏寡孤独和乞丐的慈善机构，叫作养济院。绳金塔东边一条狭窄的小巷就被叫作养济院，1987 年更名为养济院巷，随着 2000 年绳金塔景区的改造，养济院巷渐渐消失。

二、翻译解析

（一）元代至元八年，统治者下令各路设"众济院"，收养不能自存之人

"各路"意为"各地"。"不能自存"是一个汉语成语，意为"生活艰难，无法养活自己"。因此，整句可译为"In the 8th year of Zhiyuan period of the Yuan Dynasty (1271), the ruler issued an order that a poor house should be set up in every place to adopt those who could not support themselves"。

（二）注明原住籍贯，出具印结

“籍贯”指被收养者的家乡或出生地，可译为“native place/birth place”；“印结”指盖有印章的保证文书，可译为“stamped/sealed evidentiary documents”。

（三）如遇裁革病故，顶补新收，随时申明，严禁冒领或克扣口粮

该句虽不长，却包含两层意思，一是遇人数变动，要随时汇报；二是不得冒领或克扣口粮。因此，可使用拆译法，将该句拆分成两个句子。前一句译为“Any change in the registration number, due to death of illness or new adoption, or for other reasons, should be reported anytime”。后一句译为“It was strictly prohibited to receive fraudulently or withhold food rations”。

值得注意的是，有时一个汉语句子包含多个句子结构，具有独立的句意，中间却只用逗号连接，常常一逗到底。这种情况下，可根据意群，采用拆译法，将句子化整为零，使翻译难度降低，译文条理更加清晰。

13.7 解说“贤士湖”
Distinguished Person Lake

According to *Rivers and Canals*, the 5th volume of *The Annals of Nanchang County* (*Nanchang Xian Zhi*) published in the 8th year of the Republic of China period, Asian Clam Lake (Xianzi Hu), also named Distinguished Person Lake (Xianshi Hu), was located outside the Yonghe Gate (Yonghe Men). All rivers and branches in the city flowed into Asian Clam Lake via Yuzhang Moat.

Xianzi (Asian clam), often called “Xiao Bang Ke Zi” (little clamshell) in Nanchang dialect, is round or appropriately triangle with a thin and hard shell. The outside surface of the shell is glossy, with yellowish-brown or brown patterns of concentrical rings; the inner surface is white or bluish-violet. Probably because the lake was teemed with Asian clams, it was called Asian Clam Lake by the local people. Considered as vulgar, the name of

"Asian Clam Lake" (Xianzi Hu) was changed into "Distinguished Person Lake" (Xianshi Hu) by some scholars, since "Xianshi" is homophonic to "Xianzi". The new name has always been used since then.

At that time, the water in the four lakes (West Lake, East Lake, South Lake and North Lake) in Nanchang City was so clear, bluish and rippled because their sources were infused with running water endlessly. The branch of Fuhe River flowed into Ganjiang River, via Shuiguan Bridge, through the four lakes, Yuzhang Moat, Asian Clam Lake, Green Mountain Lake (Qingshan Hu) and Aixi Lake successively.

The walls of ancient Nanchang City were surrounded by a moat along which the water of Fuhe River flowed into Asian Clam Lake.

According to the map about 100 years ago, the ancient Asian Clam Lake was very large. It ended at Nan-xun Railway in the northeast, at Siwei Road in the west and at Fuzhou Road in the south. This region around the lake was crisscrossed by ditches and branches and scattered with ponds and puddles. It was sparsely populated, with only Xiong Family Village at the foot of She Family Mountain in the east, Yin Family Village in the south, and Wang Family Village in the west.

Since founding of the People's Republic of China, especially since adoption of reform and opening-up policy, the urban construction has been developing rapidly. Part of Asian Clam Lake was gradually filled and leveled up for construction, which caused dramatic reduction of the lake surface area by over 20 times compared to that in the past. In 2006, Xianhu Village raised money by itself to preserve the remaining part of the lake and built a park named Distinguished Person Lake Park with an area of about 45,333 m^2. The park has a beautiful scenery—exquisite pavilions, twisting corridors, vivid stone carvings, verdant and lush bamboos and trees, streams flowing beneath small bridges and the splendid setting sun, as if it were an elegant garden in Suzhou City. Only a pity is that the lake has become so small.

Both the First Distinguished Person Road (Xianshi Yi Lu) and Second Distinguished Person Road (Xianshi Er Lu), named after Distinguished

Person Lake, were built in 1982. They connected with Distinguished Person Lake in parallel and ended at West Nanjing Road.

To meet the requirements of urban development, the municipal party committee and government of Nanchang decided to incorporate 6 villages (Yonghe, Yongxi, Xianhu, Gongyuan, Qili and Changxiang) formerly in Tangshan Town of Green Mountain Lake District (Qingshan Hu Qu) into the administration area of East Lake District (Dong Hu Qu) in December, 2004. With approval of the municipal government, Distinguished Person Lake Administrative Office was established in East Lake District. The area covered by the six villages approximately equals that of the past Asian Clam Lake.

In the 1930s, "Xianzi Hu" (Asian Clam Lake) was marked as "Yanzi Hu" (Swallow Lake) in some maps. Both "Xianshi Hu" and "Yanzi Hu" are similar to "Xianzi Hu" in sound. Till now, the local seniors still call it "Xianzi Hu" (Distinguished Person Lake). The unchanged local accent implies its original meaning.

一、内容提要

贤士湖原名蚬子湖。也许是因为湖中盛产蚬子，当地百姓叫它“蚬子湖”。后来有文人嫌其俗气，遂取其谐音改叫“贤士湖”。《南昌县志》卷五“河渠上”记载：蚬子湖，一名贤士湖。在永和门外，城内诸水自豫章沟出，并城壕之水皆归之。古时的蚬子湖很大。周边区域沟汊纵横、水洼水塘遍布，周边居民稀少。后来随着城市建设迅猛发展，湖面急剧缩小。2006 年，贤湖村自筹资金把最后一汪湖水保留下来，建成“贤士湖公园”。

二、翻译解析

（一）当年南昌城内的四湖之水，碧波荡漾，“为有源头活水来”

该句引用南宋理学家朱熹名诗《观书有感》“半亩方塘一鉴开，天光云影共徘徊；问渠那得清如许？为有源头活水来”，来描述四湖之水碧波荡漾，清澈异常的原因是源头处不断有活水补充进来。由于汉语是意合语言，少用或不用连接词，英语是形合语言，多用连接词来表示句子内部或句子之间的逻辑关系。该句有隐含的因果逻辑关系，翻译时，可增加相应的连接词。因此，整句可译为“At that time, the water in the four lakes (West Lake, East Lake, South Lake and North Lake) in Nanchang City was so clear, bluish and rippled because their sources were infused with running water endlessly”。

（二）这一片区域，沟汊纵横、水洼水塘遍布

汊（chà）是指水流的分支，也指河流的分岔处。沟汊可译为“ditches and branches”。整句可译为“This region around the lake was crisscrossed by ditches and branches and scattered with ponds and puddles”。

（三）精致的亭台、曲折的画廊、栩栩如生的石雕、苍翠茂盛的竹木、小桥流水、夕阳西下，仿佛是苏州典雅的园林

该句是对贤士湖公园美景的描述，大意是贤士湖公园有精致的亭台、曲折的画廊等美景，仿佛是苏州园林。因此，虽然从表层结构上看，该句主语是“亭台”“画廊”“石雕”“竹木”等名词短语，但从深层含义上分析，主语应该是贤士湖公园。据此，可将该句译为“The park has a beautiful scenery—exquisite pavilions, twisting corridors, vivid stone carvings, verdant and lush bamboos and trees, stream flowing beneath small bridges and the splendid setting sun, as if it were an elegant garden in Suzhou City”。

13.8 解说“清洁堂”
Cleanness Hall

Chasteness Hall (Qingjie Tang) was renamed to Cleanness Hall (Qingjie Tang) in 1966 (the new and old names have the same pronunciation in Chinese). As a result, the profound historical continuity behind the name is dissevered instantly so that its meaning becomes obscure for the modern people. It was recorded in *The Annals of Nanchang County* that Chasteness Hall, located at Front Alley of Gan Family (Ganjia Qian Xiang), was built by Jiang Yuchang, Nanchang magistrate. The alley became famous for

Chasteness Hall located here. It ran from Three Holes Well (Sanyan Jing) in the south to Large Lingyun Lane (Da Lingyun Xiang) in the north, which was 144 meters long and 3.5 meters wide.

Chasteness Hall refers to a quiet hall where women preserve chastity after their husbands' death. The first Chasteness Hall in China was built in Nanjing City in the 11th year of Emperor Jiaqing's reign of the Qing Dynasty (1806). Afterwards, Chasteness Halls were established in some relatively developed provinces with deeply-rooted traditional culture, such as Zhejiang, Anhui and Jiangxi, etc. Chasteness Halls were generally built by sponsorship of senior officials, wealthy gentry and the ordinary people, under the authorities' supervision. They belonged to a kind of charity institution, because they mainly adopted chaste widows from poor families. They had different names in different places, such as "Revering Chastity Hall" (Jingjie Tang), "Complete Chastity Hall" (Quanjie Tang), "Keeping Chastity Hall" (Baojie Tang) and "Chastity Hall" (Zhenjie Tang).

It was advocated by governments and traditional ethics in feudal society that a woman should be married only once in her life and keep loyal to her husband until her death. Therefore, there were sayings prevalent in the society that a good woman never attended two husbands in her life, just as a loyal subject never served two kings, and a woman would rather starve to death than lose her chastity. A widow should preserve her chastity in the rest of her life, instead of being remarried. A woman who abided by this rule would be called respectfully "chaste woman". A girl should also do the same if her husband-to-be was dead before wedding. She would be called respectfully "chaste girl". If a chaste woman cultivated her son to be a high-ranking official, or a chaste woman or girl had done moving deeds in the process of preserving her chastity, the imperial court and local governments would approve of building a "Chastity Memorial Archway" to bestow her with the highest praise.

A widow then was very pitiful. Regarded as a curse to her husband's death, she was often discriminated by her husband's family and the society.

The situation was worse for those from an extremely poor family, or with children to support, or with good looks. As the old saying goes, there are many scandals laid before a widow's door. Some widows might be often harassed by local knaves, it is good for them to lead a quiet life in Chasteness Hall.

As stipulated in *Regulations of Chasteness Halls in Jiangxi Province*, only those chaste women or girls of middle-upper social class, under the age of 30, whose family had declined to be terribly poor, without any close relatives to rely on, were qualified to be adopted by Chasteness Hall. Another requirement was that their condition must be reported by reliable guarantors to the hall and then proved authentic after verification.

Chasteness Hall in Nanchang was large-scaled, which could hold chaste women and girls up to 200. Everyone lived in a room with a bed, a table, two foot-stools and two wooden benches.

Once entering into the hall, the chaste women and girls must comply with many rules and commandments. They were not permitted to go out at ordinary times. Only when their parents or parents-in-law passed away, they were allowed to go home to attend the funeral, but not to stay there overnight. Their mothers and aunts were permitted to visit them twice per month but not to stay for a long time.

The hall in Nanchang was under a very strict management by the board made up of two retired officials as the principals and nine noble gentlemen with high prestige.

Besides Chasteness Hall in Nanchang, there was also one in Ganzhou City, Ji'an City and Nanfeng County respectively in Jiangxi Province.

一、内容提要

“清洁堂”原名“清节堂”，即清静守节之堂。清节堂由达官豪绅以及社会民众捐资，官府督办，主要收养夫死而家贫的节妇贞女，属于慈善机构。《江西省清节堂章程》规定：三十岁以下系清门士族的节妇、贞女，家道极贫且六亲无靠，由妥实保人报堂核查无误后，方可入堂。南昌的清节堂规模很大，可以接纳节妇贞女 200 人。每人各住一间房，有一张床、一张桌子、两个杌子、两条板凳。节妇贞女入堂之后，须遵守许多清规戒律。清节堂管理严格，由 2 名退休官员担任总办和 9 名德高望重的士绅一起组成董事会。

二、翻译解析

（一）封建社会的官府和传统道德，鼓励妇女“从一而终”

“从一而终”是一个汉语成语，意为用情专一。泛指封建礼教要求女子只能结一次婚，丈夫死后不能再嫁。因此，该句可译为“It was advocated by governments and traditional ethics in feudal society that a woman should get married only once in her life and keep loyal to her husband until her death”。

（二）饿死事小，失节事大

该句出自《二程全书·遗书二十二》，由宋代理学家程颐提出。表面上看，这句话是要求女子守贞洁，认为寡居的女子改嫁，是失节行为，而贫困饿死是小事，失节就是大事。该句常被世人看作是封建礼教对女性的压迫，是男权社会强加给女性的枷锁。但实际上，这是程颐提出的普遍性道德原则。“饿死”代指感性欲求的层面，“失节”代指道德义理的层面，道德义理优越于感性欲求。程颐说这句话并非只针对女性，而是借此表达“君子当舍生取义”的观点，与孟子“富贵不能淫、贫贱不能移、威武不能屈”以及文天祥“人生自古谁无死，留取丹心照汗青”的内涵是一致的。

在本文语境中，“饿死事小，失节事大”可按其表面意思理解，译为“a woman would rather starve to death than lose her chastity”。

（三）六亲无靠

在中国传统文化中，血缘关系至上的观念深入人心，人们将血缘看作最为可靠的情感纽带。这种文化观念体现在语言中就是“六亲不认”“六亲不和”“六亲无靠”等成语的出现。

“六亲”历代说法不一，有几种代表性说法：（1）贾谊《新书·六术》以父子、亲兄弟、从父兄弟、从祖兄弟、从曾祖兄弟、同族兄弟为六亲。（2）《左传》以父子、兄弟、姑姐（父亲的姐妹）、甥舅、婚媾（妻的家属）及姻娅为六亲。（3）《老子》以父子、兄弟、夫妇为六亲。（4）《汉书》以父、母、兄、弟、妻、子为六亲。不论哪种说法，“六亲”在古人看来，都是指与自己关系很近的人。在今天看来，“六亲”并非特指六种亲属，而是泛指包括血亲和姻亲在内的所有亲属。

因此，翻译“六亲无靠”时，“六亲”无须译出具体所指，可泛化处理，译为“relatives”或“close relatives”，“六亲无靠”可译为“without any close relatives to rely on”；“六亲不和”可译为“All one's relatives are not on harmonious terms”；“六亲不认”可译为“not to recognize one's own close relatives”，也可使用“indifferent”或“ruthless”等形容词表达其内涵。

（四）每人各住一间房，有一张床、一张桌子、两个杌子、两条板凳

“杌（wù）子”指小凳子或踏脚凳，译为“low stool”或“foot-stool”。此外，该句中包含多个量词。汉语中常常在数词与名词或动词之间使用量词，包括名量词和动量词。而英语则是直接用数词修饰名词，或者副词修饰动词。汉译英时，往往需要省略量词，而英译汉时，往往需要增加量词。因此，该句可译为“Everyone lived in a room with a bed, a table, two foot-stools and two wooden benches”。

13.9 解说“瞭望巷”
Lookout Lane

According to *The Annals of Nanchang Place Names* (1992 edition), Lookout Lane (Liaowang Xiang, “瞭望巷” in Chinese) was 144 meters long and 1.5 meters wide, running from Cotton Market (Mianhua Shi) in the south to Lookout Terrace (Liaowang Tai) in the north. Many people have not heard of it, let alone having been there. Because of Chinese character simplification in the late 1970s, the Chinese character “瞭” (lookout) was changed into “了” (finish) and correspondingly “瞭望巷” became “了望巷”. As a result, the meaning of the new name was very difficult to be understood. The name of Lookout Lane appeared in the early 1920s and disappeared in the early 21st century. Although it didn't exist for a long time, it witnessed an unforgettable development history of Nanchang fire fighting.

In February of the first year of Emperor Xuantong's reign in the Qing Dynasty (1909), the Xunjing Dao (a governmental agency in charge of local patrol, police affairs, census registration and sanitation, etc) set up fire brigade officers, in charge of Nanchang fire fighting. Two years later, the fire brigade officers were renamed into fire brigade under police department. In the early period of Republic of China, Nanchang police station had only one fire brigade made up of more than 10 members, equipped simply with fire hooks, axes and buckets, and situated at the Guangrun Gate (Guangrun Men). Then the stores and residential houses were made up of wood structure or brick-wood structure. Once a store or house caught fire, other ones in the same block were very likely to be burned down together. Wealthy merchants were more afraid of fire than poor people. For poor people, fire might burn up nothing than shabby clothes and cotton quilt, while for wealthy merchants, fire might deprive themselves of their vast fortune. As a result, Nanchang Chamber of Commerce specially set up a fire brigade which was situated at Hetong Lane (Hetong Xiang).

No timely report of fire was the greatest difficulty in fire fighting at that time. For this reason, Nanchang business circles raised legal tender of 12,000 yuan to build a Lookout Terrace (ordinary people called it Fire Observation Terrace) at the east side of Jiangxi Hotel (the former site of Nanchang August 1st Uprising Headquarters). The 30 meters high terrace of reinforced concrete structure was the highest and most modern landmark in Nanchang then.

It seems more exact to name it "Lookout Tower". By climbing up the tower, people could enjoy the overall view of the whole city. There were special guards assigned to watch the city from the tower day and night. Once they found black smoke rising and open flame shining in the sky, they would send fire signals to the fire brigade without delay.

On December 28, 1989, Nanchang Fire-fighting Headquarters Building with total investment of RMB 3,500,000 came into service. It had a 110.7-

meter-long Lookout Tower. The dispatch and command center was equipped with a radio station of 350 megahertz, 4 special dispatching telephone lines and a terminal communication receiving system for 5 fire brigades in urban area. From then on, the glorious old Lookout Tower stepped down from the stage of history because of fulfillment of its mission.

Lookout Lane gained its name for Lookout Tower. The neighborhood committee of the lane was affiliated to Wazijiao Sub-district Office in West Lake District. To be more exact, Lookout Lane was a very narrow meandering footpath between Jiangxi Hotel and Huqin Street (a section between today's Cotton Market in Jewelry Street and Zhongshan Road), which led to Cotton Market in the south and ended at Nanchang Worker Theater (a building during the Republic of China period). With expansion of Nanchang August 1st Uprising Memorial Hall in 2005, Lookout Tower was demolished. Later, Lookout Lane also disappeared.

一、内容提要

瞭望巷因瞭望台而得名。清末宣统元年（1909）二月，巡警道设消防队官，管理南昌消防事宜。宣统三年，改为警视厅消防队。民国之初，南昌警察局只有一支十几个人、拥有一些火钩斧头水桶的消防队，驻扎在广润门。那时候的店铺和民居，基本上都是木结构和砖木结构，最怕"火烧连营七百里"。比起平民百姓，巨贾富商更怕火灾，怕烧掉万贯家财。于是，南昌商会专门成立一只消防队驻扎在合同巷，并建造瞭望台（百姓称之为"望火台"）。随着1989年南昌消防指挥大楼正式投入使用，曾经辉煌的瞭望台完成历史使命，退出历史舞台。

二、翻译解析

（一）清末宣统元年二月，巡警道设消防队官，管理南昌消防事宜

巡警道为清末地方官署名，专管全省巡警、消防、户籍、营缮、卫生事务，可音译再加注，因此，整句可译为"In February of the first year of

Emperor Xuantong's reign in the Qing Dynasty, the Xunjing Dao（a governmental agency in charge of local patrol, police affairs, census registration and sanitation, etc）set up fire brigade officers, in charge of Nanchang fire fighting"。

（二）那时候的店铺和民居，基本上都是木结构和砖木结构，最怕“火烧连营七百里”

“火烧连营七百里”背后有一段故事：蜀汉章武元年（221 年），刘备为报吴夺荆州、关羽被杀之仇，率大军攻吴。当时已入夏，天气炎热。刘备为舒缓军士酷热之苦，命蜀军在山林中安营扎寨，以避暑热。陆逊看准时机，命士兵每人带一把茅草，到达蜀军营垒时边放火边猛攻。蜀军营寨的木栅和周围的林木为易燃之物，火势迅速在各营漫延。蜀军大乱，被吴军连破四十余营。陆逊火烧连营的成功，决定了夷陵之战（猇亭之战）蜀败吴胜的结果。

作者在此处引用“火烧连营七百里”是为了表达当时的店铺和民居易燃，一旦着火，火势易迅速蔓延，将店铺和民居成片烧毁，因此，“火烧连营七百里”这一典故无须直译，可将其内涵融入句子当中，即整句采取意译法，译为“Then the stores and residential houses were made up of wood structure or brick-wood structure. Once a store or house caught fire, other ones in the same block were very likely to be burned down together”。

（三）塔上有专人日夜不停地瞭望全城，一有黑烟腾空火光映天，及时给消防队通报火警

该句可将前一部分作为主句，后一部分处理为“who”引导的定语从句。也可拆分为两句来译，第一句采用“There be”句型，译为“There were special guards assigned to watch the city from the tower day and night”。第二句可使用连接词“Once”或“hardly... when”“no sooner... than”来表达“一……就”句型，可译为“Once they found black smoke rising and open flame shining in the sky, they would send fire signals to the fire brigade without delay”。

（四）盲肠小道

文中是指瞭望巷是一条盲肠小道。“盲肠”是以形状相似为基础的隐喻，是指“狭窄、弯曲的小道”，翻译时，不应直译为“cecum footpath”，而应译出其内涵，译为“a very narrow meandering footpath”。

14 结 语

地名是人们为方便生产和生活而命定的地物或地域名称。地名一般由通名和专名构成。通名指普遍存在的具有明显共性的地理实体的名称，用来表示地理实体的类别或属性，反映一个地区的自然地理和人文地理环境。专名是地名中对某一类别地名的特称，明确某一地名与其他同类地名的区别，因此有“专名定位、通名定类”之说。专名不仅反映自然特征，更是地理、历史和文化等多重因素综合作用的结果。总之，地名是文化的载体，直接展现一个地区的文化底蕴和历史传承。文化也赋予地名以生命和灵魂。一个地名之所以能够流传千古，正是因为它所蕴含的文化内涵和价值观念得到人们的认同和传承。但随着时间的推移，大量富有文化内涵的老地名不断消失，意味着一个地区地名的文脉遗存随之消退，历史长卷面临断层、缺页，因此，地名文化研究有助于深入了解一个地区的历史、文化和社会变迁，保护和传承地名文化，对于维护文化多样性和历史连续性具有重要意义。

老地名是地名文化研究的焦点。老地名不仅是地理方位的标识，也是文化传承和历史记忆的载体。每个老地名背后都有其独特的历史由来，这些名称往往反映当地的社会变迁、民情风俗、饮食习惯、趣闻轶事、官僚制度、价值取向等。老地名的价值远超单纯的标识功能，它们是连接过去与现在、自然与社会、个体与集体的桥梁。南昌老地名浓缩了南昌的社会发展史，蕴含着地理特征、宗教信仰、神话传说、历史典故、宗族聚落、科举教育、社会心理等文化信息。要理解并翻译好这些老地名及其文化内涵并非易事，尤其是一些结构特殊、包含文化负载词或同音讹变的老地名，以及那些历史由来存在多个解说版本的老地名，更是给译者带来极大的挑战。针对这些难点，可以运用文化翻译理论作为指导，按照“名从主人”“见名知义”“遵从历史”三大原则，采用音译、直译、意译、增译等翻译方法，不仅体现南昌老地名的地理辨识功能，而且发挥文化彰显与传播作用。

附录1　南昌老地名中英对照表

篇名	中文	汉语拼音	英文	备注
解说“绳金塔”	绳金塔	Shengjin Ta	Shengjin Pagoda	
	绳金塔街	Shenjin Ta Jie	Shengjin Pagoda Street	
	水关桥	Shuiguan Qiao	Shuiguan Bridge	
解说“万寿宫”	万寿宫	Wanshou Gong	Longevity Palace	
	万寿宫巷	Wanshou Gong Xiang	Longevity Palace Lane	
	翠花街	Cuihua Jie	Jade Green Flower Street	
	棋盘街	Qipan Jie	Chessboard Street	
	铁柱宫横街	Tiezhu Gong Hengjie	Iron Pillar Palace Bystreet	
	灭神巷	Mieshen Xiang	Exterminating Gods Alley	
	珠市街	Zhushi Jie	Jewelry Street	
	罗帛市	Luobo Shi	Silk Fair	
	油市街	Youshi Jie	Oil Street	
	米市街	Mishi Jie	Rice Street	
	瓷器街	Ciqi Jie	Porcelainware Street	
	醋巷	Cu Xiang	Vinegar Lane	
	箩巷	Luo Xiang	Basket Lane	
	铁街	Tie Jie	Ironware Street	
	西大街	Xi Dajie	West Main Street	
	中大街	Zhong Dajie	Middle Main Street	
解说“佳山庙”	佳山庙	Jiashan Miao	Wonderful Mountain Temple	
	中大街	Zhongda Jie	Zhongda Street	

续表

篇名	中文	汉语拼音	英文	备注
	胜利路	Shengli Lu	Victory Road	
	民德路	Minde Lu	Minde Road	
	后墙路	Houqiang Lu	Backwall Road	
	洗马池	Xima Chi	Xima Pond	
解说“三皇宫”	三皇宫	Sanhuang Gong	Three Sovereigns Palace	
	药王庙	Yao Wang Miao	Medicine King Temple	
	天后宫	Tianhou Gong	Heavenly Queen Palace	
	渊明北路	Yuanming Bei Lu	North Yuanming Road	
解说“萧公庙”	萧公庙	Xiaogong Miao	Lord Xiao Temple	
	南湖路	Nanhu Lu	South Lake Road	
	大洋洲	Dayang Zhou	Dayang Islet	
	洞庭湖	Dongting Hu	Dongting Lake	
解说“火神庙”	火神庙	Huoshen Miao	Fire God Temple	
	滕王阁	Tengwang Ge	Pavilion of Prince Teng	
	贡院	Gong Yuan	Examination Hall	
	东湖	Dong Hu	East Lake	
	百花洲路	Baihua Zhou Lu	Flowers Islet Road	
	南昌洪都中医院	Nanchang Hongdu Zhongyiyuan	Nanchang Hongdu Hospital of TCM	
解说“荆波宛在”	荆波宛在	Jing Bo Wan Zai	Jing Bo Wan Zai	无通名
	凤凰坡	Fenghuang Po	Phoenix Slope	
	盐道署	Yandao Shu	Salt Road Bureau	
	洪恩桥	Hong'en Qiao	Great Kindness Bridge	
	磨子巷	Mozi Xiang	Mozi Lane	
	火神庙	Huoshen Miao	Fire God Temple	
	系马桩	Ji Ma Zhuang	Hitching Post	
	羊子巷	Yangzi Xiang	Yangzi Lane	

续表

篇名	中文	汉语拼音	英文	备注
	翘步街	Qiaobu Jie	Qiaobu Street	
	伏魔宫	Fumo Gong	Subduing Devil Palace	
	广济寺	Guangji Si	Guangji Temple	
	进贤门	Jinxian Men	Jinxian Gate	
	惠民门	Huimin Men	Huimin Gate	
	米市	Mi Shi	Rice Market	
	蓼洲	Liao Zhou	Smartweed Islet	
解说“应天寺”	应天寺	Yingtian Si	Yingtian Temple	
	东书院街	Dong Shuyuan Jie	East Academy Street	
	三眼井	San Yan Jing	Three Holes Well	
	大井头	Da Jing Tou	Big Well Head	
	三道桥	Sandao Qiao	Sandao Bridge	
	章家祠	Zhangjia Ci	Ancestral Temple of Zhang Family	
	于都路	Yudu Lu	Yudu Road	
	系马桩街	Ji Ma Zhuang Jie	Hitching Post Street	
解说“南海行宫”	南海行宫	Nanhai Xinggong	South Sea Temple	
	八一大道	Bayi Dadao	Bayi Avenue	
	象山路	Xiangshan Lu	Xiangshan Road	
	干家前巷	Ganjia Qian Xiang	Front Lane of Gan Family	
	干家塘巷	Ganjia Tang Xiang	Gan Family Pond Lane	
	多岔巷	Duocha Xiang	Byroads Lane	
	佑民寺	Youmin Si	Blessing People Temple	
	普贤寺	Puxian Si	Samantabhadra Temple	
	天宁古寺	Tianning Si	Ancient Temple of Heaven Peace	
	舟山群岛	Zhoushan Qundao	Zhoushan Archipelago	浙江省地名
	沈家门	Shenjia Men	Shen Family Gate	浙江省地名

续表

篇名	中文	汉语拼音	英文	备注
解说“建德观”	建德观	Jiande Guan	Jiande Taoist Temple	
	环湖路	Huanhu Lu	Huanhu Road	
	灵应桥	Lingying Qiao	Efficaciousness Bridge	
	步行街	Buxing Jie	Pedestrian Street	
	城隍庙	Chenghuang Miao	Town God's Temple	
	龙虎山	Longhu Shan	Mount Dragon and Tiger	江西贵溪
	合皂山	Hezao Shan	Mount Hezao	江西樟树
	西山	Xi Shan	West Mount	
	岷郡山	Minjun Shan	Mount Minjun	甘肃西和县
	罗家集	Luojia Ji	Luo Family Fair	
	母撑港	Mucheng Gang	Mucheng Harbor	
	鸡公桥	Jigong Qiao	Cock Bridge	
	慈母村	Cimu Cun	Compassionate Mother Village	
解说“张王庙”	张王庙	Zhangwang Miao	King Zhang Temple	
	张王庙巷	Zhangwang Miao Xiang	King Zhang Temple Alley	
	象山南路	Xiangshan Nan Lu	South Xiangshan Road	
	豆豉巷	Douchi Xiang	Fermented Soybean Alley	
	淘沙塘	Taosha Tang	Washing Sand Dyke	
	旌忠阁	Jingzhong Ge	Loyalty Pavilion	
	大佛殿	Dafo Dian	Giant Buddha Hall	
	观音堂	Guanyin Tang	Guanyin Temple	
	财神殿	Caishen Dian	Wealth God Hall	
	禄姑堂	Lugu Tang	Lugu Hall	
	清虚堂	Qingxu Tang	Emptiness Hall	
解说“丁公庙”	丁公庙	Dinggong Miao	Lord Ding Temple	

续表

篇名	中文	汉语拼音	英文	备注
	友竹巷	Youzhu Xiang	Friend-bamboo Alley	
	南昌新四军军部旧址陈列馆	Nanchang Xinsijun Junbu Jiuzhi Chenlieguan	Site-Exhibition Hall of the New Fourth Army Headquarters	
	丁公路	Dinggong Lu	Lord Ding Road	
	洛阳路	Luoyang Lu	Luoyang Road	
	北京西路	Beijing Xi Lu	West Beijing Road	
	丁公塘	Dinggong Tang	Lord Ding Dyke	
解说“鲁班庙”	鲁班庙	Lu Ban Miao	Lu Ban Temple	
	鲁班庙巷	Lu Ban Miao Xiang	Lu Ban Temple Lane	
	普贤寺巷	Puxian Si Xiang	Samantabhadra Temple Lane	
	钟鼓楼	Zhonggu Lou	Bell and Drum Tower	
	钟鼓楼巷	Zhonggu Lou Xiang	Bell and Drum Tower Lane	
解说“海棠庙”	海棠庙	Haitang Miao	Begonia Temple	
	筷子巷	Kuaizi Xiang	Chopstick Lane	
	育婴堂	Yuying Tang	Infant Care Center	
	兴隆巷	Xinglong Xiang	Prosperity Lane	
解说“司马庙”	司马庙	Sima Miao	Sima Temple	
	洪城大市场	Hongcheng Da Shichang	Hongcheng Market	
	洪城路	Hongcheng Lu	Hongcheng Road	
	抚河中路	Fuhe Zhong Lu	Middle Fuhe Road	
	抚河南路	Fuhe Nan Lu	South Fuhe Road	
解说“书院街”	书院街	Shuyuan Jie	Academy Street	
	石头街	Shitou Jie	Stone Street	
	豫章书院前横街	Yuzhang Shuyuan Qian Hengjie	Yuzhang Academy Front Bystreet	
	西书院街	Xi Shuyuan Jie	West Academy Street	

续表

篇名	中文	汉语拼音	英文	备注
	豫章书院	Yuzhang Shuyuan	Yuzhang Academy	
	白鹿洞书院	Bailu Dong Shuyuan	White Deer Cave Academy	四大书院之一，在江西庐山
解说“老贡院”	老贡院	Lao Gongyuan	Old Examination Hall	
	贡院	Gongyuan	Examination Hall	
	老贡院巷	Lao Gongyuan Xiang	Lane of Old Examination Hall	
	松柏巷	Songbai Xiang	Lane of Pine and Cypress	
	廉让里	Lianrang Li	Lianrang Lane	
	大桃花巷	Da Taohua Xiang	Big Peach Blossom Lane	
	小桃花巷	Xiao Taohua Xiang	Small Peach Blossom Lane	
	民德路	Minde Lu	Minde Road	
	上营坊	Shangying Fang	Shangying Alley	
	百花洲	Baihua Zhou	Hundred Flowers Islet	
	八一公园	Bayi Gongyuan	Bayi Park	
解说“状元桥”	状元桥	Zhuangyuan Qiao	Number One Scholar Bridge	
	抚河	Fu He	Fuhe River	
	陈家桥	Chenjia Qiao	Chen Family Bridge	
	跃龙桥	Yuelong Qiao	Leaping Dragon Bridge	
	府学前	Fuxue Qian	Front of Prefectural School	
	广济桥	Guangji Qiao	Guangji Bridge	
解说“友竹花园”	友竹花园	Youzhu Huayuan	Friend-bamboo Garden	
	马家园	Majia Yuan	Ma Family Garden	
	毛家园	Maojia Yuan	Mao Family Garden	
	汤家园	Tangjia Yuan	Tang Family Garden	
	花园角	Huayuan Jiao	Garden Corner	
	包家花园	Baojia Huayuan	Bao Family Garden	

续表

篇名	中文	汉语拼音	英文	备注
	山陕会馆	Shan-Shaan Huiguan	Shan-Shaan Guild Hall	
解说“高升巷”	高升巷	Gaosheng Xiang	Promotion Lane	
	友竹街	You Zhu Jie	Friend-bamboo Street	
解说“为国求贤街”	为国求贤街	Wei Guo Qiu Xian Jie	Street of Selecting Talents for Country	
	苏圃路	Supu Lu	Supu Road	
	桃花巷	Taohua Xiang	Peach Blossom Lane	
	贡院背	Gongyuan Bei	Examination Hall Backstreet	
解说“惜字炉巷”	惜字炉巷	Xizi Lu Xiang	Xizi Furnace Lane	
	刘家花园	Lujia Huayuan	Liu Family Garden	
	罗家塘大厂	Luojiatang Dachang	Large House of Luo Family Dyke	
解说“叠山路”	叠山路	Dieshan Lu	Dieshan Road	
	永和门街	Yonghe Men Jie	Yonghe Gate Street	
	毛家桥	Miaojia Qiao	Mao Family Bridge	
	北营坊街	Beiyingfang Jie	Beiyingfang Street	
	陈家祠	Chenjia Ci	Chen Clan Ancestral Hall	
	道尹前街	Daoyin Qian Jie	Daoyin Front Street	
	新建县前街	Xinjian Xian Qian Jie	Xinjian County Front Street	
	省署后墙	Shengshu Hou Qiang	Provincial Government Backwall	
解说“阳明路”	阳明路	Yangming Lu	Yangming Road	
	沿江北路	Yanjiang Bei Lu	North Yanjiang Road	
	昌东镇	Changdong Zhen	East Nanchang Town	
	麻丘镇	Maqiu Zhen	Maqiu Town	
	艾溪湖管理处	Aixi Hu Guanlichu	Aixi Lake Management Office	

续表

篇名	中文	汉语拼音	英文	备注
	鲤鱼洲管理处	Liyu Zhou Guanlichu	Carp Islet Management Office	
	洪都北大道	Hongdu Bei Dadao	North Hongdu Avenue	
	阳明东路	Yangming Dong Lu	East Yangming Road	
解说“徐孺子墓”	徐孺子墓	Xu Ruzi Mu	Xu Ruzi Tomb	
	孺子亭公园	Ruzi Ting Gongyuan	Ruzi Pavilion Park	
	羊子巷	Yangzi Xiang	Yangzi Lane	
	渊明路	Yuanming Lu	Yuanming Road	
	孺子路	Ruzi Lu	Ruzi Road	
	狮子口	Shizi Kou	Lion Mouth	
	封荆山	Fengjing Shan	Fengjing Mountain	
	华佗庙	Huatuo Miao	Huatuo Temple	
	沿江路	Yanjiang Lu	Riverside Road	
解说“澹台墓”	澹台（子）墓	Tantai (Zi) Mu	Tantai (Zi) Tomb	
	澹台子祠	Tantai Zi Ci	Tantai Zi Temple	
	徐孺子祠	Xu Ruzi Ci	Xu Ruzi Temple	
	进贤门	Jinxian Men	Jinxian Gate	
	澹台灭明文化广场	Tantai Mieming Wenhua Guangchang	Tantai Mieming Cultural Square	
解说“象山北路”	象山北路	Xiangshan Bei Lu	North Xiangshan Road	
	中山路	Zhongshan Lu	Zhongshan Road	
	东大街	Dong Dajie	East Avenue	
	中大街	Zhong Dajie	Middle Avenue	
	西大街	Xi Dajie	West Avenue	
	左家巷	Zuojia Xiang	Zuo Family Alley	

续表

篇名	中文	汉语拼音	英文	备注
	下樟树下	Xia Zhangshuxia	Rear End of Zhangshuxia	
	上樟树下	Shang Zhangshuxia	Front End of Zhangshuxia	
	马王庙街	Mawang Miao Jie	Horse King Temple Street	
	戊子牌	Wuzi Pai	Wuzi Memorial Archway	
	瓦子角	Wazijiao	Wazijiao	
	六眼井	Liuyan Jing	Six-hole Well	
	状元府	Zhuangyuan Fu	No. 1 Scholar's Mansion	
	谢家巷	Xiejia Xiang	Xie Family Lane	
	厚福巷	Houfu Xiang	Blessing Lane	
解说“青云谱”	青云谱	Qingyun Pu	Qingyun Pu	
	北兰寺	Beilan Si	Beilan Temple	
	寤歌草堂	Wuge Caotang	Wuge Thatched Cottage	
	昌南大道	Changnan Dadao	South Nanchang Avenue	
	金沙大道	Jinsha Dadao	Jinsha Avenue	
	南莲路	Nanlian Lu	Nanlian Road	
	徐家坊	Xujia Fang	Xu Family Lane	
	新溪桥	Xinxi Qiao	Xinxi Bridge	
	三家店	Sanjiadian	Sanjiadian	
	朱姑桥	Zhugu Qiao	Zhugu Bridge	
	青云谱路	Qingyun Pu Lu	Qingyun Pu Road	
	迎宾北大道	Yingbin Bei Dadao	North Yingbin Avenue	
	东莲路	Donglian Lu	Donglian Road	
解说“洗马池”	洗马池	Xima Chi	Xima Pond	
解说“中山路”	百花洲街	Baihua Zhou Jie	Street of Hundred Flowers Islet	
	石公祠街	Shigong Ci Jie	Street of Lord Shi Ancestral Hall	

续表

篇名	中文	汉语拼音	英文	备注
	席公祠	Xigong Ci	Lord Xi Ancestral Hall	
	三道桥	Sandao Qiao	Three Bridges	
	二圣庙	Ersheng Miao	Two Sages Temple	
	顺化门街	Shunhua Men Jie	Shunhua Gate Street	
	万子祠街	Wanzi Ci Jie	Street of Wan Family Ancestral Temple	
	府学东街	Fuxue Dong Jie	East Street of Prefectural School	
	府学西街	Fuxue Xi Jie	West Street of Prefectural School	
	书街	Shu Jie	Book Street	
	甲戌坊	Jiaxu Fang	Jiaxu Lane	
	五把公所	Wuba Gongsuo	Wuba Guild	
解说“裘家厂”	裘家厂	Qiujia Chang	Qiu Family's Mansion	
	豫章后街	Yuzhang Hou Jie	Yuzhang Back Street	
	东万宜巷	Dong Wanyi Xiang	East Wanyi Lane	
	芭茅巷	Bamao Xiang	Bamao Lane	
	裘家洲	Qiujia Zhou	Qiu Family Islet	
解说“杨家厂”	杨家厂	Yangjia Chang	Yang Family Mansion	
	张家厂	Zhangjia Chang	Zhang Family Mansion	
	干家大屋	Ganjia Dawu	Gan Family Mansion	
	包家大屋	Baojai Dawu	Bao Family Mansion	
	中大街	Zhong Da Jie	Middle Street	
	后墙路	Houqiang Lu	Backwall Road	
解说“干家大屋”	干家大屋	Ganjia Dawu	Gan Family Mansion	
	长春殿	Changchun Dian	Changchun Palace	
	皇殿侧	Huangdian Ce	Side of Imperial Palace	
	干家后巷	Ganjia Hou Xiang	Rear Lane of Gan Family	

续表

篇名	中文	汉语拼音	英文	备注
	营房街	Yingfang Jie	Barrack Street	
	山陕会馆	Shan-Shaan Huiguan	Shan-Shaan Guild Hall	
	三经圣书院	Sanjing Sheng Shuyuan	Sanjing Holy Academy	
解说“包家花园”	包家花园	Baojia Huayuan	Bao Family's Garden	
	广润门	Guangrun Men	Guangrun Gate	
解说“万子祠”	万子祠	Wanzi Ci	Wan Family Ancestral Temple	
	万子祠街	Wanzi Ci Jie	Street of Wan Family Ancestral Temple	
	罗氏宗祠	Luoshi Zongci	Luo Family Ancestral Temple	
	黄氏宗祠	Huangshi Zongci	Huang Family Ancestral Temple	
解说“京家山”	京家山	Jingjia Shan	Jing Family Mountain	
	张家山	Zhangjia Shan	Zhang Family Mountain	
	京山村	Jingshan Cun	Jingshan Village	
	京山街道办事处	Jingshan Jiedao Banshi Chu	Jingshan Sub-district Office	
解说“豆芽巷”	豆芽巷	Douya Xiang	Bean Sprout Alley	
	米市街	Mishi Jie	Rice Street	
	油行街	Youhang Jie	Oil Street	
	嫁妆街	Jiazhuang Jie	Dowry Street	
	富大有堤	Fudayou Di	Fudayou Dyke	
	起凤路	Qifeng Lu	Dancing Phoenix Road	
解说“煤炭坡”	煤炭坡	Meitan Po	Coal Slope	
	抚河中路	Fuhe Zhong Lu	Middle Fuhe Road	
	河边街	Hebian Jie	Riverside Street	
	九郎巷	Jiulang Xiang	Jiulang Alley	

续表

篇名	中文	汉语拼音	英文	备注
	二七南路	Erqi Nan Lu	South Erqi Road	
	第二交通路	Di'er Jiaotong Lu	The Second Traffic Road	
	佘山路	Sheshan Lu	Sheshan Road	
	盘龙路	Panlong Lu	Curled-up Dragon Road	
解说“新余仓”	新余仓	Xinyu Cang	Xinyu Warehouse	
	章江门	Zhangjiang Men	Zhangjiang River Gate	
	煤炭街	Meitan Jie	Coal Street	
解说“棉花市”	棉花市	Mianhua Shi	Cotton Market	
	猪市街	Zhushi Jie	Pig Street	
	带子巷	Daizi Xiang	Daizi Lane	
	棉花巷	Mianhua Xiang	Cotton Lane	
	棉花街	Mianhua Jie	Cotton Street	
解说“打缆洲”	打缆洲	Dalan Zhou	Rope-knitting Islet	
	抚河南大道	Fuhe Nan Dadao	South Fuhe Avenue	
	抚河中大道	Fuhe Zhong Dadao	Middle Fuhe Avenue	
	抚河北大道	Fuhe Bei Dadao	North Fuhe Avenue	
	打缆洲路	Dalan Zhou Lu	Rope-knitting Islet Road	
解说“八一桥”	浔阳楼	Xunyang Lou	Xunyang Tower	江西九江
	郁孤台	Yugu Tai	Yugu Terrace	江西赣州
	牡丹亭	Mudan Ting	Peony Pavilion	江西临川
	龙珠阁	Longzhu Ge	Dragon Ball Pavilion	江西景德镇
	绿地双子塔	Lvdi Shuangzi Ta	Greenland Twin Towers	
	摩天轮	Motian Lun	Ferris Wheel	

续表

篇名	中文	汉语拼音	英文	备注
	秋水广场	Qiushui Guangchang	Autumn Water Square	
	赣江中大道	Ganjiang Zhong Dadao	Middle Ganjiang Avenue	
解说“重光里”	重光里	Chongguang Li	Reglowing Lane	
	马巷	Ma Xiang	Horse Lane	
	潮王洲	Chaowang Zhou	Tide King Islet	
	大士院	Dashi Yuan	Goddess of Mercy Temple	
	偰家塘	Xiejia Tang	Xie Family Dyke	
	西万宜巷	Xi Wanyi Xiang	West Wanyi Lane	
解说“国货路”	国货路	Guohuo Lu	China-made Goods Road	
	蚂蚁巷	Mayi Xiang	Ant Lane	
	高桥	Gao Qiao	Gao Bridge	
	黄家巷	Huangjia Xiang	Huang Family Lane	
解说“交通路”	交通路	Jiaotong Lu	Traffic Road	
	建设路	Jianshe Lu	Construction Road	
	井冈山大道	Jinggangshan Dadao	Jinggangshan Avenue	
	洪都大道	Hongdu Dadao	Hongdu Avenue	
	龙王庙	Longwang Miao	Dragon King Temple	
	幽兰	Youlan	Youlan Town	
	铁路八村	Tielu Ba Cun	The Eighth Railroad Community	
	彭子冈	Pengzi Gang	Pengzigang Village	
	友谊路	Youyi Lu	Friendship Road	
	彭家桥	Pengjia Qiao	Peng Family Bridge	
	洪都中大道	Hongdu Zhong Dadao	Middle Hongdu Avenue	
	谢家村	Xiejia Cun	Xie Family Village	

续表

篇名	中文	汉语拼音	英文	备注
	人民大道	Renmin Dadao	People Avenue	
	南京西路	Nanjing Xi Lu	West Nanjing Road	
	李家庄	Lijia Zhuang	Family Li Village	
解说“民德路”	三义祠	Sanyi Ci	Three-loyalty Temple	
	风神庙	Fengshen Miao	Wind God Temple	
	磨子巷横街	Mozi Xiang Heng Jie	Mozi Lane Bystreet	
	学院前街	Xueyuan Qian Jie	Academy Front Street	
	臬司前街	Niesi Qian Jie	Surveillance Commission Front Street	
	东辕门	Dong Yuan Men	East Outer Gate	
	西辕门	Xi Yuan Men	West Outer Gate	
解说“爱国路”	二经路	Erjing Lu	Erjing Road	
	三经路	Sanjing Lu	Sanjing Road	
	励志路	Lizhi Lu	Inspiration Road	
	励志社	Lizhi She	Inspiration Society	
	一纬路	Yiwei Lu	Yiwei Road	
	二纬路	Erwei Lu	Erwei Road	
	三纬路	Sanwei Lu	Sanwei Road	
	五纬路	Wuwei Lu	Wuwei Road	
	环丘街	Huanqiu Jie	huanqiu Street	
	北坛侧路	Beitance Lu	Beitance Bypass	
	城北路	Chengbei Lu	North City Road	
	龙沙公园	Longsha Gongyuan	Dragon-like Sand Park	
解说“滕王阁”	滕王阁	Tengwang Ge	Pavilion of Prince Teng	
	八一起义指挥部	Bayi Qiyi Zhihuibu	August 1st Uprising Headquarters	
解说“南浦”	南浦	Nan Pu	Southern Riverside	

续表

篇名	中文	汉语拼音	英文	备注
	南浦亭	Nan Pu Ting	Southern Riverside Pavilion	
	桥步门	Qiao Bu Men	Qiaobu Gate	
解说“蓼洲”	蓼洲街	Liao Zhou Jie	Smartweed Islet Street	
	蓼洲头	Liao Zhou Tou	Smartweed Islet End	
	新洲	Xin Zhou	New Islet	
	大洲	Da Zhou	Large Islet	
	蓼洲	Liao Zhou	Smartweed Islet	
	黄泥洲	Huangni Zhou	Yellow Mud Islet	
	黄牛洲	Huangniu Zhou	Ox Islet	
	蓼洲大街	Liaozhou Dajie	Main Street of Smartweed Islet	
	炭巷	Tan Xiang	Coal Alley	
	通惠桥	Tong Hui Qiao	Tong Hui Bridge	“通惠”意为通向惠民门
	外水关桥	Wai Shui Guan Qiao	Outer Shuiguan Bridge	
	黎家巷	Li Jia Xiang	Li Family Alley	
	水口巷	Shuikou Xiang	Water Gap Alley	
	小杨梅巷	Xiao Yangmei Xiang	Tiny waxberry Alley	
	大杨梅巷	Da Yangmei Xiang	Large waxberry Alley	
	有成巷	Youcheng Xiang	Youcheng Alley	
	君子巷	Junzi Xiang	Gentleman Alley	
	龙王庙街	Longwang Miao Jie	Dragon King Temple Street	
	妙济观	Miaoji Guan	Miaoji Taoist Temple	
	园觉寺	Yuanjue Shi	Yuanjue Temple	
解说“右营街”	右营街	Youying Jie	Right Battalion Street	
	抚标左营	Fubiao Zuo Ying	Left Fubiao Battalion	

续表

篇名	中文	汉语拼音	英文	备注
	抚标右营	Fubiao You Ying	Right Fubiao Battalion	
	戊子牌坊	Wuzi Paifang	Wuzi Memorial Archway	
	箭道巷	Jiandao Xiang	Arrow Way Alley	
解说“筷子巷”	筷子巷	Kuaizi Xiang	Chopstick Lane	
	青山湖	Qingshan Hu	Green Mountain Lake	
	上塘塍街	Shang Tangcheng Jie	Shang Tangcheng Street	
	船山路	Chuanshan Lu	Chuanshan Road	
解说“养济院”	养济院	Yangji Yuan	Welfare House	
	塑料四厂	Suliao Si Chang	Fourth Plastic Factory	
	坝口巷	Bakou Xiang	Bakou Lane	
解说“贤士湖”	贤士湖	Xianshi Hu	Distinguished Person Lake	
	豫章沟	Yuzhang Gou	Yuzhang Moat	指城壕或护城河
	佘家山	Shejia Shan	She Family Mountain	
	四纬路	Siwei Lu	Siwei Road	
	福州路	Fuzhou Lu	Fuzhou Road	
	贤士一路	Xianshi Yi Lu	First Distinguished Person Road	
	贤士二路	Xianshi Er Lu	Second Distinguished Person Road	
解说“清洁堂”	清洁堂	Qingjie Tang	Cleanness Hall	
	清节堂	Qingjie Tang	Chasteness Hall	
	大凌云巷	Da Lingyun Xiang	Large Lingyun Lane	
解说“瞭望巷”	瞭望巷	Liaowang Xiang	Lookout Lane	
	瞭望台	Liangwang Tai	Lookout Terrace	
	合同巷	Hetong Xiang	Hetong Lane	

续表

篇名	中文	汉语拼音	英文	备注
	胡琴街	Huqin Jie	Huqin Street	
	珠宝街	Zhubao Jie	Jewelry Street	
	孺子桥	Ruzi Qiao	Ruzi Bridge	

注：以上列表收录了每一篇文章中出现的地名，其中包含极少量南昌新地名和南昌地区以外的地名。

附录 2　涉及地名文献资料中英对照表

文献名	汉语拼音	英文
南昌市地名志（1992 版）	Nanchang Shi Diming Zhi (1992)	*The Annals of Nanchang Place Names (1992 edition)*
南昌县志	Nanchang Xian Zhi	*The Annals of Nanchang County*
南昌城图（1905）	Nanchang Cheng Tu (1905)	*Nanchang City Map (1905 edition)*
江西通史	Jiangxi Tongshi	*Jiangxi General History*
大洋洲萧侯庙志	Dayang Zhou Xiaohou Miaozhi	*The Chronicle of Lord Xiao Temple in Dayang Islet*
张中丞传后叙	Zhang Zhongcheng Zhuan Houxu	*The Supplement of Zhang Zhongcheng Biography*
南昌县志（六修）·典祀志	Nanchang Xianzhi (Liu Xiu) · Dian Si Zhi	*Sacrifice Ceremony · The Annals of Nanchang County (the sixth revision)*
南昌市政府志（1990 年版）	Nanchang Shi Zhengfu Zhi (1990)	*Nanchang Government Annals (1990 edition)*
神诞谱	Shen Dan Pu	*Family Tree of Gods*
南昌市全图	Nanchang Shi Quantu	*The Complete Map of Nanchang City*
文山诗集	Wenshan Shiji	*Wenshan Poetry Collection*
指南录	Zhinan Lu	*Guide Book*
正气歌	Zhengqi Ge	*Song of Righteousness*

续表

文献名	汉语拼音	英文
新建县志	Xinjian Xianzhi	*Xinjian County Annals*
尚书·大传	Shang Shu · Da Zhuan	*The Book of Documents · Standard Interpretation*
诗经·召南·甘棠	Shijing · Zhaonan · Gantang	*Book of Poetry · Duke Zhao in the Southern Areas · Birchleaf Pear*
千字文	Qian Zi Wen	*Thousand Character Classic*
江西省城地理白话教科书	Jiangxi Shengcheng Dili Baihua Jiaokeshu	*Vernacular Textbook of Jiangxi Provincial Capital Geography*
自知录	Zizhi Lu	*Book of self-knowledge*
明史	Ming Shi	*The History of the Ming Dynasty*
清明上河图	Qingming Shanghe Tu	*Riverside Scene on the Pure Brightness Festival*
西湖区志	Xihu Qu Zhi	*The Chronicle of West Lake District*
明史·选举志	Mingshi · Xuanju Zhi	*The History of the Ming Dynasty · Election Annals*
清代科举考试述录	Qingdai Keju Kaoshi Shulu	*Book of Imperial Examination of the Qing Dynasty*
南昌标准地名图	Nanchang Biaozhun Diming Tu	*Map of Nanchang Standard Place Names*
资治通鉴	Zi Zhi Tong Jian	*History as a Mirror*
江城名迹记	Jiangcheng Mingji Ji	*Chronicle of Nanchang Historical Sites*
南昌市马路街道详图	Nanchang Shi Malu Jiedao Xiangtu	*Detailed Map of Nanchang Roads and Streets*

续表

文献名	汉语拼音	英文
滕王阁序	Tengwang Ge Xu	*Preface to Pavilion of Prince Teng*
重修滕王阁记	Chongxiu Tengwang Ge Ji	*Notes of Rebuilding Pavilion of Prince Teng*
徐孺子祠记	Xu Ruzi Ci Ji	*Records of Xu Ruzi Temple*
晋书·卫玠传	Jinshu · Wei Jie Zhuan	*Book of the Jin Dynasty · Wei Jie's Biography*
四库全书	Siku Quanshu	*Complete Library in the Four Branches of Literature*
吉林包氏支谱	Jilin Baoshi Zhipu	*Branch Genealogy of the Bao Family in Jiling Village*
包氏家乘	Baoshi Jiacheng	*Genealogy of the Bao Family*
南昌金融志	Nanchang Jinrong Zhi	*Annals of Nanchang Financial Industry*
读易随笔	Du Yi Suibi	*Reading Essays*
周官考信录	Zhouguan Kaoxin Lu	*Scholar Zhou's Identification of Falsehood*
西夏河渠要志	Xixia Hequ Yaozhi	*Xixia Rivers Chronicle*
2015 中国姓氏排名	2015 Zhongguo Xingshi Paiming	*The Ranking of Chinese Surnames in 2015*
南昌县姓氏志	Nanchang Xian Xingshi Zhi	*The Surnames Annals of Nanchang County*
青云谱区志	Qingyun Pu Qu Zhi	*Chronicle of Qingyun Pu District*
南昌瑶溪豆芽巷王氏族谱	Nanchang Yaoxi Douya Xiang Wangshi Zupu	*Pedigree of Wang Family in Bean Sprout Alley in Yaoxi Town of Nanchang*

续表

文献名	汉语拼音	英文
南昌市志	Nanchang Shi Zhi	*The Annals of Nanchang City*
新安志	Xin'an Zhi	*Annals of Xin'an*
中华民国史	Zhonghua Minguo Shi	*The History of the Republic of China*
江西省抗战损失调查总报告	Jiangxi Sheng Kangzhan Sunshi Zong Baogao	*Survey Report on the Losses during the Anti-Japanese War in Jiangxi Province*
楚辞河伯	Chu Ci He Bo	*River God in Songs of Chu*
别赋	Bie Fu	*Farewell Poem*
南浦别	Nanpu Bie	*Farewell at Southern Riverside*
豫章记	Yuzhang Ji	*The Chronicle of Yuzhang*
登南浦亭	Deng Nanpu Ting	*Stepping on South Riverside Pavilion*
重建滕王阁计划草图	Chongjian Tengwangge Jihua Caotu	*Sketches for Reconstruction Plan of Pavilion of Prince Teng*
营造法式	Yingzao Fashi	*Building Specifications*
江西省军事志	Jiangxi Sheng Junshi Zhi	*The Annals of Jiangxi Military Affairs*
中国移民史	Zhongguo Yimin Shi	*Chinese Migrant History*
江西省清节堂章程	Jiangxi Sheng Qingjie Tang Zhangcheng	*Regulations of Chasteness Halls in Jiangxi Province*
清代科举考试述录	Qingdai Keju Kaoshi Shulu	*Book of Imperial Examination of Qing Dynasty*
民国日报	Minguo Ribao	*Daily News of Republic of China*

参考文献

(一) 论著

[1] Eugene Nida. Language，Culture，and Translating [M]. Shanghai：Shanghai Foreign Language Education Press，1994.

[2] Susan Bassnett & Andre Lefevere. Constructing Cultures：Essays on Literary Translation [M]. Clevedon：Multilingual Matters，1998.

[3] B. A. 茹奇凯维奇. 普通地名学 [M]. 崔志升，译. 高等教育出版社，1983.

[4] 张清常. 胡同及其他：社会语言学的探索 [M]. 北京：北京语言大学出版社，1990.

[5] 王际桐，杜祥明，等. 地名学概论 [M]. 北京：中国社会出版社，1993.

[6] 牛汝辰. 中国地名文化 [M]. 北京：中国华侨出版社，1993.

[7] 王际桐. 实用地名学 [M]. 北京：中国社会出版社，1994.

[8] 孙冬虎，李汝雯. 中国地名学史 [M]. 北京：中国环境科学出版社，1997.

[9] 南昌市地方志编纂委员会编. 南昌市志 [M]. 北京：方志出版社，1997.

[10] 王际桐. 地名论稿 [M]. 北京：社会科学文献出版社，1999.

[11] 华林甫. 中国地名学源流 [M]. 长沙：湖南人民出版社，1999.

[12] 华林甫. 中国地名学史考论 [M]. 北京：社会科学文献出版社，2002.

[13] 许渊冲. 文学与翻译 [M]. 北京：北京大学出版社，2003.

[14] 郭锦桴. 汉语地名与多彩文化 [M]. 上海：上海辞书出版社，2004.

[15] 刘军平. 西方翻译理论通史 [M]. 武汉：武汉大学出版社，2009.

[16] 张保红. 诗歌翻译探索 [M]. 北京：清华大学出版社，2016.

[17] 程裕祯. 中国文化要略 [M]. 北京：外语教学与研究出版社，2019.

[18] 张志军. 江西地方文化史导论 [M]. 成都：西南交通大学出版社，2019.

[19] 徐少华. 荆楚历史地理与考古探研 [M]. 北京：商务印书馆，2010.

[20] 彭雪开. 株洲古今地名源流考释 [M]. 长沙：中南大学出版社，2013.

[21] 黎传绪. 历史的足迹：南昌市东湖区地名故事 [M]. 南昌市东湖区民政局（内部资料），2021.
[22] 汪榕培，王宏. 中国典籍英译 [M]. 上海：上海外语教育出版社，2020.
[23] 张威，程维. 理解当代中国：汉英翻译教程 [M]. 北京：外语教学与研究出版社，2022.
[24] 王宏，沈洁，王翠，等. 典籍英译新发展研究 [M]. 北京：清华大学出版社，2021.

（二）期刊论文

[1] 韩光辉. 中国地名学的发展 [J]. 中国科技史料，1993（4）：3-14.
[2] 郭建中. 翻译中的文化因素：异化与归化 [J]. 文化与翻译，2000.
[3] 杨仕章. 文化翻译观：翻译诸悖论的统一 [J]. 外语学刊，2000（4）：66-70.
[4] 王际桐. 论我国地名的命名原则 [J]. 地球信息科学，2001（3）：13-17.
[5] 谭汝为. 天津地名文化的社会语言学分析 [J]. 南开语言学刊，2005（1）：135-144，158.
[6] 薛光. 保护老地名功在当代，开发老地名惠及千载 [J]. 现代城市研究，2006（2）：86-88.
[7] 彭月华，张向京. 地名短语文化内涵与翻译 [J]. 中国科技翻译，2008（2）：54-56，37.
[8] 徐珺，霍跃红. 典籍英译：文化翻译观下的异化策略与中国英语 [J]. 外语与外语教学，2008（7）：45-48.
[9] 葛校琴. 61-66.
[10] 王利君. 中国地名的文化性及其翻译 [J]. 河北理工大学学报（社会科学版），2009（1）：133-135.
[11] 张沉香. 我国地名译名体系的规范化问题 [J]. 东岳论坛，2009（7）：168-170.
[12] 黎传绪. 追忆南昌的文庙和府学 [J]. 南昌教育学院学报，2010（2）：34-35，37.
[13] 谢元春. 湖南长沙地名的文化探析 [J]. 四川民族学院学报，2010（2）：38-41，69.

［14］邓玮光. 简牍所见西汉前期南郡属县（侯国）考［J］. 中国历史地理论丛，2011（4）：128-136.

［15］刘美娟. 地名读音的社会语言学考察：以“丽水”的“丽”为例［J］. 语言文字应用，2011（3）：73-78.

［16］王银泉. 对外传播新闻中的专名翻译技巧探析［J］. 中国翻译，2011（2）：56-59.

［17］黄国文. 典籍翻译：从语内翻译到语际翻译：以《论语》英译为例［J］. 中国外语，2012（6）：64-71.

［18］许菁芸，夏丽萍. 文化聚力，地名传承：上海地名规划体系的探讨［J］. 上海城市规划，2012（3）：55-58.

［19］连真然. 论《中国地名汉英翻译词典》的翻译原则［J］. 中国科技翻译，2012（4）：44-47.

［20］许菁芸，夏丽萍. 文化聚力，地名传承—上海地名规划体系的探讨［J］. 上海城市规划，2012（3）：55-58.

［21］许立红. 论多元文化对地名的影响及翻译原则［J］. 历史论衡. 2013（7）：57-63.

［22］张立丽. 中国地名英译探讨［J］. 中国科技翻译，2013（1）：30-33.

［23］王先福，余桥. 襄阳地区汉代南阳郡属县治所初考［J］. 江汉考古，2014（3）：85-91，75.

［24］邵百鸣，葛力力. 南昌县始名新说［J］. 江西青年职业学院学报，2014（2）：72-76.

［25］刘丹彤，钱婧试论地名翻译中文化内涵的保存和弘扬［J］. 兰州教育学院学报，2015（2）：141-143.

［26］邵百鸣. 南昌方言地名通名历史层次分析［J］. 职大学报，2015（6）：52-57，84.

［27］许怀林.“豫章”：说来话长［J］. 江西师范大学学报（哲学社会科学版），2015（1）：87-92.

［28］袁晓宁. 论蕴含文化因子的地名英译原则和策略［J］. 中国翻译，2015（1）：96-100.

［29］赵快乐. 从目的论角度谈诗词中叠词的英译处理［J］. 唐山师范学院学报，2015（6）：38-40，46.

[30] 汪宝荣. 林语堂翻译《浮生六记》地名之策略 [J]. 语言与翻译，2016 (3)：38-44.

[31] 吴琼，周林图. 基于 GIS 的南昌市地名景观统计与空间分布 [J]. 江西科学，2016 (6)：809-813.

[32] 李淑艳，刘性峰. 中国古代官职名称翻译策略研究 [J]. 南京工程学院学报（社会科学版），2016 (4)：20-23.

[34] 金辉. 文化意蕴地名的翻译策略探析 [J]. 中国科技翻译，2016 (4)：44-47.

[35] 唐磊. 东安村落地名的结构与用词分析 [J]. 湘南学院学报，2017 (3)：73-78，83.

[36] 张跃西. 地名文化遗产的保护与开发：以浙江为例 [J]. 浙江树人大学学报，2017 (2)：37-40.

[37] 陈凌云. 地名文化、翻译与对外宣传：生态翻译学视角 [J]. 译苑新谭，2018 (11)：90-94.

[38] 庄亮，庄超颖. 泉州“海丝”文化地名解说的英译研究 [J]. 泉州师范学院学报，2018 (1)：74-80.

[39] 黎志萍. 从文化角度探析南昌老地名的英译方法 [J]. 湖北开放职业学院学报，2020 (3)：177-178.

[40] 黎志萍. 南昌老地名的文化探析 [J]. 湖北开放职业学院学报，2020 (5). 192-194.

[41] 王先福. 楚“鄾”地考 [J]. 长江大学学报（社会科学版），2021 (3)：57-62.

[42] 张智中. 中国古诗英译的策略：以《静夜思》的英语为例 [J]. 语言教育，2021 (4)：51-57.

[43] 廉超. 出土文献所见的地名“鄾”“郾”及其相关问题 [J]. 地方文化研究，2023 (4)：43-51.

[44] 徐茵，吴惠. 王阳明与滁州历史地名考述 [J]. 滁州学院学报，2023 (6)：9-15.

[45] 蓝卡佳，杨敬宇.《龙泉号军烟云录》中的地名词语与民俗文化 [J]. 遵义师范学院学报，2023 (6)：63-66.

[46] 赵帅，郑寒. 地方感视角下云南省地名文化探究 [J]. 西南林业大学学报

（社会科学），2023（4）：102-110.

[47] 贺文照. 认知视域下的嘉兴地名文化内涵阐释［J］. 嘉兴学院学报，2023（4）：18-23.

[48] 南剑飞. 我国地名文化遗产保护名录制度建设之改进对策研究［J］. 中国名城，2023（6）：11-16.

[49] 王涛，武友德，李灿松，等. 地名文化景观基因信息链与仿生模型构建［J］. 世界地理研究，2023（10）：28-40.

[50] 徐茵，吴惠. 王阳明与滁州历史地名考述［J］. 滁州学院学报，2023（6）：9-15.

[51] 蓝卡佳，杨敬宇.《龙泉号军烟云录》中的地名词语与民俗文化［J］. 遵义师范学院学报，2023（6）：63-66.

[52] 金辉. 中国古代官职名称翻译策略探析［J］. 中国科技翻译，2023（2）：49-53.

（三）硕博论文

[1] 涂莉思. 汉语地名的社会语言学分析：以南昌市地名为例［D］. 南昌：江西师范大学，2012.

[2] 卢方琦. 明清时期南昌城复原研究［D］. 北京：北京大学，2013.

[3] 龚施燕.《骆驼祥子》中地名英译及文化传播研究［D］. 无锡：江南大学，2015.

[4] 邓梦楚. 南昌城市时空与街区记忆研究［D］. 南昌：江西师范大学，2017.

[5] 魏楠楠. 近代南昌城市文化研究［D］. 南昌：江西师范大学，2020.

[6] 沈薇. 南昌地名的历史与文化探析［D］. 武汉：华中科技大学，2021.

[7] 黄宁宁. 河北山水地名和政区地名用字探析［D］. 重庆：四川外国语大学，2016.

[8] 韦龙招. 地方志英译中的深度翻译研究：以林耀华注译《贵州苗民》为例［D］. 贵阳：贵州民族大学，2023.

（四）论文集

[1] 魏幼红. 明清时期南昌城市地理的初步考察［C］//徐少华主编. 历史地理与长江中游开发——2008 年中国历史地理国际学术研讨会论文. 武汉：湖

北人民出版社，2009.
[2] 谢留文. 南昌地名所反映的方言读音层次 [C] //李小凡、项梦冰主编. 承泽堂方言论丛：王福堂教授八秩寿庆论文集. 北京：语文出版社，2014.

（五）电子资源

[1] http：//blog. sina. com. cn/nclcx54321（黎传绪新浪博客）
[2] http：//www. 360doc. com/content/17/0129/16/4958641 _ 625282163. shtml（何余华：浅谈武汉地名的语言文化考察）
[3] http：//www. 360doc. com/content/14/0908/12/2458205 _ 407812167. shtml（南昌的老街旧屋）
[4] https：//blog. sina. com. cn/s/blog _ 4b6668a101017xxk. html（谭汝为：保护地名遗产，传承历史文脉）
[5] https：//www. douban. com/note/330418506/? _ i=4814838i5M5FM3（中药名及其功效语的汉英翻译）